아프리카의 구술성

미학과 시학 사이에서

Oralite africaine, Entre esthetique et poetique
by Samba Drop

Copyright © L'Harmattan, Paris, 2011
www.harmattan.fr
Korean Translation Copyright © HANKOOK MUNHWASA Co. 2020
All rights reserved.

This Korean edition was published by arrangement with L'Harmattan (Paris)
through Bestun Korea Agency Co., Seoul

이 책의 한국어판 저작권은 베스툰 코리아 에이전시를 통해
저작권자와의 독점계약으로 한국문화사에 있습니다.
저작권법에 의해 한국 내에서 보호를 받는 저작물이므로
무단전제와 무단복제를 금합니다.

아프리카의 구술성
미학과 시학 사이에서

Samba Diop 지음
김미성 옮김

한국문화사

문자·사회·문화 총서 36

아프리카의 구술성
미학과 시학 사이에서

초판 1판 1쇄 발행 2020년 2월 15일

지 은 이 | Samba Diop
옮 긴 이 | 김미성
펴 낸 이 | 김진수
펴 낸 곳 | 한국문화사
등   록 | 제1994-9호
주   소 | 서울특별시 성동구 광나루로 130 서울숲 IT캐슬 1310호
전   화 | 02-464-7708
팩   스 | 02-499-0846
이 메 일 | hkm7708@hanmail.net
홈페이지 | hph.co.kr

ISBN 978-89-6817-850-4   93890

• 이 책의 내용은 저작권법에 따라 보호받고 있습니다.
• 잘못된 책은 구매처에서 바꾸어 드립니다.
• 책값은 뒤표지에 있습니다.

• 이 역서는 2010년도 정부재원(교육과학기술부 학술연구조성사업비)으로
  한국연구재단의 지원을 받아 이루어졌음(NRF-2010-361-A00018).

은밀한 구술성
그 고유한 규칙이라는 맥락

모하마두 칸,
『아프리카 소설의 역설들』

<일러두기>
· 각주에서 [역주]로 표기되어 있지 않은 주석은 원저자의 주석이다.

| 차례 |

들어가기 전에 | 9
머리말 | 11

1 신화 | 28

2 서사시 | 50

3 엔디아디안 신화와 오마르의 서사시 그리고 다른 신화, 서사시, 구술 텍스트 사이의 검토와 비교 | 67

    1. 차이점과 유사점   69
    2. 구술 모티브들과 연행의 기법들   86

4 구술 연행과 문자 텍스트에 대한 비판과 분석 | 101

    1. 번역   104
    2. 엔디아디안 신화 속 음악의 역할   112
    3. 종교적 사실, 이데올로기, 지식과 정치권력   116
    4. 전통과 근대성: 테크놀로지, 구술성, 에크리튀르 ; 뉴메릭과 디지털   125

5 문자와 구술성 | 131

: 세네갈 소설(아미나타 소우 폴, 우스만 소세 디옵, 셰이크 아미두 칸, 우스만 셈벤) 그리고 프랑스어로 표현된 아프리카 소설 (콩고 킨샤사의 조르주 엔갈)에서 구술 모티브의 재구성과 전환

    1. 소설 형식의 차용 : 이어달리기와 현지화의 시도들   139
    2. 아프리카와 서구의 만남 이야기 : 트라우마   154
    3. 콩고와 중앙아프리카 : 조르주 엔갈과 구술 전통   158

6 어원, 지명 그리고 동음이의어 | 165

: 신화와 서사시에서 민족적인 성격, 언어 그리고 계보

    1. 어원, 지명과 동음이의어   168
    2. 민족성과 언어   176
    3. 연대기들   181

7 결론 | 186

참고문헌 | 190

들어가기 전에

　이 책은 구술성과 에크리튀르[1]를 대상으로 하는 여러 요인, 견해, 논거를 종합한 것이다. 조금 더 정확성을 기하기 위해서 이 책은 월로프족[2], 투클레르족[3], 아프리카, 인도-유럽 등의 서사시뿐 아니라 프랑스어로 표현된 아프리카 소설과 관련된 순환되는 성찰을 마감한다. 우리는 약 20여 년 전 이런 문제들을 검토하고, 글을 쓰기 시작했다. 우리 연구의 또 다른 측면은 우리가 특히 (서사시, 설화, 연대기, 속담 등) 구어적인 자료의 수집이라는 영역에서 행한 작업이다. 이러한 수집은 전문가들과 구어적 전통의 옹호자들과 함께 대부분 세네갈 북부, 발로(Waalo)[4]와 세네갈강 유역에서 행해졌다.

　따라서 독자들은 이 책에서 몇몇 이전 저작들에서 특히 세네갈과 프랑스어권 아프리카의 소설에 관해 우리가 발전시킨 상당수의 견해를 발견할 것이다. 그렇지만 시간이 흘렀고 앞서 언급된 저작들이 출간된 이후 보완적

---

[1] [역주] 프랑스어 에크리튀르(écriture)는 글쓰기나 기술(記述) 혹은 문자라는 역어로 설명되지 않는 부분이 있는 용어이다. 따라서 이 책에서는 이 단어의 의미를 우리말로 번역하지 않고 프랑스어를 음차하여 사용할 것이다.

[2] [역주] 월로프족은 세네갈, 감비아, 모리타니 등 서아프리카를 중심으로 퍼져있는 종족으로 세네갈 인구의 약 41%, 감비아 인구의 약 16%, 모리타니 인구의 약 9%를 차지한다. 이들은 월로프어를 사용하고, 종교는 대부분 이슬람이다.

[3] [역주] 투쿨레르족은 서아프리카의 세네갈(인구의 약 26%를 차지한다), 모리타니, 기니, 말리 등에 자리 잡고 있는데, 순수하게 인종학적인 분류라기보다는 풀라니어를 사용하고, 이슬람화되어 있다는 문화적 동질성을 가진 집단이다. 풀라니족의 지류로서 투쿨레르족은 대부분 풀라니와 다른 인종적인 그룹과의 혼혈로 이루어져 있기 때문이다.

[4] [역주] 발로는 세네갈 북서부의 세네갈강 삼각주 지역이며, 중심 도시는 생루이이다.

인 연구가 행해진 까닭에 새로운 사실이 더해졌다. 이 저작들에 포함된 이전의 견해들을 다시 명확히 밝히는 것에도 중점을 두었다. 더불어『엘 하즈 오마르 탈의 서사시, *L'Epopée d'El Hadj Omar Tall*』의 한 판본을 출판한 이후에 우리는 투클레르족의 이 판본과 한편으로는 ≪엔디아디안 엔자이 신화, *Le mythe de Ndiadaine Ndiaye*≫ 다른 한편으로는 다른 문화들에서 기원한 다른 서사시들을 비교했다. 독자는 우리 책에서 이 두 텍스트 전체를 발견할 수 있을 것이다. (cf., 디옵, 삼바,『아프리카의 서사시들. 엔디아디안 엔자이와 탈』, 파리, 라르마탕, 2004.)

  이렇듯 수집되고 출판된 이전의 판본들을 재해석하고, 가능하다면 같은 이야기꾼을 다시 만나 어떤 서사시나 신화의 새로운 버전을 다시 수집하며 이렇게 생성되는 이전 버전과 새로운 버전의 비교 가능성은 우리와 같은 연구자에게 제공되는 구술성의 이점이다. 마찬가지로 이런 새로운 연구들로부터 도출된 새로운 결과들은 세네갈 소설과 프랑스어로 표현된 아프리카 소설을 대상으로 하는 이전 논쟁들을 재구성하고 맥락화하도록 허용했다. 또한 나는 이 책을 박사 논문(캘리포니아 대학, 버클리, 1993)에서 거론했던 몇몇 주제를 재해석하는 기회로 삼았다.

머리말

> 보편에 대한 내 관념은 모든 특수한 것으로, 모든 특수한 것들로 풍요로운 보편이며, 모든 특수한 것들의 심화와 공존이에요.
>
> 에메 세제르
> - 『모리스 토레즈에게 보내는 편지』

이 작업의 틀 안에서 우리는 다음과 같은 문제를 제기하려고 노력한다. 서사시와 신화로부터 아프리카 고유의 특성, 그렇게 말해도 좋다면 본질을 어떻게 끌어낼 것인가? 달리 표현해보면 《엔디아디안 엔자이 신화》 혹은 《탈의 서사시》를 연구한다면 세네갈의 특수성, 그리고 그것을 넘어 아프리카적 특수성은 무엇인가? 전 세계의 다른 전통들에서 발견할 수 있는 신화와 서사시의 중요한 특징들이 아프리카의 구술 텍스트들에서도 발견되는가?

따라서 애초에 우리의 주요한 관심은 구술 텍스트들을 (특히 신화와 서사시) 확정하려는 노력이었다. 아프리카 문명들이 구술적 기원에서 시작되었다는 (이것은 잘 알려져 있다) 사실을 고려하면 이러한 노력은 이해되는 동시에 높이 평가될 수 있다. 언젠가는 필연적으로 에크리튀르를 통한 텍스트들의 고정이 구술 텍스트들에 강요될 것이고, 전문가들과 연구자들에게도 이 점은 마찬가지이다.

두 번째로는 기술(記述, écrit)에 의해 구술 자료를 고정하는 행동 자체가 방법론적, 구조적, 언어학적, 의미론적 등의 차원에서 문제를 초래한다. 나는 구술의 영역 내에서 기술(記述)의 출현과 연관된 본질적인 문제들을 근본적으로 재검토할 충분한 여유가 있을 것이다. 중세 유럽과의 비교는 아마도 신속하게 윤곽만을 스케치할 것이다. 중세 유럽에서는 종글뢰르 (jongleur)[1]와 트루바두르(troubadour)[2]의 시기 이후에 필사본의 시대가 시작되었다. 양피지 위에 손으로 쓰는 필사본으로의 전환은 필경사들의 몫이었으며, 그들의 텍스트는 현재까지도 구연된다. 다만 다음과 같은 자세한 설명을 제시해야 한다. J. 반시나[3]에 의하면 모든 구술적 원천들이 반드시 구술 전통들의 영역 속에 포함되는 것은 아니다. 그뿐 아니라 작가는 언어(말)라는 간접적인 수단을 통해 한 사람에게서 다른 사람에게로 전해진 원천들만이 구술 전통이라는 영역 속으로 편입될 수 있다고 단언함으로써 한 걸음 더 나아간다. 이런 정의에 비추어보면 이 영역은 아주 제한적이고 선별적이기까지 하다고 쉽게 이해된다. 이 연구의 틀 속에서 우리는 위에

---

[1] [역주] 일반적으로 종글뢰르와 트루바두르 모두 우리나라 말로는 음유시인으로 번역된다. 종글뢰르는 악기를 연주하며 자신이 창작하거나 다른 사람이 지은 시나 이야기를 노래하며 떠돌던 중세의 시인이자 음악가이다.

[2] [역주] 트루바두르는 특히 12세기에서 13세기에 프랑스 남부에서 활약했던 서정 시인이다. 트루바두르의 작품에는 프랑스 남부지방의 언어인 랑그독이 사용되었으며, 트루바두르들은 당시의 정치, 사회, 종교적 문제에 적극적으로 개입했다. 주제는 주로 기사도와 궁정 연예였으며, 트루바두르의 작품을 종글뢰르들이 노래하는 일이 많았다. 현대적 언어로 표현한다면 트루바두르는 '싱어송라이터'의 느낌이 강하다.

[3] Jan VANSINA, *Oral Tradition: A Study in Historical Methodology*, pp. 19-20.

서 언급된 두 텍스트를 구연한 이야기꾼들(conteurs)/그리오들(griots)[4] 모두가 구술 전통에 속한다는 사실을 알게 될 것이다. 그들의 연행 덕분에 생명이 부여된 구어적인 자료들은 그들이 물려받은 것이고, 입에서 귀로 전달된 것이기 때문이다. 두 명의 이야기꾼들 스스로 도중에 자신들이 말솜씨(art oratoire)를 배운 선배들을 거명하고 그들에게 감사함으로써 이것이 틀림없음을 분명히 했다.

반시나의 지적이 정확함에도 불구하고 이 연구의 주된 관심의 대상이 되는 구어적인 근원을 가진 두 텍스트는 구어적인 혹은 세대 간의 전달보다 더 복잡하다. 고려해야 하는 다른 기여분이 존재하기 때문인데, 특히 두 명의 이야기꾼이 에크리튀르(특히 코란)에 노출되었고 문자적인 근원에서 기원한 요소들을 자신들의 구술 연행 속에 섞어 넣었다는 사실이 그것이다. 뿐만 아니라 월로프국의 창시자(엔디아디안 엔자이)와 연관된 신화를 구연한 니앙은 발로 왕국의 통치자였던 모든 왕과 군주들의 가계를 문자로 기록했다.[5] 이어지는 분석에서는 구술과 문자 사이의 간섭과 관련되는 이 복잡한 문제들이 더 자세하게 설명될 것이다.

고대에는 필경사가 존재했다. 좀 지나서 인쇄술의 출현과 함께 종글뢰르와 트루바두르의 연행은 완전히 사라질 때까지 쇠퇴가 가속화되었다. 오늘날 아프리카에서 그리오는 여전히 강하게 뿌리 내리고 있지만, 얼마 동안이나 더 그럴까 (적어도 현재의 형태로)? 그리오는 트루바두르와 종글뢰르의 운명을 겪게 될 것인가? 민간에 널리 퍼진 속담에서 아주 잘 이야

---

[4] [역주] 그리오는 서아프리카의 전통적 음유시인으로 특히 이들은 문자가 존재하지 않은 사회에서 부족의 역사와 전통을 기억하고, 흔히 전통 악기를 동반한 암송을 통해 다음 세대로 전달하는 소명과 특권을 가진 존재였다.

[5] 실제로 영인본으로 남아있는 이 텍스트에서 니앙은 아랍의 알파벳을 사용해 발루 왕들의 가계를 기록한다. (cf., Samba DIOP, *The Oral History and Literature of the Wolof Peuple of Waalo, Northern Senegal*, 1995.)

기된 것처럼 그리오의 혀를 고양이에게 주어야만 할까?

구술 텍스트들의 수집 과정에서 우리가 열중했던 또 하나의 작업은 구술 텍스트들의 고증이었다. 가능한 한 그것들의 특성을 밝히려고 하면서 이 텍스트들이 길가메시, 베어울프, 롤랑의 노래, 오디세우스, 차카(Chaka)[6], 순쟈타(Soundjata)[7] 등 다른 문화적이고 언어적인 전통들에서 기원한 텍스트들과 가지는 공통점을 드러내려고 노력했다.

신화에 관해 이야기해보면, 지상의 모든 민족이 기원 신화들, 지상 위 인간의 존재를 설명해 줄 경로들을 갖고 있다는 사실은 잘 알려져 있다. 세네갈의 월로프족은 우리가 1989년 셰이크 니앙라고 불리는 발로의 그리오에게서 채록한 《엔디아디안 엔자이 신화》와 함께 이 규칙에서 벗어나지 않았다. 게다가 이 텍스트는 이후 논의의 대상이 될 것이다.

서사시에 관해 이야기해보면, 이 장르는 시간적인 차원에서도 공간적인 차원에서도 지구상에 덜 분포되어 있다. 모든 민족이 서사시라는 장르를 아는 것은 아니다. 아프리카와 관련해서는 영국의 대학교수인 루스 피네건에 의해서 논쟁이 제기되었다. 피네건은 『아프리카의 구술 문학, *Oral Literature in Africa*』[8]이라는 제목의 저서에서 아프리카는 서사시의 전통을 갖고 있지 않다고 주장했다. 그 후로 오랜 세월이 흘렀고, 아프리카에는 산문의 형태로도 운문의 형태로도 서사시가 확실히 존재한다고 밝혀졌다. 검은 아프리카에 서사시가 존재하는가 혹은 존재하지 않는가를 넘어, 그것은 특히 뿌리 뽑거나 혹은 적어도 약화하기 어려운 구술 문명들의 열등

---

[6] [역주] 1787년에 태어나 1828년 죽은 줄루족의 왕으로 줄루 왕국의 창시자이다. 그의 삶은 시와 서사시를 비롯해 수많은 문학작품에 영감을 주었다.
[7] [역주] 서아프리카 만딩고족의 조상들에 관한 서사시의 주인공이다. 이 이야기는 그리오들의 구술로 전해졌다.
[8] R. FINNEGAN, 1970, pp. 108-110.

함에 대한 끈질긴 편견이다. 그런 까닭에 이바 데르 티암에 따르면,

> 아프리카의 문명들은 구술성의 문명들, 언어 - 말(verbe-parole)의, 리듬의, 상징의 문명들이다. 사람들이 흔히 주장하는 것과는 다르게 이런 특징은 무력화하는 핸디캡 혹은 열등함에 대한 반박할 수 없는 표시가 되기는커녕 기껏해야 단지 심오한 미덕들을 포착해 낼 수 있는 다름의 상태를 나타내는 고유한 특징을 표현한다.[9]

위의 언급은 전체적으로 정확하다. 그렇지만 아프리카 문명들의 구술성이 절대적이 아니라는 사실을 덧붙이는 것이 아주 시의적절한가? 보편학교(école universelle)[10]가 일반적이지 않았던 오래전, 이런 단언은 사실이었다. 우리의 의견으로는 시간의 흐름과 함께 오히려 이러한 절대주의를 상대화해야 하며, 에크리튀르와 (이미지, 전자기기 등) 커뮤니케이션의 다른 형태들이 깊숙이 침투했고 아프리카 문명들의 주요 부분을 변화시켰음을 인식해야 한다. 아프리카 문명들의 새로운 복잡성과 내가 이 연구의 전 과정에서 매듭을 풀고자 노력할 혼란은 거기에서 기인한다. 결론적으로 모리스 무랄리스의 다음과 같은 지적은 아주 적절하다. "구전문학은 오래되고 고정된 유산의 계승이 아니라 전염, 이동, 발명에 의한 끊임없는 창조와 재창조이다."[11] 세네갈, 아프리카 그리고 다른 대륙 출신의 아프리카 전문가인 다른 연구자들이 한 것처럼 나는 1997년 발로에서 비라임 티암

---

9   I. D. THIAM, "La tradition orale, source privilégiée de l'histoire africaine", p. 67.
10 [역주] 여러 개인적 상황으로 공교육에서 배제된 모든 범주의 사람들에게 통신교육을 하려는 목적으로 만들어진 사적인 조직이다. 1907년 프랑스에서 프레데릭 오질(Frédéric Ozil)에 의해 시작되었는데 전 세계적인 성공을 거두었다.
11 B. MOURALIS, Les contre-littératures, p. 38.

이라는 이름으로 응답한 보석상으로부터 《엘 하즈 오마르의 서사시》를 채록했다. 이후 논의가 전개됨에 따라 알게 될 터인데, 신화는 서사시와 다르다. 이 두 장르의 역할 역시 다르다. 그럼에도 불구하고 신화적 서사시라는 개념이 연구의 대상이 될 수 있는가? 엔디아디안의 이야기는 아직 정의되지 않은 이런 범주와 아주 많이 닮았다.

지금부터 연보(年譜), 시간 그리고 시간성과 관련된 본질적인 문제가 제기되어야 한다. 구술성의 문명에서 연대 추정과 연보는 에크리튀르의 문명의 그것들과는 아주 다른 기준에 응답한다. 시간과 공간을 조직하고 부표를 설치하는 방법들도 다르다. 마찬가지로 구술사회와 에크리튀르가 우선시되는 사회에서는 사회조직도 같지 않다. 게다가 구술성 속에서 청자(수신자)에게서 그렇듯이 이야기꾼(발신자)에게서도 연보, 연대 추정과 이야기된 사건들의 정확성은 에크리튀르가 지배적인 사회에서 직업적인 역사가가 부여하는 것과 같은 정확성, 중요성, 기능을 갖지 않는다. 몇몇 전문가들 – 특히 관직을 가진 역사학자들, 에크리튀르의 지지자들 – 은 구술성 속에서 연보의 중요성을 최소화하는 경향이 있다. 그리고 가장 흔히 인용되는 논거는 구술성 속에서 연대 추정을 할 때 드러나는 신뢰도의 결핍이다. 《엔디아디안 엔자이 신화》와 《엘 하즈 오마르의 서사시》를 통해 묘사되고 재현되는 아프리카의 구술 사회들은 자연과 공존하며, 농업이 지배적인 토지 공동체들이다. 그곳에서 시간은 주기적이고 순환한다. 거기에서 M. 디안이 제안한 "생태학적인 시간(temps écologique)"[12]이라는 개념이 나온다. 구술 텍스트들의 고증과 분석에 대한 부분에서 이 문제를 더 자세하게 다룰 것이다.

따라서 나는 아프리카의 구술 텍스트들과 아프리카 이외 지역의 구술

---

12 M. DIAGNE, *Critique de la raison orale*, p. 263.

텍스트들에 호소할 것이다. 그리고 이것은 대조와 비교를 위해서이다. 이렇게 해서 우리에게는 보편성과 연관되는 용어의 영향력을 확인할 기회가 주어질 것이다. 그러므로 다음과 같은 문제들이 제기될 것이다. 아프리카의 구술 텍스트들을 연결하는 공통적인 특징들은 무엇인가? 인도유럽어족의 《길가메쉬》 서사시와 《엘 하즈 오마르의 서사시》에서 같은 주제들을 발견할 수 있는가? 구술 텍스트에서 드러나는 세네갈 고유의 **특성**(sénégalité) 혹은 아프리카 고유의 특성은 무엇인가? 그리고 구술 텍스트들에서 발견되는 보편적인 변별적 특징들은 무엇인가? 이야기꾼, 시간, 공간, 나라 혹은 언어는 어떤 상관이 있는가?

에크리튀르와 구술성이라는 주제는 우리의 중요한 관심사 중 하나였고, 여전히 그렇다. 거기에 관해서 많은 논문과 저술이 쓰였다. 우리는 예를 들어 잭 구디와 월터 옹의 저술들에 도움을 청할 것이다. 신화와 서사시에 관련된 관심사들 다음에 우리 흥미의 중심이 되는 것은 프랑코폰 문학이라는 라벨로도 알려져 있는 프랑스어로 표현된 세네갈과 아프리카의 문학이다. 여기에서 우리의 주목을 끄는 것은 프랑스어로 표현된 현대적인 이야기 속 신화와 영웅담적인 모티브들 및 구술성의 세계에 고유한 구술적 서사와 서술성(narrativité)에서 볼 수 있는 불연속적 기법들의 영향이다. 거기에서부터 우리는 검은 아프리카의 구술적이고 문자적인 전통들과 관계될 때 타당한 것 이상인, 근본적인 문제를 제기할 수 있다. 구술성의 세계와 문사의 세계 사이에 경계는 – 아주 어렴풋하다 하더라도 – 어디에 위치하는가? 비라고 디옵에 의해 불완전한 대답이 우리에게 주어진다. 그는 한 인터뷰에서 이렇게 이야기한다.

> 나에게 소설은 다소간 "장황하고" "희석된" 이야기일 뿐입니다. 소설에서 주제들과 사물들의 인격화는 전통적 이야기들의 "유형들"(짐승들, 물건들 그리고 사람들)의 중요한 특징들을 약화합니다. 전통적

이야기들은 지나간 혹은 변화의 과정에 있는 문명들의 – 긍정적이거나 부정적인 – 요소들을 표현하기 위해서 언제나 모든 다른 장르들을 응축했습니다.[13]

세네갈 작가의 이러한 관점은 위에서 제기된 문제와 관련된 문제점을 부분적으로 요약한다. 하지만 구술과 문자 사이의 간섭에 내재하는 복잡성을 총체적으로 해결하지는 못한다. 게다가 이러한 입장은 비라고 디옵이 분명히 밝히듯이 아주 개인적이다. 현대 아프리카의 작가들이 그들의 전통적인 구술문화에 영향을 받았을 뿐만 아니라 그들이 – 의식적으로 혹은 무의식적으로 – 구술성에 고유한 서사의 기법들을 복원하고 재구성하려고 노력한 것은 자명한 사실이다. 프랑스어로 표현된 이야기가 유일하고 절대적으로 구술성에 빚을 지고 있다거나 이러한 이야기들에서 구술성의 문명과 연관되는 모티브들만 발견된다는 견해를 지지하는 것은 당치도 않은 일이다. 이런 아프리카의 작가들은 물론 아프리카 문화에 고유한 현실, 감수성, 가치를 유럽의 소설 형식으로 옮기고 재창조하려고 노력하면서 유럽의 소설 형식을 빌려왔다. 문학 평론가인 M. 칸[14]이 아주 잘 이야기하듯이 "아프리카의 소설가는 에크리튀르 안에 이야기꾼들과 전통 세계의 창조자들이 통과하도록 한다." 다시 말하면 이런 아프리카의 작가들이 스스로 부여하는 목표는 새로운 미학을 창조하는 것이다. 그렇지만, 한 번 더 말하건대, 이러한 새로운 미학은 위에서 비라고 디옵이 강조한 것과 같은 구술성의 미학이라는 샘에서 길어온 것이다. 하지만 독자들의 반감을 살 위험을 무릅쓰고 분명히 되풀이 말해야 하는데, 현대 소설가에 의해 제안된 그대로의 현대성의 새로운 미학은 전적으로 구술성이라는 규

---

13 B. DIOP in M. KANE, *Birago Diop. L'homme et l'oeuvre*, pp. 208-9.
14 M. KANE, "Les paradoxes du roman africain", p. 79.

범(canon) 안에 한정할 수 있는 것이 아니다. 때가 되면 명백해질 다른 매개변수들이 존재한다.

문자와 구술 사이에, 말로 구연된 것과 침묵 속에서 읽히는 것 사이에 현저한 차이점이 있다고 말하는 것은 진부한 이야기다. 그렇지만 나는 두 가지 표현 방식 사이에서 양립할 수 없는 차이점이라는 덫에 빠지지 않도록 주의할 것이다. 뉘앙스와 잘 알려져 있는 뒤섞임을 고려해야 한다. M. 디안은 다음과 같은 이론을 주장한다. "구술적 담화가 시간 속에 펼치는 것을 에크리튀르는 공간의 차원에 새긴다."[15] 각각이 자신의 역할과 작용 영역이 있지만, 시야에서 놓치지 않아야 하는 수렴의 범위 역시 존재한다.

동일한 사고방식으로 프랑스의 역사학자인 쥘 미슐레는 문자와 구술이라는 두 형태의 결합의 중요성을 다시 한번 보여준다. 그는 1789년 프랑스 대혁명의 사건들 즉, 지나간 사건들이고 1789년에는 태어나지 않았기 때문에 직접 목격하지 않은 사건들에 관한 연구에서 다음과 같이 쓴다. "**글로 쓰인 증언들**이나 노인들의 **입을 통해 채록한** 것들을 통해 내가 발견하고, 확인하고, 검증한 것이 바로 이것이다."[16] 우리가 알 수 있듯이 역사가의 방법론은 문자뿐 아니라 구술에도 근거하고, 그가 복원하고 대조 검증한 자료는 혼합되고 뒤섞인 것이다.

다음의 소설들이 논의의 대상이 될 것이다. 우스만 소세 디옵(Ousmane Socé Diop)의 『카림, *Karim*』, 우스만 셈벤(Ousmane Sembène)의 『하르마탄, *L'Harmattan*[17]』과 『제국의 마시막 사람, *Le dernier de l'empire*』, 아미나타

---

[15] M. DIAGNE, *De la philosophihe en Afrique noire*, p. 41.
[16] J. MICHELET, *Histoire de la Révolution française*, 1952, p. 7. (강조는 내가 한 것이다.)
[17] [역주] 하르마탄은 사하라, 중앙아프리카, 서아프리카에서 부는 바람으로 낮에는 아주 뜨겁고, 밤에는 비교적 선선하다. 아주 건조하며 보통 사하라사막의 모래먼지가 섞여 있다.

소우 폴(Aminata Sow Fall)의 『족장의 종려나무, *Le jujubier du patriarche*』, 셰이크 아미두 칸(Cheikh Hamidou Kane)의 『신전의 수호자들, *Les gardiens du temple*』. 콩고의 조르주 엔갈(Georges Ngal)의 『장바티스타 비코, *Giambatista Viko*』와 『방황, *L'errance*』과 같은 몇몇 소설들 역시 분석될 것이다. 이 연구의 틀 속에서 미리 언급된 이 소설들에 기울인 관심은 순수하게 문학적인 비평에서 나온 견해라기보다는 구술성이라는 미학의 본질적인 위치를 부각하기 위해서임을 처음에 명확히 하는 것이 중요하다. 나는 감히 구술적 이야기와 프랑스어로 표현된 소설적인 이야기 사이의 경계선은 비평과 사실들이 한곳으로 모이는 교차로에 위치한다고 지적할 것이다. 구술적 이야기가 사실로 만족한다면, 소설적 이야기에는 아주 많은 비평이 동반되기 때문이다.

 이 작업의 첫 번째 부분은 일반적인 신화, 특히 엔디아디안 신화에 바쳐질 것이다. 나는 우선 이 신화를 종합하고, 이어서 이 신화의 가장 주목할 만한 부분들에 대해 논의할 것이다. 동시에 내가 수집하고 출간한 버전의 아주 특별한 양상에 주의를 기울이는 것이 중요하다. 이슬람, 구약(특히 창세기)과 성경의 몇몇 부분들의 묵직한 존재감이다. 출간이 되었건 그렇지 않건 간에 이 신화의 다른 버전들도 물론 존재한다. 그렇지만 논의의 핵심은 그리오인 셰이크 니앙이 구술한 ≪엔디아디안 신화≫를 대상으로 할 것이다.

 나는 ≪엘 하즈 오마르 탈의 서사시≫에 관해서도 같은 이야기를 할 것이다. 비라임 티암(Birahim Thiam) 버전의 구술 텍스트에서 역시 이슬람은 강력하게 실재한다. 그렇지만 종교를 다루는 데에는 두 명의 저자 사이에는 근본적인 차이점이 여전히 존재한다. 한편으로 니앙이 구약성서 – 대홍수, 노아와 그의 방주, 창세기 – 로 거슬러 올라간다면, 다른 한편으로 티암은 그렇게까지 과거로 거슬러 올라가지 않는다는 의미에서 훨씬 더 '현대적'

이다. 그렇지만 티암은 아랍-이슬람 세계와 관련된 에피소드들을 이야기한다. 특히 엘 하즈 오마르의 이집트 여행과 메카로의 성지순례가 특징적이다. 이처럼 이러한 신화와 서사시들의 전개에서 이슬람은 중심적인 위치를 차지할 것이다.

이제부터 우리는 《엔디아디안 엔자이 신화》뿐 아니라 《엘 하즈 오마르의 서사시》 속 종교적이고 이슬람적인 뿌리의 토대를 강조할 수 있다. 그리고 내 생각에 이러한 토대는 두 이야기꾼의 개성과 직접적으로 연관된다. 셰이크 니앙은 비라임 티암보다 전통주의자이다. 니앙은 월로프족이고 그에게서는 사람들이 이교(paganisme)라 잘못 부른 애니미즘적이고, 조상 대대로 이어져 온, 오래된 아프리카의 본질이 느껴진다. 그것은 늦게야 도입된 이슬람과의 혼종의 결과물이기 때문이다.[18] 티암은 북아프리카에서 유래한 티아니아(Tijaania) 종파와 더 가까운 정통 이슬람의 원칙주의자이며, 충실한 신자이다. 따라서 금욕은 이 종교적 입장의 일부를 이루는데, 이야기꾼(티암) 뿐만 아니라 서사적 이야기의 주인공(오마르) 역시 금욕주의자이기 때문에 그럴 수밖에 없다. 할 풀라르(Hal Pular) (혹은 투클레르족)의 이야기를 잘 아는 사람들은 쉽게 이해한다. 이슬람이 투클레르족에 제일 먼저 도입되었고, 투클레르족은 예언자 무함마드의 종교와 오래전부터 무역을 유지해 온 까닭에 니암과는 반대로 티암은 필연적으로 오래된 의식들과 아프리카의 전통 신앙들에 대해 경멸감을 품을 수밖에 없었다. 티암의 이러한 태도는 자할리야(Jahalıya)[19]라는 개념의 범주 속으로 포함된다.

---

[18] V. 몽테이유(MONTEIL)는 검은 아프리카의 이슬람교도들에게서 애니미즘의 존재를 정확히 지적하기 위해서 검은 이슬람에 관해 이야기할 때 순수주의자 이상의 분노를 표출한다. (cf., *L'islam noir. Une religion à la conquête de l'Afrique*, Paris, Payot, 1980).

[19] [역주] 자할리야는 이슬람 이전 시기를 지칭하는 단어인데, 이슬람교도들은 이 단어로 반이슬람적인 시기를 가리키기도 하며, 무지의 시대라는 의미로 사용된다.

게다가 아라비아반도에서는 아주 잘 알려져 있는 이 개념은 이슬람 이전의 전통들, 신앙들과 우상들의 비인정과 비중요성 – 혹은 적어도 억압 – 으로 구성되어 있다.

마지막 분석에서는 종교가 불변하는 것이 아니라는 사실을 고려해야 한다. 타리크 알리가 지적했듯이 신화와 서사적 텍스트에서 종교는 변이형들과 변화에 따른다.[20]

> 일신론의 세 종교가 낳은 어떤 문화와 문명도 영원하지 않다. 그것들 사이의 차이점에도 불구하고 그것들은 모두 그것들이 공유하고 있는 세계에 영향을 받는다. 시대는 변하고, 시간과 함께 그것들은 자신들의 고유한 방식으로 변화한다.

그렇지만 니앙과 티암 사이에는 우리가 확인할 수 있는 차별점이 존재한다. 니앙은 그리오이자 이야기꾼인 반면 티암은 보석상이자 연대기 작가이다. 그와 관련해 L. 케슬룻이 언급한 중요한 차이점은 우리의 이목을 끈다. "연대기 작가의 목표는 오직 과거에 있었던 일을 이야기하는 것이다. 그는 진실을 탐구한다. 그가 상상적인 이야기를 꾸며낸다면, 그것은 무의식적인 것이다. 반면 그리오는 이러한 역사적 소재에서 시작해서 특히 능숙하게 이야기하고 싶어 한다. 그의 목표는 미학이다. 그의 자질은 정확성도 엄밀함도 아니라 아름다운 언어이다."[21] 이 묘사를 보충해 보자면, 정치가이자 세네갈의 대통령이었던 디지보 카(Djibo Kâ)[22]는 자서전에

---

20 T. ALI, *The Clash of Fundamentalisms: Crusades, Jihads and Modernity*, p. 281.
21 L. KESTELOOT et al., *Da Monzon de Ségou épopée bambara. Tome I*, p. 17.
22 D. KA, *Un petit berger au service de la République et de la démocratie*, p. 161.

서 그리오들에 관한 에피소드를 이야기한다. 그것은 세네갈의 시골, 더 정확히는 렝제르(Linguère) 부근의 티엘(Thiel)에서 보낸 어린 시절에 관한 에피소드이다. 에피소드는 그 지역(canton)의 – 프랑스 식민지배가 마감되고 정치적 독립이 시작된 1960년 그 기능이 정지된 – 장(長)과 그의 궁전 장면에 관련된다. 작가에 의하면 "저녁이면 그리오들은 전통적인 기타 반주에 맞추어 그의 가계도를 소리 내어 읊조리면서 추장과 그의 가족에 대한 찬양을 노래하곤 했다. 이러한 노래에서 그들은 용기, 그 위에 그의 혈통의 대담함과 너그러움을 돋보이게 하는 업적에만 주목하게 하려고 세심한 주의를 기울였다."

그리오와 이야기꾼에 대해 말하면서 우리가 작가와 마주하고 있다고 적는 것은 틀림없이 흥미롭다. 하지만 세계 도처의 다른 곳에서와 마찬가지로 아프리카에서 신화 혹은 서사시의 작가들 – 혹은 적어도 이러한 신화들과 서사시들을 낭독하고, 보존하고, 후손들에게 물려주는 일을 담당하는 사람들 – 은 보통 잘 알려져 있다. 여러 버전의 다양한 작가들이 존재하기도 한다. 그렇지만 하나의 신화 혹은 하나의 서사시 각각의 버전의 독특함 혹은 독자적인 특징은 A. 로드[23]에 의해 입증된다. 그는 이렇게 쓴다. "어떤 면에서 각각의 연행은 하나의 원본 혹은 원본 그 자체이다." 더 일반적인 방식으로 구술성 속에서 첨예하게 제기되는 것은 전달의 문제이다. 나탈리 사르투라쥐스[24]에 의하면 "인류학적인 관점에서 보면 전달은 죽음을 피할 수 없는 존재라는, 자기 자신의 의지라는 한계를 넘어 인간을 역사와 다른 사람들과의 관계 속에 위치시킨다. 하지만 개인이 세대들이라는 연쇄의 하나의 그물코에 지나지 않는다고 하더라도 그는 특별하다."

---

[23] A. LORD, *The Singer of Tales*, p. 101.
[24] N. SARTHOU-LAJUS, "Le goût de transmettre", *Etudes*, Février 2008, p. 149.

구술 전통에서 작가의 문제로 되돌아가 보면 이야기, 전설의 세계 그리고 서사시의 세계를 구분하는 것이 중요하다. 내 생각에는 특히 이야기의 세계에 집단적이고 익명의 작품들이 많다. 게다가 시카야 위탐시[25]는 이렇게 쓴다. "흔히 이야기꾼은 존재하지 않는다. 이야기꾼, 그것은 모든 사람이다. 밤샘을 위한 불을 밝히기 위해서 그렇게 하듯이 모든 사람이 거기에 참여한다. 누가 자신이 어떤 전설의 작가라고 자부할 수 있겠는가? 전설들이 탄생하고 살아남기 위해서는 모든 기억이 필요하다!" 그런 까닭에 우리 책이 다루는 범주 안에서 《엔디아디안 엔자이 신화》뿐 아니라 《엘 하즈 오마르의 서사시》의 작가는 각각 셰이크 니앙과 비라임 티암이다. 마침내 "작가 없는 이야기들"이라는 문제에 빛을 밝혀주는 것은 M. 디안이다.

"엄밀한 의미에서 세계에 대한 전통적인 해석들에 관해 익명성 혹은 만장일치(unanimisme)라는 명제의 하나의 변이형처럼 묘사되는 어떤 것은 당연히 옹호할 수 없다. 어느 날, 특별한 한 사람이 첫 번째로 하나의 생각을 품고, 그 생각은 다른 사람들에 의해 되풀이된다. 소위 말하는 전통의 "만장일치"는 민족학에 대한 어떤 이해의 산물이다."[26]

아프리카 남부는 구술 상태의 시와 시인 사이에 균형을 만들어내는 흥미로운 예를 제공한다. 이 예를 우리에게 제공하는 것은 L. 화이트이다. 그에 따르면 "… 아프리카 남부에서 문학적 관례에 따라 내세워지는 것은 시인이 아니다. 만일 몇몇 시인들이 높은 명성을 얻는다면 그것은 그들의 자아 덕분이라기보다는 오히려 그들이 창조하는 작품 덕분이다. 인정받는 것은 연주자, 예술가가 아니라 공연, 연행이다."[27] 이 예는 구술성의 체제에서 예술적인 혹은 문학적인 작품의 저자 자격이라는 문제의 복잡성을 증대시

---

[25] T. U'TAMSI, *Légendes africaines*, pp. 14-15.
[26] M. DIAGNE, *De la philosophie et des philosophes en Afrique noire*, p. 69.
[27] L. WHITE, "Poetic Licence: Oral Poetry and History", p. 36.

킨다.

이 연구의 아주 중요한 요소는 음악과 관련되어 있다. 니앙은 5개의 현이 있는 전통 기타인 잘람(xalam)을 연주한다. 여러 종류의 잘람이 존재한다. 월로프족에는 2종류의 잘람이 존재한다. 봅 잘람(bopp xalam)과 엔데르 잘람(nderr xalam)이 그것이다. 니앙은 엔데르 잘람[28]을 연주한다. 나는 구술 텍스트에 미치는 음악의 영향을 분명하게 밝히기 위해 노력할 것이다. 반대로 티암은 악기를 연주하지 않는다. 그는 목소리만 가지고 있을 뿐이지만 몸도 역시 지니고 있다. 즉 신체적인, 몸짓의 존재이다. 음악의 부재는 몸짓, 음조, 청자와의 관계 등을 강조함으로써 연행의 본질 자체에 일정한 영향을 미친다.

이런 이야기들 – 신화들과 서사시들 – 은 오로지 한 주인공의 정체성 담론(discours identitaire)의 강력한 상징들이며, 청자들에게 이 세계, 그들의 인격, 그들의 언어, 그들의 공동체에 속한다는 소속감을 강화해 주는 이야기들이다. 나는 이 연구의 대상이 되는 모든 텍스트(월로프어로 된, 구술적 기원을 가진 텍스트들 혹은 프랑스어로 쓰인 허구적 이야기들)가 주인공이 정체성을 찾아가는 이야기라는 설정을 공유하고 있고, 오직 표현의 양상과 겨냥된 청자가 달라질 뿐이라는 사실 역시 강조해야 한다. 사회적, 문화적, 언어적 그리고 기술적 격변과 현대성의 출현과 함께 세네갈의 그리오뿐 아니라 프랑스어로 글을 쓰는 소설가 역시 정체성이 고정되어 있지 않다는 사실을 이해한다. 정체성에 관해 말하자면, 배관공의 어휘를 빌어와 표현해보면 담화의 두 범주 사이에 방수성은 존재하지 않는다. 최근의(2007) 한 논문에서 미국의 대학교수인 R. 퍼트넘은 다음과 같은 방식

---

[28] 월로프족의 잘람에 관해서는 다음을 볼 것. M. COOLEN, "The Wolof Xalam Tradition of the Senegambia".

으로 정체성을 정의한다.

> "정체성 그 자체는 사회적으로 구성되고, 사회적으로 해체되고, 재구성될 수 있다. 사실상 이런 종류의 사회적 변화는 역동적이고 발전하는 모든 사회에서 언제나 일어난다."[29]

정체성이라는 문제와 관련해 계속 언급해보면, 이 문제는 오늘날에도 여전히 적용된다. 하지만 정체성의 확언 이외에도 M. 이안[30]이 지적한 것처럼 아프리카 사람들은 이중의 도전에 직면해 있다. "지상의 모든 민족이 그렇듯이 만일 아프리카 흑인들이 세계화의 역동성 속으로 이끌려 들어간다면, 그들은 정체성과 인정이라는 이중의 도전에 직면한다." 이러한 인정의 추구는 무엇 때문인가? 단지 아프리카인들이 오랫동안 소외되었고, 전 세계적인 중요한 사건들에서 흔히 주변부로 밀려나있었기 때문이다.

여기 세네갈인인 라민 귀에이[31]의 증언이 있다. 그는 프랑스어를 사용한 아프리카 최초의 흑인 변호사였고, 식민통치 기간 프랑스 국회의 국회의원이었고, (이후에는 세네갈 공화국 국회의장이 된다) 1946년 구성된 프랑스 연합의 틀 안에서 아프리카 프랑스 식민지들의 모든 토착민에게 프랑스 국적을 확대 부여하기 위한 활동을 이끌었다. 회상록으로도 여겨질 수 있는 자서전 『아프리카의 여정』에서 귀에이는 사모리(Samory) 혹은 엘 하즈 오마르 같은 아프리카의 영웅과 전사들에게 찬사를 보낸다. 작가에 의하면 "사람들은 이런 비범한 인물들(사모리와 엘 하즈 오마르)이 살아있을 때도 그들

---

[29] R. D. PUTNAM, "*E Pluribus Unum*: Diversity and Community in the Twenty-first Century", p. 159.
[30] M. DIAGNE, "Léopold Sédar Senghor: Le particulier et l'universel", *Ethiopiques*, No 76, p. 309.
[31] L. GUEYE, *Itinéraire africain*, p. 17.

에 대해 이야기했고, 오늘날에도 계속해서 그들에 대해 이야기한다. 그들의 이름과 그들의 행위에 대한 회상이 여전히 이곳저곳에서, 우리의 도시와 우리의 시골 마을에서, 동일한 경탄과 동일한 자긍심으로 이야기된다."

우리는 같은 작가인 L. 귀에이[32]와 함께 서론을 결론 맺고자 한다. 그는 유럽과 아프리카의 만남이 만들어낸 모든 비극을 몇 개의 문장으로 요약한다. 이러한 만남에서 초래된 식민지조약 같은 것이 그것이다. 이러한 만남으로부터 도출된 측면을 고려하지 않고 아프리카 문학을 분석하고, 철저히 밝혀내는 것은 어렵고 심지어 불가능하다. "식민지들은 본국에 의해 토대가 만들어졌고, 철저히 본국의 이익을 위해 개발되어야만 한다. 식민지들은 그들의 물품을 본국으로만 수출해야 하며, 본국에서 행해진 구매에 의해서만 유럽의 상품을 수입해야 한다. 식민지들과 본국 사이의 항해 혹은 한 식민지에서 다른 식민지로의 항해는 본국 선원들의 몫으로 정해져 있었다."

특히 유럽의 영향을 받은, 프랑스어로 표현된 아프리카 현대소설에서 우리가 살펴볼 것처럼 아프리카의 소설가들 대부분은 그들의 작품에서 많은 시간과 공간을 이런 만남의 연대기에 바친다.

---

[32] 위의 글, p. 75.

1. 신화

신화는 신성한 이야기를 전한다. 신화는 태초의 시간,
시원이라는 가공의 시간에 일어난 사건을 이야기한다.
달리 말하면 신화는, 초현실적인 존재들의 모험 덕분에,
어떻게 해서 현실이 존재하게 되었는지를 이야기한다.

M. 엘리아데
-『신화의 양상들』

이 장에서는 무엇보다 엔디아디안 엔자이의 월로프족 건국 신화에 대한 분석이 이루어질 것이다. 그리고 특히 내가 1989년 발로에서 셰이크 니앙에게서 채록한 버전[1]이다. 《엔디아디안 엔자이 신화》[2]는 그러므로 세네

---

1   우리가 채록하고 출간한 엔디아디안 엔자이 신화의 이 버전은『엔디아디안 엔자이 신화』라는 제목으로 지칭될 것이다. 그리고『발로의 월로프족 구술의 역사와 문학, *The Oral History and Literature of the Wolof People of Waalo*』이라는 제목의 책 역시 참고될 것이다.

2   [역주] 머리말에서 《엔디아디안 엔자이 신화》라고 표기한 것은 엔디아디안 엔자이에 관한 신화를 총체적으로 지칭하며, 제1장부터 사용되는『엔디아디안 엔자이 신화』라는 표기는 저자가 셰이크 니앙의 버전에 따라 채록하고, 발간한 저서를

갈과 심지어 사헬지역³ 넘어서까지도 잘 알려진 창조 신화이다. 모리타니, 감비아, 말리에서도 이 신화의 변이형들을 발견할 수 있을 뿐만 아니라 아프리카 서부의 남쪽 지역에서 엔자이라는 성을 가진 사람들을 많이 만날 수 있기 때문이다. 상당수의 작가, 연구자, 역사가들이 이 신화를 비롯해서 발로 왕국과 졸로프(Djolof) 왕국에 관한 저작⁴을 출간했다.

이 신화에서, 즉 내가 발로 출신 그리오인 셰이크 니앙에게서 채록한 버전에서 지적해야 할 첫 번째 양상은 세네갈 신화 속 다른 신화 (대홍수와 노아의 방주 신화)와의 융합이다. 따라서 삶의 원천으로서뿐만 아니라 삶의 상징 그리고 교통수단으로서 물의 중요성은 강조된다. 그것은 잘 알려진 속담을 보강해주는데, 이 속담에 따르면 물이 없으면 생명도 없다. 그러므로 노아의 신화는 구약에 섞여 들어갔고, 그리오인 셰이크 니앙은 코란 덕분에 이번에는 그것을 자기 것으로 만들었다. 코란에는 노아의 이야기가 언급되어 있기 때문이다. 여기서는 인간 사고의 일정한 연속성의 존재를 강조해야 한다. 그리고 그것은 시간과 세대를 통해서 그렇다. 3장에서 나는 엔디아디안 신화를 다른 신화들과 비교하면서 이 주제로 되돌아올 것이다.

지칭한다. 원서에는 모두 동일하게 이택릭체로 표현되어 있으나 한국어 번역본에서는 구별해 표기하였다.

3 [역주] 사헬은 사하라사막 남부 사바나 지역을 가리키는 말로 대서양에서 홍해까지 아프리카 대륙을 띠 모양으로 가로지르는 지역인데 세네갈, 모리타니, 말리, 니제르, 차드, 수단 등을 포함한다.

4 Azan, H. 1863, Barry, B. 1985, Boilat, D. 1984, Bomba, V. 1977, Brigaud, F. 1962, Diagne, P. 1967, Dieng, B. 1980, Diop, A.B., 1981, Diop, C.A. 1949, Diop, S. 1995, Diouf, M. 1990, Duguay-Cledor, A. 1931, Fall, Y. 1989, Gaden, H. 1912, Irvine, J. 1978, Kesteloot L. Et Dieng, B. 1983, Lasnet, A. 1900, Leymarie-Ortiz, I. 1979, Magel, E. 1981, Makward, E. 1990, Mauny, R. 1955, Monteil, V. 1966, Robin, J. 1946, Samb, A. 1974, Samb, A.M. 1981, Silla, O. 1966, Sylla, A. 1978.

1. 신화 29

그러므로 신화는 시초이다. 부족은 어디에서 왔는가? 인간의 기원에서 무슨 일이 있었는가? 어떻게 이 시초의 권위를 세울 것인가?

월로프족의 기원이 무(無)로부터 이루어질 수는 없고, 전통에는 이 시초를 확립하고 증명할 기록된 출처가 없기 때문에 이야기꾼은 자유롭게 하나 혹은 여러 선례에 호소한다. 그런데 이 단계에서 이슬람은 아주 중요한 역할을 한다. 그리오가 구약에 접근하고, 노아 신화를 전파하고, 그것을 동화시키는 것은 코란 덕분이기 때문이다. 그렇지만 일반적으로 이야기꾼이 전례와 이미 존재하는 텍스트들에 기대기는 하지만 그가 이 원천 텍스트에 100퍼센트 충실할 것을 강요받는다고는 전혀 느끼지 않는다는 사실을 지적해야 한다. 구약과 코란에서 재구성된 전통인 노아의 신화를 포함하는 아브라함의 전통에서 그리오는 자신이 속한 지역의 계보를 구축하기 위해 적당해 보이는 구절들을 빌려온다. 앞선 것들과 비교해보면 다른 면 관습들과 결합된 지역의 관습들, 이야기들의 혼합으로 발생한 아프리카 고유의 특성이라는 개념 및 보편성이라는 개념이 생겨나는 것을 알 수 있다. 이 경우는 정확히 짚어보면 대홍수와 노아의 이야기이다. 예를 들어 그리오가 언급한 솥은 분명 대홍수의 에피소드에는 등장하지 않는다. 그것을 자신의 구술에 포함하는 것은 그리오 자신이다. 이것은 연행, 특히 그리오/이야기꾼의 개인적 서명과 관련되는 다른 문제들을 제기한다. 잘 알려져 있듯이 하나의 신화 혹은 하나의 서사시 각각의 버전은 오직 하나밖에 없는 것이고, 같은 이야기의 다른 버전들에서 발견할 수 없는 소재들을 포함하기 때문이다.

또한 솥은 이 이야기가 발생했던 무렵 월로프족의 기술 수준에 대해 알려줄 수 있다. 비슷하게 쇠로 주조된 솥이라는 모티브를 노아의 이야기 속에 삽입한 것이 이야기꾼일 수도 있다. 하지만 아마도 오랜 옛날 이 솥은 존재하지 않았거나 예를 들면 진흙으로 빚은 솥들이 존재했다. 여기서 역사적, 연대기적 그리고 심지어 시·공간적인 간섭과 연관되는 어떤 복합성이 분명히 드러난다. 만일 우리가 창세기에서 묘사된 대로의 노아 신화와 계속 비교해 보면 우리는 그리오인 니앙이 물로 둘러싸인 방주에서 정찰을 위해 새를 보낸 사실을 언급한다는 것을 깨닫게 된다. 그가 새에 대해 더 자세하게 밝히지 않는 데 반해 창세기는 비둘기와 까마귀를 언급한다. 이 예가 밝혀주듯이 그리오가 원천 텍스트에 완전히 충실할 수는 없다. 이 상황으로부터 다른 문제가 도출된다. 그것은 에크리튀르, 특히 역사와 고문서와 비교해 구술성의 신뢰도라는 문제이다. 나는 미리 앞서가고 있는데, 이 문제는 "구술 연행과 문자 텍스트에 대한 비판과 분석"이라는 제목이 붙은 장에서 다루어질 것이기 때문이다.

뒤이어 그리오는 대홍수의 생존자들, 특히 각각의 동물들의 쌍(수놈-암놈)과 노아, 노아의 세 아들(셈, 함 그리고 야벳 노아)과 그들의 아내를 부각하는 데 열중한다. 또한 우리는 여기에서 세네갈 그리오의 이야기와 창세기의 이야기를 비교할 수 있다는 사실을 알 수 있다. 창세기에서 술에 취한 노아는 거의 벌거벗은 채 잠이 든다. 아버지가 이런 모습으로 주저앉아 있는 것을 보고 함은 웃음을 터뜨리고, 그를 조롱하기 시작한다. 니앙의 버전에서 노아의 벌거벗음은 언급되지 않지만, 함의 조롱과 잠에서 깬 아버지가 선언하는 저주와 검은 혈통은 언급된다. 그렇지만 내 생각에 사람들은 창세기 이 부분의 인종적 측면에 대해 너무 강조하는 경향이 있는 깃 같다. 그리오의 이해력 속에서 검은색은 나쁜 행동을 가리키기 위해 딱 적당한 우화이지 세상을 가득 채우고 있는 모든 인종 중에서 흑인들만을 엄습하는 생물학적이고 유전학적인 쇠퇴가 아니다. 피부색 및 인종적 범주와 관련되는 성서의 이 부분을 상대화해야 한다는 생각이 생겨난다. 니앙은 이어서 함, 특히 야조조(Yajojo)와 마조조(Majojo)를 언급한다. 이 둘은 창세기에서는 언급되지 않는다. 성서에서는 오히려 구스의 아들인 니므롯의 이야기가 언급되는데, 니므롯은 함의 손자이다. 바로 그런 이유로 니므롯은 바벨, 에레크 그리고 아카드 왕국의 창시자이다.

우리 논지 전개의 이 정도에서 사람이 되었건 장소가 되었건, 이름의 변형 (혹은 정확하게는 새로운 창조)에 주목해야 한다. 나는 구술 텍스트들을 통해서 본 어원과 지명(地名)에 바쳐진 장에서 중요한 이 문제로 다시 돌아올 것이다. 하지만 우리는 지금부터 신화와 서사시를 구연하는 대부분의 세네갈 이슬람교도 그리오들이 변이형을 받아들인다고 말할 수 있다. 그러므로 코란이라는 신성한 텍스트에 대한 구술적인 해석은 직접적으로 텍스트 자체의 근원에 이르지 않는다. 이런 해석은 유명한 장게(jangge, 예언자 무함마드의 탄생을 기념하고 축하하는 이슬람의 종교적 축제로 마울라우(Maouloud)라고도 한다) 동안 이슬람의 원로들이나 학식 있는 설교자들에게서 나온다. 대부분의 그리오들은 (아랍어를) 전혀 읽고 쓰지 못하거나 반쯤은 문맹이다. 그러므로 그들은 자신들의 고유한 가계를 창조하기 위해서 이러한 변이형들을 기초로 삼는다.

뒷부분에서 니앙은 함의 이집트로의 추방과 오랫동안 만나지 못했던 자식들과의 재회를 이야기한다. 하지만 엔디아디안의 아버지인 부바카 오마르(Boubacar Omar)는 약 168행이 되어서야 등장한다. 주지하듯이 신화의 주인공인 엔디아디안은 이야기의 처음에는 나오지 않는다. 대홍수, 노아의 방주, 엔디아디안의 아버지가 요르단과 이집트를 지나 세네갈강 계곡에 도착할 때까지 겪은 시련과 같은 엔디아디안에 앞서는 다른 에피소드들이 있다. 이 신화를 계속 집대성하기 전에 나는 이 구술 텍스트의 구조 자체에 대해 잠시 이야기할 것이다. 조금 위에서 강조한 것처럼 이 신화에는 서로 다른 두 부분이 존재한다.

- 첫 번째 부분은 엔디아디안의 아버지에게 할애된다. 이 경우에는 부바카 오마르이다. 하지만 대홍수 신화와 노아 및 그의 자손

들과 관련된 가계의 에피소드에도 역시 할애된다.
- 두 번째 부분은 신화의 중심인물인 엔디아디안에게 할애된다.

그리오는 엄격한 연대기적인 일치에 지나치게 신경 쓰지 않는다. 그리고 그것은 구술성과 서사시의 세계에서는 잘 알려진 일이다. 나는 조금 위에서 함의 자손이라는 틀 속에서 그것을 언급했다. 게다가 더 흥미로운 것은 아부 바크르(Abou Bakr)와 부바카 오마르의 경우인데, 실제로 그들의 이름은 아부 바크르 벤 오마르(Abou Bakr ben Omar)[5]의 변형이기 때문이다.[6] 그리오가 다른 시간대에 속하는 인물들을 뒤섞는다는 사실은 너무나 분명하다. 파예와 올리비에[7]는 아부 바크르가 알모라비드 운동[8]에 속한다고 지적한다. 알모라비드는 스페인과 모로코를 정복한 뒤 가나의 흑인 제국을 정복하기 위해 군대를 이끌고 남쪽으로 향했다. 그렇지만 7세기로 거슬러 올라가는, 더 이전의 아부 바크르가 존재한다. 그는 선지자 무함마드의 죽음 이후의 시대에 아라비아반도에 살았다. 세네갈 그리오의 이야기에서는 둘 중 어느 아부 바크르에 관련되는가? 우리는 이 질문에 확실하게 답할 수 없다. 그렇지만 그럼에도 불구하고 그리오가 두 인물을 결합했

---

5 [역주] ben은 히브리어와 아랍의 몇몇 방언들에서 '아들'을 의미하는 단어인데, 어떤 사람의 이름 속에 포함되어 사용되어 그 사람의 혈통을 알려준다.
6 세네갈과 아프리카라는 환경 속에서 많은 아랍의 이름들이 "세네갈화"하고 "아프리카화"했다. 나중에 바바카르(Babacar) 혹은 아바바카르(Ababacar)를 파생시킨 아부 바크르의 경우가 그렇다. 하지만 가장 잘 알려지고 가장 흔한 이름은 마마두(Mamadou), 무하마두(Mouhamadou), 아메트(Amet), 아흐메트(Ahmet), 아흐마드(Ahmad), 마흐무드(Mahmoud), 마무두(Mamoudou) 등을 파생시킨 무함마드이다.
7 FAGE & OLIVIER, *A short history of Africa*, p. 83.
8 [역주] 알모라비드는 11세기에서 12세기에 걸쳐 베르베르의 가장 강력한 세 부족 중 하나인 산하자(Sanhadjas) 혹은 산하즈(Sanhadj)에 의해 펼쳐진 베르베르족 통합운동인데, 나중에는 통합을 넘어 모리타니, 모로코, 알제리 서부, 이베리아반도(현재의 스페인, 지브롤터, 포르투갈) 일부와 말리를 포함하는 대제국을 형성했다.

다는 사실에 주목할 수 있다. 그러므로 두 명의 아부 바크르 (그중 한 명은 7세기에 살았고, 다른 한 명은 아주 나중에, 12세기에 살았다)를 결합해서 하나의 유일한 인물로 만들었다. 만일 우리가 선지자 무함마드와 그의 직접적인 후손들의 이야기로 만족하고 개괄해 본다면 우리는 (첫 번째의 원형적) 아부 바크르가 서기 632년 선지자 무함마드가 죽고 나서 무함마드를 계승했음을 알게 된다. 게다가 아부 바크르는 선지자의 장인이었다. 선지자의 부인들 중 한 명, 이 경우에는 정확히 아이샤(Aïcha)가 아부 바크르의 딸이기 때문이다. 그러므로 장인이 모슬렘 공동체의 속세의 지도자로 사위의 뒤를 이었다. 이어서 632년 이후의 계승자는 아부 바크르, 오마르, 오트만(Othman) 그리고 알리(Ali)의 순서라는 사실에 주목해야 한다. 오마르는 아부 바크르를 뒤이었고, 오트만은 오마르의 뒤를 이었다. 그렇지만 시아파들에게 이러한 계승은 부정확한 것이라는 점은 잘 알려져 있다. 왜냐하면 그들에게 있어 이맘으로서 선지자를 계승한 것은 오히려 알리이기 때문이다. 물론 이런 미묘한 구분은 중요한데, 내가 위에서 주목한 것처럼, 아부 바크르는 속세의 지도자였고 따라서 그의 임무는 도시의 일들이었던 반면 알리는 정신적 지도자였기 때문이다. 이러한 구분은 첫눈에 보았을 때처럼 그렇게 단순하지 않다. 왜냐하면 시아파들에게 있어 지상권 (그리고 의미를 넓혀보면 정치)과 교권은 서로 뒤섞이고, 혼합되기 때문이다. 시아파들과 (수니파 가운데) 평신도가 아닌 많은 모슬렘에게 코란은 헌법의 구실을 한다. 엔디아디안 엔자이 신화에 대한 심도 있는 총체적 이해를 위해서 이런 배경은 아주 중요하다. 우리는 대홍수와 노아의 방주와 함께 엔디아디안 엔자이 신화에 대한 분석을 시작했다. 그리고 우리는 지금 아부 바크르라는 등장인물 주변에 묶인 여러 매듭을 풀기에 이르렀다. (실제로 아부 바크르를 복수형으로 이야기하는 것이 더 정확하다. 우리가 이미 살펴본 것처럼 복수의 아부 바크르가 존재하기 때문이다.)

결합의 다른 예는 캐슬룻, 뒤메스트르와 트라오레가 채록하고, 번역하고, 주석을 붙이고, 출간한 버전[9]에서 세구의 밤바라(bambara de Ségou)[10] 서사시에서 발견될 수 있다. 이 서사시를 구연하는 그리오인 시소코 카비네(Cissoko Kabiné)는 명백히 별개의 인물이지만 동시대를 살았고, 같은 이름을 지녔던 두 인물을 하나로 합친다. 한 명은 마시나(Macina)[11]의 풀라니족 영웅인 아르도 실라마카 디코(Ardo Silamaka Diko)이고, 다른 한 명은 밤바라족의 영웅인 실라마카이다. 동시대를 살았던 밤바라 서사시 속 두 인물의 경우와 월로프족 신화 속 두 명의 아부 바크르의 경우는 다르다.

이러한 장르들에서 생겨나는 결합들이 아프리카에만 한정되는 것은 아니다. 우리는 그 예들을 다른 구술 전통들, 예컨대 중세 유럽에서 발견할 수 있다. J. 더건이 《안티오크의 노래, *La chanson d'Antioche*》 서사시에 관해 썼듯이[12], 이 서사시를 구연하는 종글뢰르 그랭도르(Graindor)는 "플랑드르 백작인 로베르 2세와 그의 아버지인 로베르 '르 프리지엥(le Frisien)'를 하나로 결합한다. 후자는 원정[전쟁]에 참가한 일이 없고, 오히려 1087년 성지(Terre Sainte)[13]로의 여행을 떠난 인물임에도 말이다." 우리가 신화의 영역에 있다는 사실을 고려한다면 역사적으로 받아들여질 수 없음에도 결합의 기법은 이해될 수 있다. 신화는 수백 년 – 그리고 이따금

---

[9] L. KESTELOOT et al., *La prise De Dionkoloni*, p. 15.
[10] [역주] 밤바라는 서아프리카 사헬 지방의 만딩고족에 속하는 부족이다. 17세기 말부터 19세기에 걸쳐 현재 말리 남부를 중심으로 세구의 밤바라(bambara de Ségou)라 불리는 통일왕조를 이루었다.
[11] [역주] 마시나는 풀라니족에 의해 19세기에 건국된 제국으로 현재의 말리의 일부, 북쪽으로는 통북투(Tombouctou), 남쪽으로는 모시(Mossi), 동쪽으로는 모리타니까지를 포함했다.
[12] J. DUGGAN, "Medieval epic as popular historiography: Appropriation of historical knowledge in the vernacular epic", p. 298.
[13] [역주] 팔레스타인을 말한다.

수천 년 -, 즉 멀리 떨어진, 태고의 과거로 거슬러 올라간다는 사실을 고려한다면 말이다.

엔디아디안 엔자이의 아버지인 부바카 오마르에게 바쳐진 에피소드와 관련해서 언급하자면 그는 엠바리크 보(Mbarik Bô)와 함께 한다. V. 몽테이유[14]는 엠바리크에 대해서 다음과 같이 이야기한다. "연대기 작가들은 엠바리크의 출생에 동의하지 않는다. 어떤 사람들은 그가 아주 어렸을 때 수단을 여행 중이던 이븐 오마르(Ibn 'Omar)에게 맡겨졌다고 주장한다. 조금 더 많은 다른 사람들은 알모다비드의 왕이 그를 샀다(dyend-on)는 의견을 옹호한다." 엠바리크 보가 아마도 노예였다는 생각이 생겨난 것은 이렇게 해서이다. 그리고 이 일화는 빌랄(Bilal)의 일화를 떠올리게 하는데, 그는 무함마드 시대의 흑인 뮈에진(muezzin)[15]이었다. 사람들은 그가 이슬람으로 개종한 최초의 흑인이었다고들 한다. 하지만 그런 이유로 부바카르와 비교해서 마브리크가 부차적인 역할을 하지는 않는다. 다니엘 아마라 시세가 지적했듯이 "아랍의 정신과 문화 속에서 흑인 '빌랄'은 언제나 노예 및 저주받은 자와 동의어였다."[16]

마찬가지로 흥미로운 한 양상은 서사적이고 신화적인 많은 텍스트에서 발견되는 쌍(paring)이라는 개념이다. 그러므로 부바카 오마르와 엠바리크 보를 제외하면 《롤랑의 노래, La chanson de Roland》 속 롤랑과 올리비에,

---

[14] V. MONTEIL, Esquisses sénégalaises, p. 27. 그리오에 의하면 세네갈, 모리타니와 감비아에서 아주 일반적인 엠보즈(Mbodj)라는 이름은 보(Bô)에서 유래한 것이다.

[15] [역주] 뮈에진이란 회교 사원에서 기도를 알리는 종을 울리는 임무를 맡고 있는 승려를 말한다.

[16] D. A. CISSE, Histoire économique de l'Afrique noire. Tome 3, p. 232. I.C. TCHEHO의 논문도 볼 것. 이 논문에서 저자는 비라고 디옵(Birago Diop)의 이야기 속에서 한편으로는 아프리카 흑인의 이슬람과 다른 한편으로는 아랍 모슬렘 세계 사이의 관계에 대해 자세하게 분석한다. ("The Image of Islam in Selected Tales of Birago Diop")

《길가메시 서사시, *Gilgamesh*》 속 길가메시와 엔키두 혹은 《일리아스》 속 아킬레우스와 파트로클로스가 있다. 쌍이라는 개념으로 되돌아와 더 자세히 분석할 기회가 있을 것이다.

신화의 중심인물, 여기서는 엔디아디안 엔자이로 말하자면, 우선 첫 번째로 아버지와 아들을 비교할 때 우리는 충격적인 차이를 확인한다. 그것은 아버지는 이슬람교를 믿는 아랍-베르베르 세계로부터 글자 그대로 어둡고 이교적인 아프리카 한복판으로 옮겨온 혜성과도 같다는 사실이다. 여기에서 우리는 역할들의 역전이 갖는 의미와 함께 그리오의 창조적인 특징을 깨닫게 된다. 분명 문제가 되는 것은 역할들의 역전이기 때문이다. 다시 한번 말하건대 아버지 부바카 오마르가 이교도들을 개종시키는 개종한 이슬람교도라면, 다른 한편으로 아들인 엔디아디안은 정령숭배자 혹은 괴물과 비슷하다. 적어도 이야기의 맨 처음에는 그렇다. L. 캐슬룻과 B. 디엥은 이렇게 썼다.

> 엔디아디안은 새로운 종교의 보유자, 아랍의 왕자처럼 보인다. 신화는 그에게 지성, 힘과 혜안을 부여하는 종교적 측면을 중시한다. 이처럼 이슬람 정복자들의 후손인 엔디아디안은 이슬람이라는 종교의 힘과 동일시된다. 검은 아프리카에서 이슬람은 성(聖)의 경계를 확장한다.[17]

모든 관계를 고려하여, 한 신화의 시조(始祖)로서 엔디아디안은 반드시 탁월하고, 다른 인간들과 달라야 한다. 오직 그에게서만 발견할 수 있고, 그 이외의 다른 누구에게서도 발견할 수 없는 하나 혹은 몇 개의 양상이

---

[17] L. KESTELOOT ET B. DIENG, *Du Tieddo au Talibé. Contes et mythes wolof*, vol. II, p. 189.

있다. 그리고 거기에 모든 신화의 핵심적인 특징이 정말로 존재한다. 이러한 각도에서 보면, 엔디아디안의 외모는 다른 사람들과 뚜렷이 구분된다. 엔디아디안이 창백한 피부를 갖고 있지만, 그것은 백인 혹은 무어인을 특징짓는 창백함이 아니기 때문이다. 오히려 엔디아디안의 창백함은 그가 찬 음식만 먹고, 시원하고 그늘진 장소에서만 잔다는 사실에서 기인한다. 엔디아디안의 창백함의 비 생물학적인 기원은 그것이고, 그러므로 탁월한 인간이라는 신체적이고, 유일한 표시이다. 그곳의 (심지어 그곳을 넘어서도) 다른 어떤 주민도 그런 표시를 지니고 있지 않다.

엔디아디안 신화의 이 버전에서 더 눈길을 끄는 것은 두 부분이 동일한 길이라는 사실이다. 텍스트의 첫 번째 부분이 많든 적든 아버지인 부바카 오마르에게 바쳐지고, 아들인 엔디아디안은 텍스트의 중간이 되어서야, 그러니까 **사건의 중심으로**(*in media res*) 등장한다. 이어서 첫 번째 부분은 대부분 구약성서, 코란, 이슬람 그리고 심지어 등장인물들(부바카 오마르와 엠바리크 보)의 명령에 따른 초국가적이고 대륙을 가로지르는 활동들이 중심에 놓인다. 반면 엔디아디안에 할당된 부분은 오히려 내생적이다. 나는 토착적이고, 지역적이라고 말할 것이다. 엔디아디안은 진정한 그 지방의 아들이다. 아버지와는 반대로 그는 복음을 가져오기 위해서 나라들과 대륙들을 횡단하려 하지 않는다. 그는 이슬람교도가 아닌 사람들을 이슬람으로 개종시키기 위해서 투쟁하지도 않는다.

엔디아디안의 행동의 폭은 영토의 범위로 제한되고, 오늘날 세네갈 북부의 일부라는 지리적인 경계를 넘지 않는다. 텍스트를 보면 알 수 있는 것처럼 엔디아디안은 강의 상류인 오세네갈(Haut-Sénégal)을 출발해 생루이 인근 지역, 세네갈강 하구(河口)에 이른다. 그렇지만, 가장 주목해야 할 것은 다음과 같다. 아버지인 부바카 오마르가 영적인 것, 이슬람 신앙의 전파에 관심을 둔다면, 반대로 아들인 엔디아디안의 능력은 오히려 세속적인 영역에서 발휘된다. 실제로 엔디아디안은 국가의 창시자 중 한 명이다. 그가 영토를 정복한다면, 그것은 그곳에 민주적인 국가의 체제를 만들어내기 위해서이다. 그리고 이 점에서 그는 발로(Waalo), 졸로프(Djolof), 바올(Baol), 카이오르(Cayor) 등 이후에 탄생하게 될 월로프족 왕국들의 선구자로 간주될 수 있다. 결론적으로 우리는 일종의 작업의 분할과 마주하고 있다. 영적이고, 영혼의 구원자인 아버지와 그날그날 도시국가를 관리할 수 있도록 해주는 도구들을 만들어내고자 애쓰는 아들이 그것이다.

엔디아디안으로 되돌아가기 위해 그리오 니앙은 주인공의 성(姓)이 원래 아이다라(Aïdara)라는 사실을 우리에게 알려준다. 그러므로 그의 아버지의 완전한 이름은 부바카 오마르 아이다라이다. 이 마지막 부분에 관해 상세한 설명을 하는 것은 이야기꾼이 아니라 우리이다. 게다가 구연을 이어가는 내내 니앙은 어떤 순간에도 부바카 오마르의 성을 입 밖으로 내지 않는다. 니앙은 그의 이름만 언급할 뿐이다. 엔디아디안이라는 이름에 대해서는 신화와 서사시에서의 어원에 바쳐진 장에서 다시 다루게 될 것이다. 그러므로 아이다라는 이 성에 대해서는 다양한 관찰이 요구된다. 우선 그것은 세네갈에서 이슬람이 맺고 있는 복잡하고, 오래되고, 여러 세기 동안 계속되고, 지속적인 관계들에 대한 명백한 상징이다. 세네갈은 여전히 북쪽으로 직접 이웃한 국가 – 이름을 거명한다면 모리타니아이다 – 와 같은 아랍 - 베르베르 세계와 여전히 그러한 관계를 맺고 있고, 관계 맺기를 계속할 것이다.

세네갈의 (그리고 아랍인이 아닌) 많은 이슬람교도가 아랍 세계에 대해 열등함이라는 콤플렉스를 품고 있다는 사실 역시 기억해야 한다. 많은 아랍인 역시 아랍인이 아닌 이슬람교도들에 대해 우월함이라는 콤플렉스를 지닌다는 한에서 그 반대도 사실이다. 사람들은 흔히 동화(assimilation)를 서구 - 아프리카 혹은 아프리카 - 유럽 간의 관계라는 협의의 틀 속에 가두

1. 신화 39

는 경향이 있다는 점을 지적해야 한다. 달리 말한다면 동화된 아프리카인이란 특히 유럽, 일반적으로는 서구의 가치를 – 이따금 희화화될 수 있을 지경까지 – 자신의 것으로 만든 남성 혹은 여성이다. 그렇지만 아랍 문화에 동화된 이슬람교도 아프리카인도 역시 존재한다. 그리고 그것은 옷차림, 말투, 아이들에게 아랍 이름을 지어주는 선택, 아랍 세계 사고방식의 채택 등에서 드러난다. 다음과 같은 강력한 가정을 제시하면서 엔디아디안의 성을 대상으로 하는 견해의 제시를 마치려고 한다. 이 가정에 따르면 엔디아디안의 아버지인 부바카 오마르는 셰리프(chérif)[18] 가문 출신인데, 그 가문은 자신들을 서아프리카(Occident africain)[19]와 마그레브에 흩어진 씨족 및 부족들과 동일시한다. 이 주제에 대해서 V. 몽테이유는 다음과 같이 이야기한다.

> 샤리프들(shorta) 혹은 이슬람 선지자의 후손들은 물론 가장 많은 축복을 받은 사람들이다. 통북투에는 우리가 하이다라(Haydara)라고 부르는, 1672년 수단으로 망명한 알리 벤 하이다르(Ali ben Haydar)가 존재하는데, 그 조상은 반란을 일으킨 모로코인이었다.[20]

이러한 두 개의 콤플렉스의 이면에는 코란뿐만 아니라 선지자 무함마드 역시 아랍인들의 고장에서 나왔다는 생각이 존재한다는 사실을 고려하면 이 상황은 쉽게 이해된다. 우리 생각에는 이런 상황은 아랍 세계에 대한 상당한 몰이해에서 유래한다. 사람들이 아랍 세계로 많은 여행을 한 덕분

---

18 [역주] 아랍권의 왕 혹은 우두머리를 의미한다.
19 [역주] 직역하면 아프리카의 서방이라는 의미인데 세네갈, 말리, 가나, 모리타니 등 서아프리카의 16개국을 가리킨다.
20 V. MONTEIL, *L'islam noir*, p. 157.

에 (그리고 그곳에서 공부도 한다), 텔레비전과 새로운 정보기술 덕분에 이제는 세네갈의 이슬람교도들이 아랍 세계에 대해 훨씬 더 다양한 지식과 정보를 가지고 있는 것이 사실이다. 그것은 아랍 세계에 대한 이해를 개선하고, 위에서 언급된 열등감이라는 콤플렉스를 완화한다.[21]

마침내 다른 작가이며 역사가인 랑스네 카바는 위에서 전개된 논거들에 확증을 부여한다.

> 아랍의 가계와 성의 채택은 서아프리카에서 아주 일반적이다. 왜냐하면 그것이 사람들의 혈통과 신앙을 고귀해지도록 해주기 때문이다. 또한 그것은 토착의 전통 한가운데 오래된 이슬람 신화들이

---

[21] 이미 1920년에서 1950년 사이에 생트 드 티바완(Sainte de Tivaouane)이라는 도시에 근거를 둔 세네갈의 티자니아(Tijaniaa)라는 종파(secte)의 종교 지도자인 세리녜 바바카 시(Serigne Babacar Sy)는 메카로 순례를 떠나려고 하는 미래의 세네갈 순례자들에게 충고한다. 그들은 그에게 작별 인사를 하러 왔고, 바로 그러한 이유로 마라부의 축복을 받고자 했다. 그는 그들에게 다음과 같이 이야기한다. "Bou leen deme, bou lene fa roy dara, nioniu genoon ni mame waayé niun noo leen geni ay ndaw." 번역하면 다음과 같다. "당신들이 그곳에 [=메카에] 닿으면, 쓸데없이 그들을 모방하지 마세요. 그들의 조상들은[=아랍인들의 조상들은] 우리 조상들보다 우월했지만, 그들과 동시대인인 우리는 그들보다 우월합니다." 세리녜 바바카 시가 아랍 세계에 대해서 열등감이라는 콤플렉스를 전혀 느끼지 않은 것은 분명하다. 세네갈에서 자라면서 나는 아버지의 오랜 친구들이 위와 같은 말을 하는 것을 여러 번 들었다. 여전히 세네갈 사람들이 갖고 있는 이슬람 세계에 대한 무지에 관해서 이야기하자면 인도 태생의 이슬람교도이며, 하버드 대학의 내 학생 중 한 명이 문학사(Bachelor of Arts, B.A.) 학위를 받기 위해 무리디즘(mouridisme)에 관한 졸업논문을 준비하고 있었다. 그는 자신이 세네갈에 체류할 때 만난 사람들이 인도에 수천 명의 이슬람교도가 있다는 사실을 알고는 깜짝 놀라곤 했다고 내게 말했다. 문제의 이 학생이 인도 태생이라는 것을 알고 그들은 훨씬 더 놀라곤 했다. 그들 중 많은 수가 세계에서 가장 이슬람교도가 많은 나라가 인도네시아이며, 이 나라의 국민들은 아랍인이 아니라는 사실을 알지 못한다고 나는 덧붙였다. 끝으로 『엘 하즈 오마르』 서사시에 바쳐진 장에서 나는 오마르 탈에 대한 아랍인들의 우월감이라는 이러한 콤플렉스와 그가 아라비아반도에 체류할 때 행해진 그를 향한 도전들로 되돌아갈 것이다.

포함되었다는 표시이기도 하다. 그렇지만 몇몇 경우에 그런 단언은 완전한 허구로 확인될 수 있다는 사실을 명심해야 한다.[22]

그렇기는 하지만 내가 위에서 강조한 것처럼 세네갈의 많은 이슬람교도는 전혀 개의치 않고 아라비아반도에 속하는 역사적 인물들을 북아프리카에 속하는 역사적 인물들, 특히 베르베르인들, 투아레그족들, 알모라비드 왕조의 인물들과 뒤섞는다. 베르베르인들과 알모라비드 왕조의 인물들은 원래 (632년 이전) 이슬람교도가 아니라 이교도와 정령 숭배자였다는 사실로 인해 흔히 오해가 생긴다. 그들은 새로운 개종자들(prosélytes), 아랍과 오스만 터키 상인들에 의해 식민지가 되었고, 개종했고, 정복되었다. 그리고 이번에는 그들, 베르베르인들, 알모라비드 왕조 사람들, 투아레그족들이 사하라사막 남쪽에 이슬람이라는 종교를 전파한 사람들의 일부를 이룬다.

만일 우리가 엄밀한 의미에서의 신화로 되돌아간다면, 우리는 거기에서 책략, 말하자면 속임수를 발견한다. 그리고 그것은 콩트와 서사시에서 발견되는 일반적인 방식의 속임수이다. 『엔디아디안 엔자이 신화』에서 엔디아디안의 어머니가 과부가 되었을 때 엔디아디안의 아버지 – 이 경우에는 엠바리크 보 – 는 동료들 혹은 병영의 도움으로 그녀와 결혼한다. 엠바리크는 파투마타 살(Fatoumata Sall)과 결혼하기 위해서 속임수를 사용한다. 부바카 오마르가 전쟁 중 화살에 치명상을 입었다고 느꼈을 때 그는 자신이 죽게 되리라는 것을 알았다. 그래서 그는 부인을 만나 자신이 고향으로 돌아가 죽게 될 것이라고 털어놓는다. 그렇지만 그는 아내의 재혼에 몇 가지 조건을 내건다. 그가 말하는 동안 엠바리크는 창문 뒤에 숨어서 모든 것을 듣는다. 그러므로 부마카 오마르가 공포한 조건들을 엠바리크가 완

---

[22] L. KABA, "Islam, Society and Politics in pre-colonial Baté Guinea", p. 330.

수했을 때 놀랄 일이란 아무것도 없다. 그리고 결론적으로 파투마타와 결혼한다. 그러므로 서사시와 신화의 세계에서 속임수는 부정직한 행동으로 이해되는 대신, 반대로, 우월성으로 간주된다. 한 사람이 경쟁자들과 적들에 대해 가질 수 있는 우월성이다.

우리는 이 신화의 다른 에피소드에서 속임수가 사용된 것을 다시 발견한다. 특히 694행부터 풀라니족인 마라무 가야(Maramou Gaya)가 시골 사람들에게 생포된 엔디아디안이 입을 열도록 만드는데 성공하는 대목이다. 엔디아디안의 침묵을 깨게 하려고 마라무는 어떻게 했는가? 속임수를 사용한다. 어떤 방식으로? 먼저 그는 솥을 받치기 위해서는 세 개의 돌이 필요하다는 것을 잘 알면서도 두 개의 돌을 사용한다. 물론 일어남 직한 일이 일어났다. 두 개의 돌 위에 놓인 물이 가득 담긴 솥은 마라무의 계획대로 균형을 잃고 뒤집혔다. 엔디아디안은 "두 개가 아니라 세 개의 돌이 필요하다"고 마라무에게 말하기 위해서 처음으로 입을 열었다. 덧붙여 말하자면, 엔디아디안이 월로프어가 아니라 풀라니어로 자기 생각을 표현했다는 사실에 주목해야 한다. 그럼에도 그는 풀라니왕국의 조상이자 시조로 간주된다. 나는 언어들의 상호침투에 대해 상세하게 재론할 것이다. 마치 자신의 첫 번째 행동으로 충분하지 않은 것처럼 마라무는 속임수를 계속한다. (두 개가 아니라) 세 개의 돌을 사용하라는 엔디아디안의 지시에 따른 후에 마라무는 솥에 물을 가득 채우고 조 죽을 끓이기 시작한다. 배가 고팠던 엔디아디안은 요리하는 사람 옆에 앉아서 솥 안의 내용물을 저어야 한다고 지시한다. 마라무는 그렇게 한다. 마라무가 행한 마지막 속임수는 죽이 막 끓으려고 할 때 그대로 내버려 두는 것이다. 짜증이 난 엔디아디안은 죽을 쏟고 거기에 응고시킨 우유를 더하라고 말한다. 이 말에 마라무는 일어나서 마을 사람들을 불러 엔디아디안이 말을 하도록 만든 자신의 쾌거를 알린다.

속임수 후에는 명예가 있다. 세네감비아[23] 지방 대부분의 민족에서 도가 지나친 명예에 대한 이러한 의미를 발견할 수 있다.[24] 이러한 문맥에서 명예는 사회의 그리고 사교상의(sociétales) 규칙들, 씨족이나 부족의 모든 구성원이 따른다고 간주되는 구조화된 법규들에 관련된다. 어린 소년인 엔디아디안이 강물 속으로 뛰어들도록, 그리고 물에 빠져 죽으려는 시도를 하도록 부추긴 것은 명예의 실추(놀이 동료들의 조롱)였다. 하지만 이야기꾼이 교묘하게 말하는 것처럼 "수영을 잘하는 사람은 [자살을 시도하면서] 물에 빠져 죽기 어렵다." 훨씬 더 일반적인 방식으로 엔디아디안의 이런 태도는 어떤 특성, 말하자면 영웅에 고유한 특징을 드러낸다. 이처럼 심리학자들이 '사회적 결핍'이라고 부르는 것을 찾아내기는 쉽다. K. 캐슬룻[25]은 "어린 시절 사회적 결핍에 상처 입은 영웅을 보여주려는 다양한 신화들의 경향"을 강조한다. 엔디아디안은 캐슬룻이 말한 이런 규칙에서 벗어나지 않는다.

신화에 포함된 인물들에 대한 면밀한 점검을 계속하면서 우리는 엔디아디안의 미래의 어머니인 파투마타 살의 아버지 아브라함 살(Abraham Sall)에 이른다. 이렇게 해서 우리는 아브라함을 이슬람으로 개종시킨 것이 부바카 오마르와 엠바리크 보라는 사실을 알게 된다. 그렇지만 아주 흥미로

---

23 [역주] 세네갈과 감비아. 민족적·역사적으로 공통점을 지닌 이 두 국가는 1982년에서 1989년 사이에 세네감비아 연합을 출범시키기도 했다.
24 월로프족과 투클레르족에 대해서는 부바카(Boubacar) L. Y.의 다음 연구를 볼 것. (*L'honneur et les valeurs morales dans les sociétés wolof et toucouleur du Sénégal*, 1966.) L. 캐슬룻이 강조한 것처럼 우리는 명예에 대한 이러한 의미를 밤바라 서사시에서 발견할 수 있다. 실제로 저자는 명예 (혹은 명예에 관한 일)가 밤바라 서사시의 중요한 실마리라고 강조한다. (cf., L. KESTELOOT, *Da Monzo de Ségou, épopée bambara*, p. 21).
25 L. KESTELOOT, "Le mythe et l'histoire dans la formation de l'empire de Ségou", p. 581.

운 지엽적인 부분이 있는데, 실제로 그것은 그리오가 입 밖으로 낸 한마디 말이다. 즉 아브라함 살은 부바카를 빌랄(Bilal)이라고 생각했다는 것이다. 그는 첫 번째를 두 번째와 혼동한 것이다. 그리오는 단지 이 때문에 아브라함이 부바카와 부바카의 동료들을 공격하지 않았다고 덧붙이기까지 한다. 그것은 그가 빌랄과 일반적인 이슬람을 존중했음을 의미한다. 이러한 상황은 여러 견해를 상기시킨다. 먼저 만일 아브라함이 개종했다면, 그것은 그가 이슬람교도가 아니었기 때문이다. 이것은 분명한 사실이다. 그는 정령 숭배자였다. 하지만 만일 아브라함이 이슬람교도가 아니었다면 그가 어떻게 빌랄의 존재를 알 수 있었을까? 답변은 이 종교의 충실한 신자와 그렇지 않은 신자의 공존과 연관된다. 이슬람은 서아프리카의 몇몇 고장에서는 상대적으로 새로운 종교였다. 따라서 아브라함 살과 같은 이슬람교도가 아닌 사람들이 이웃 사람들, 개종한 마라부들, 여행자들, 지나가는 상인 등등의 덕분으로 이 종교에 대한 몇몇 관념을 가졌음을 쉽게 이해할 수 있기 때문이다. 이러한 문화적이고 종교적인 상황은 매력적이다. 한 종교에 속하는 구성원들과 함께 사는 것만으로 이 종교의 일원이 될 수는 없기 때문이다. 게다가 세네갈에서 종교들, 특히 이슬람과 기독교의 조화로운 공존이 존재한다는 이야기를 듣는 것은 일반적이다. 더 좋은 것은 이슬람교 신자들과 가톨릭 신자들 사이의 공생에 대해 사람들이 언제나 찬사를 보낸다는 사실이다. 그들은 서로의 집을 방문하고, 상호 간의 축제날 서로 초대하고, 몇몇 이슬람교 신자들은 타바스키(Tabaski) 축제[26] 혹은 양의 축제(Eid) 동안 가톨릭 신자들인 친구들 혹은 이웃들을 초대한다. 반면 가톨릭 신자들은 크리스마스 혹은 부활절에 똑같이 한다.

---

26 [역주] 메카로의 성지순례를 의미하는 핫즈(hajj)의 마지막 날로 이슬람의 가장 중요한 축제이다.

1. 신화 45

아브라함 살, 그의 이슬람으로의 개종, 부바르 오마르와 결혼하게 되는 그의 딸인 파투마타, 그리고 이 결합에서 태어나는 엔디아디안의 이야기와 관련되는 이 에피소드를 통해서 이야기꾼이 부각하고자 하는 중요한 양상이 존재한다. 즉 신화와 서사시에서의 엘리트주의라는 문제이다. 아브라함 살이 이 엘리트에, 토지 귀족에 속한다는 사실에는 아무런 의심의 여지가 없다. 세계 각처의 신화와 서사시를 읽거나 들으면 우리는 이 엘리트주의에 대해, 집단의 어떤 계급화에 대해, (생물학적인) 혈통에 대해, 부족에 대해, 가계 등에 대해 쉽게 이해한다. 근대에 우리는 전근대적 시대의 상황과 거의 유사한 상황을 묘사하기 위해서 계급투쟁에 관해 이야기한다. 그렇지만 주지하다시피 계급투쟁은 오히려 근대 세계의 노동자들, 부르주아들, 자본가들, 피 착취자들과 착취자들 간의 투쟁을 반영한다. 여기서는 이 정도로 지나갈 것이다. 구술 텍스트들의 비판에 관한 장에서 나는 신화와 서사시에 존재하는 엘리트주의라는 개념에 대해 더 상세히 재론할 것이다.

엔디아디안 신화에서 가장 중요한 에피소드는 부바카 오마르의 죽음이다. 실제로 이 죽음은 한 장을 끝맺도록 한다. 이 장은 작은 이야기 혹은 적어도 대서사(Récit) 속의 소서사(récit)로 이해될 수 있다. 조금 위에서 내가 강조한 것처럼 엔디아디안은 예비적인 여러 에피소드 다음에 **사건의 중심으로** 등장할 뿐이다. 그것들에 대해서는 이미 다룬 바 있으므로 재론은 불필요하다. 다만 부바카 오마르가 죽음을 맞은 상황들에 관해서 자세하게 설명하는 것은 적절하다. 그의 죽음에 관해서는 조금 위에서 짧게 언급된 바 있다. 부바카는 투덜이 하마르(Hamar-le-grondeur)가 쏜 화살에 맞았다. 투덜이 하마르는 이야기의 반영웅(anti-héros)이다. 말이 나온 김에 엔디아디안이 아버지의 복수를 위해서 하마르를 죽이게 될 것이라는 사실을 기억하자. 이 에피소드에서 흥미로운 점은 대치하고 있는 두 명의 등장인물로 집중된다. 하마르는 반사회적인 전형이며, 반가치(antivaleurs)의 대표자이며, 하지 말아야 할 모든 것의 상징이다. 내가 이미 언급한 것처럼, 신화적이고 서사적인 주인공들에게서는 결핍을 간파할 수 있다. 비슷하게 반영웅에게서도 유사한 토포스가 발견된다. 변증법적인 관계 속에서 두 개의 예만 들어보자면 선과 악, 진실과 거짓을 대립시키는 것과 마찬가지 방식으로 그 순간의 영웅은 언제나 반영웅이 필요하기 때문이다. 실제로 부바카 오마르의 죽음을 다루고 있는 이 에피소드에서는 어떤 분명한 방식으로 이슬람과 애니미즘의 대립이 작용한다. 이슬람(부바카)은 빛을 나타내고, 애니미즘(오마르)은 어둠의 상징이다. 한 논문에서 몽퇴이유는 영웅과 반영웅을 맞서도록 하는 이 에피소드를 설명한다. 실제로 이 논문은 1941년 아마두 바데(Amadou Wade)라는 이름의 전통주의자로부터 채록된 구술의 이야기를 바탕으로 한다.

> "알모라비드족의 우두머리인 아부 바크르 벤 오마르(Abu-Bakr ben 'Omar)에 의해 가나가 파괴된 후 그곳에 살던 흑인 원주민들은 서쪽으로 흩어졌다. 그들이 카이오르 호수 (쿠메크, Khoomak) 부근인 켈루(Kelow)에 도착했을 때 (도망자 중 한 명인) 세레르 아마르 고도마(Sérère Amar Godomat)가 갑자기 되돌아가 아부 바크르와 마주하고는 활로 그에게 중상을 입혔다. 아부 바크르는 그를 뒤쫓기를 포기하고 쉬기티(Chiguitti) 혹은 싱고티(Siingoti)로 되돌아갔다. 이 상처의 여파로 이후에 그는 그곳에서 죽었다."[27]

실제로 그리오인 셰이크 니앙은 몽트레유의 자료제공자, 이 경우에는 아마두 바데와 많은 유사한 특징을 공유한다. 사실 니앙은 구술성의 세계에

---

27 V. MONTEIL, *Esquisses sénégalaises*, p. 26.

서 이러한 전달의 계속성을, 씨족, 가족, 부족 혹은 국가의 이야기라는 거대한 장식 융단의 한구석에 자신의 몫을 짤 수 있도록 한 세대에서 다른 세대로 전달하는 (때때로 아주 가느다란) 이 실을 증언하는 명백한 상징이다.

엔디아디안 엔자이에 관한 우리의 버전으로 되돌아오자면, 다음 에피소드는 엔디아디안이 붙잡히고 나서 얻은 유명세 그리고 그가 다시 말을 하게 된 사건과 연관된다. 마을 사람들은 세레르족(Sérères)의 왕인 메이사 왈리 디온(Meïssa Waly Dione)에게 이상한 남자를 생포했다는 것을 알리기 위해 사자(使者)를 보낸다. 전언의 내용을 알고 나서 메이사 왈리는 "그건 이상하군"이라고 외친다. 이것은 세레르족의 언어로 '엔디아디안'이라고 번역될 수 있는 말의 어원이다. 이 에피소드는 이주라는 문제를 건드리는데, 세네감비아 북쪽 지방으로의 이주가 세네갈강 북쪽에서부터 중부지방과 해안 방향(졸로프(Djolof), 카이오르, 바올(Baol), 살룸(Saloum), 시네(Sine))을 향해서 이루어진다면, 사자(使者)들이 남쪽으로 향했다는 것을 추측할 수 있다. 이 지방에서 전해오는 이야기가 존재하는데, 이 이야기에 따르면 세네감비아 지역의 첫 번째 주민 중 하나였던 세레르족은 (인구과잉, 전투와 전쟁이 원인이 되어) 그들이 이전에 살던 발로를 떠나 시네, 살룸과 세네갈의 중서부지방으로 가서 정착하기 때문이다.

신화의 조금 뒷부분에서 엔디아디안의 이복형제가 등장한다. 그의 이름은 엠바라크 바르카(Mbarak Barka)이다. 엠바라크가 태어나기 전에 집을 떠난 엔디아디안이 그를 알지 못하는 것은 분명하다. 그렇지만 엠바라크의 경우는 그렇지 않다. 엠바라크는 엔디아디안의 존재에 대해 알고 있다. 그들의 어머니가 형에 관해 이야기해 주었기 때문이다. 흥미로운 세부사항이 있는데, 정확히 이 순간 엔디아디안은 군대의 지휘관이다. 위에서 나는 엔디아디안이 국가의 시조라고 단언했다. 그렇지만 한 국가 혹은 제국의 발판이 되는 군사적 측면에 대해 덧붙여야 한다. 국가 혹은 제국은 중앙집권화된 군사력에 따른다. (이르게 등장한 자코뱅주의인가?) 또 다른 중요한 세부사항은, 두 형제 사이의 대화에 주목해 보면, 엔디아디안은 자신의 어머니에 대해서만 질문을 하고 엠바라크의 아버지에 대해서는 질문하지 않는다. 엠바라크의 아버지인 엠바리크 보는 돌아가신 아버지의 동료이다. 그리고 정확히 엠바리크는 같이 놀이를 하던 친구들이 그를 놀릴 때 엔디아디안이 유배를 떠나는 촉매의 역할을 했다. 이런 상황을 어떻게 해석할 수 있을까? 엔디아디안은 어머니의 두 번째 남편에 대해 아주 무관심한가? 그는 여전히 화가 나 있으며, 어머니를 원망하고 있는가? 이 질문들에 대해서 확실하게 대답할 수는 없다. 이 에피소드는 이집트로의 함의 유배를 떠올리게 한다. 함의 자식들은 그를 한 번도 만나본 적이 없음에도 그와 재회한다. 몇 가지 질문을 던진 다음 그는 바로 자신이 그들의 아버지라고 말한다. 두 에피소드의 차이점은 엔디아디안과 엠바라크 사이에서 이야기는 두 형제간에 일어나고, 반면 함의 경우는 아버지와 자식들 사이의 일이라는 사실에 있다.

신화는 이야기꾼이 엔디아디안과 그의 후손들의 졸로프 정복을 언급하면서 끝난다. 이 신화에는 정치적 이데올로기의 부분이 존재한다. 발로 출신의 그리오는 눈도 끔쩍하지 않고 발로가 졸로프보다 이전부터 존재했다고 단언하는 반면 졸로프의 그리오들은 반대로 생각하기 때문이다. 정치적 이데올로기와 성(姓)이라는 문제는 이후에 더 심층적으로 다루어질 것이다.

2. 서사시

세상에 대한 정열적이고 투쟁적인 해석인 서사시는 절대적 인과관계와 준엄한 필연성의 표명이기도 하다. 혼란한 카오스와 모호한 단어들에서 신성한 의미가 복원되는 숭고한 질서가 모습을 드러낸다.

D. 마들레나
- 『서사시』[1]

만일 우리가 마들레나와 함께 조금 더 나아간다면, 그가 서사시와 서사시의 기능에 대해 내린 간략한 정의는 다음과 같다.

"서사시는 한 이야기와 한 심상(心象, imagerie)의 장엄함을 펼쳐

---

[1] [역주] 제1장에서 다룬 《엔디아디안 엔자이 신화》의 경우와 마찬가지로 《엘 하즈 오마르의 서사시》라는 표기는 엘 하즈 오마르에 관한 신화를 총체적으로 지칭하며, 『엘 하즈 오마르의 서사시』는 저자가 비라임 티암의 버전에 따라 채록하고, 발간한 저서이다. 원서에는 모두 동일하게 이택릭체로 표현되어 있으나 한국어 번역본에서는 구별해 표기하였다.

내고, 청중을 도취시키고, 한 공동체의 몽환적 갈망을 충족시킨다. 서사시는 순응주의적이다. 서사시는 공동체, 계급, 우두머리들의 카리스마를 찬양하고, 정당화한다."²

실제로 위에서 인용한 구절에서 우리는 서사시를 가능하게 하는 대부분의 요소를 발견한다. 우선 이야기(이미지들을 동반한 서사적 짜임)가 존재한다. 이야기꾼 혹은 그리오는 정확하게 하나의 전투의 상황들, 즉 구연을 구속하는 상황들, 청중 구성원들의 반작용 혹은 반응도 등등을 재창조해야 하기 때문이다. 다음으로는 꿈이 존재한다. 이야기꾼은 과거의 무훈을 이야기함으로써 청중을 꿈꾸도록 해야 하기 때문이다. 정확히 이러한 무훈은 부족, 공동체, 국가의 역사와 밀접하게 연관되어 있다. 마지막으로 서사시는 구술 문명의 대다수를 점하는 공동체의 기억을 구성한다. 그리고 이 공동체에서 기념해야 할 사건, 기억, 눈앞의 순간(instant immédiat)의 문서화와 보존은 에크리튀르와 독서를 거치는 펜에 의해서가 아니라, 말과 청각에 의해서 이루어진다.

다음에 이어질 분석에서 우리는 《엘 하즈 오마르의 서사시》가 마들레나의 글에서 언급된 방식들을 포함하고 있음을 깨닫게 될 것이다. 『엔디아디안 엔자이 신화』를 대상으로 한 앞장에서 한 것처럼 나는 《엘 하즈 오마르 탈의 서사시》에 관해서도 토론을 시작할 것이다. 특히 1997년 로소 세네갈(Rosso-Sénégal)에서 직업이 보석상이지만 일이 한가한 시기에는 이야기꾼이자 연대기 작가이기도 한 비라임 티암으로부터 내가 채록한 버전에 관해서이다. 그리오인 니앙과는 대조적으로 티암은 이슬람의 과학에 더 능통하다. 아마도 할 풀라르족(hal pular)에 속한다는 사실이 티암에게

---

2 D. MADELENAT, 위의 글, p. 14.

영향을 미친 듯하다. 비라임 티암이 구연한 대로의 오마르 무훈시의 버전에는 독자에게 강한 인상을 남기는 눈에 띄는 세부사항이 있다. 비라임 티암은 '나', 즉 철학자들이 이야기하는 것과 같은 자신을 의식하는 유일한 주체로 구연을 시작한다. 서론에서 이미 지적한 것처럼 구술 사회와 관련된 문서들에서 구술 전통에 기반을 둔 문학 작품들이 지니는 추정된 집단적인 성격에 과도한 중요성이 부여되는 것을 보는 일은 아주 일반적이다. 위에서 그 문제를 거론했음에도 특히 니앙과 티암 사이의 비교라는 명목으로 그 문제를 재론할 것이다. 구술 작품 작자의 자격에 관해 암암리에 제기되는 문제는 다음과 같다. 구술 전통의 작가들은 자기 자신을 의식하고 있는가? 그들이 이런 헤겔 철학적인 자기반성을 지니는가? 두 문제에 대한 대답은 긍정이며, 구술의 이야기(narration orale)를 '나'로 시작하는 티암은 그 구체적인 증거이다. 마찬가지로 이야기의 끝에서 티암이 다음과 같이 선언할 때 그는 '나'를 다시 사용한다. "내가 이제 막 이야기한 오마르의 이야기." 마찬가지로 셰이크 니앙은 엔디아디안 엔자이 이야기를 할 때 '나'를 사용한다. 유일한 차이점은 니앙이 이야기를 1인칭 단수로 시작하지 않고 3인칭으로 시작한다는 점이다. 그렇지만 (게다가 티암처럼) 니앙은 이야기를 '나'와 함께 끝맺는다. "바로 이렇게 나는 전통을 알게 되었다."

엘 하즈 오마르가 (산문적인 방식으로 말하자면 뼈와 살을 가진) 현실의 인물로 정말로 존재했다는 것은 확인할 수 있는 사실이다. 그렇지만 그는 시간의 흐름에 따라 역사적 인물이 되었고, 신비화되기까지 했다. 우리는 여기에서 신화와 서사시, 서사시와 역사, 허구와 현실, 자연과 초자연 사이에서 일어나는 교차의 전제를 어렴풋이 느낀다. 왜냐하면 만일 오마르의 무훈시가 서사시의 핵심적인 모든 모티브(용맹함, 용기, 결투, 전쟁, 이동, 정복, 승리 등)를 내포한다면 몇몇 모티브는 신화와 심지어 신화학과도 비슷하기 때문이다. L. 캐슬룻이 지적하듯이 어쨌든 오마르의 존재가 이 이야기에 필수적이라는 것은 사실이다. 그는 이렇게 말한다. "서양장기에서 그렇듯이 왕들은 [서사시에] 필수적이다. 놀이를 작동시키고, 격하게 만드는 것은 기사들, 용사들, 영웅들이다."[3] 오마르는 왕은 아니지만, 용사이고 단어의 진정한 의미로 영웅이다. 실제로 그는 왕들에 대항해 싸운다. 그는 왕들이 부정하고, 게다가 불충한 자들이라고 생각하기 때문이다. 그렇지만 다음과 같은 질문을 해야 한다. 만일 오마르가 이 질서를 파괴하기를 원한다면, 그는 이 질서를 무엇으로 대체할 것인가? 대답은 분명하다. 신정국가이다.

우리 분석의 이 단계에서 서사시가 포함하는 모든 기법이 집결되어 있지만, 우리에게 본질적인 것으로 보이는 몇몇 기법을 강조하는 것이 중요하다. 예를 들면 주인공의 모습이다. 그렇지만 방법론, 일관성과 정확성이라는 이유로 엘 하즈 오마르의 삶에 관련된 이야기를 문학과 구술성의 텍스트에 적합한 범주로 옮겨놓는 방식이 중요하다. 마들레나에 의하면,[4] 구술성의 세계와 연관된 정의와 특징은 여러 가지가 있다. 무훈시, 중세 무훈시(chanson de geste), 서사시, 영웅시. 우리는 마지막 정의, 즉 영웅시라는 정의를 받아들일 것이다. 왜냐하면 그것이 중심인물, 주인공인 오마르와 관계되기 때문이다. 그렇지만 마들레나는 주인공과 관련되는 것에서 한 걸음 더 나아가 영웅시는 한편으로는 (중세 유럽의) 오래된 무훈시와 다른 한편으로는 서사시 사이에 비어있는 시간을 메운다고 단언한다. 결국 영웅시는 서사시와 경쟁한다. 그것이 서술 기법보다는 내용, 즉 구술된 이야기를 가리키기 때문이다. 이야기꾼 티암의 이야기가 강조하는 것이 내용이고

---

[3] L. KESTELOOT, *Du Mozon de Ségou*, p. 20.
[4] 위의 글, p. 18.

서술 스타일이 아닌 한 이러한 차이는 중요하다. 그렇지만 이렇게 단언하면서 서술 방식이 중요하지 않다고 말하는 게 우리의 목표는 아니다. 왜 내용이 형식보다 더 중요한가? 단지 티암이 작시법 혹은 운율의 스타일에 사로잡히지 않기 때문이다. 주지하듯이 아프리카에서 행해지는 대부분의 연행에서 가장 중요한 것이 호흡이다. 요컨대 우리가 마들레나의 분류법에 근거하고 있지만 우리는 오마르와 관련된 텍스트를 가리키기 위해서 서사시라는 일반적인 용어를 사용할 것이다. 형태에 대한 존중과 관련해서 영웅시라는 단어가 이 텍스트에 더 부합하기 때문이다.

이 장의 경계선 안에 머물러 있기 위해서, 그리고 오마르 서사시로 되돌아가기 위해서 엘 하즈 오마르가 세네갈의 국경을 넘어서도 아주 잘 알려져 있다고 말하는 것은 완곡어법이다. 실제로 그는 서아프리카를 횡단해 여행했고 현재의 말리, 부르키나파소, 나이지리아 북부, 이집트 등 여러 국가를 가로질렀다. 그리고 메카로 순례를 떠났다. 서사시 혹은 신화의 모든 주인공처럼 오마르 탈은 초자연적인 자질과 초인간적인 힘을 부여받았다. 서사시의 영웅이 다른 인간들과 구분되는 것은 정확히 이러한 뛰어난 자질 때문이다. 이 영웅은 죽음을 피하지 못한다. 오마르는 현재는 말리에 속하는 반디아가라(Bandiagara) 절벽 아래로 사라지기 때문이다. 그렇지만 우리는 불사에 대한 강한 추측과 마주하는데, 서술자인 티암은 오마르의 무덤을 본 사람이 아무도 없다는 사실을 강조하기 때문이다. 하물며 그의 장례식에 참석한 사람은 한 명도 없다. 사실 우리가 서사시라는 엄격한 틀 안에 머무른다면, 사정은 그럴 수밖에 없다. 그의 계승자, 그의 자손, 일반적 견지에서 공동체의 기억에 영원히 새겨지기 위해서 오마르는 마땅히 불멸이어야만 한다.

오마르 무훈시를 요약하자면, 그러니까 오마르는 푸타(Fouta)에 있는 할와르(Halwar)에서 태어났다. 그가 출생한 정확한 날짜는 알려지지 않았지만, 이미 알려진 사실의 확대 적용과 공통점에 의한 사실 확인의 방법으로 D. 로빈슨은 오마르가 1796년에 태어났다고 단언한다.[5] 하지만 이미 강조한 것처럼, 구술 연행의 소비자들에게 서사적 혹은 신화적 영웅의 정확한 출생일이 아주 중요한 것은 아니다. 신화의 경우 사람들이 그것을 믿기 위해서 영웅의 존재가 사실로 증명될 필요는 없다는 사실을 기억해야 한다. 그렇지만 오마르의 존재는 진실임이 확인되었다. 더 앞으로 나아가기 전에 이 서사시가 이슬람에 대한 참조로 가득하다는 것을 지적하는 것이 반드시 필요하다. 마치 우리가 이슬람의 서사시를 마주하고 있는 것처럼 말이다. J. 나퍼트에게 이슬람의 서사시는 그 안에 "다양한 동양의 모티브들이 혼합된"[6] 장르로 정의될 수 있다. 더 나은 정의를 위해서는 서아프리카의 상황 속에서 B. 디엥과 D. 페이와 함께 서사시와 전통들의 이슬람화와의 관계가 결정적이라는 사실을 강조해야 한다. 엘 하즈 오마르의 삶과 행동에 관한 서사시는 그 본성 자체가 이슬람적이기 때문이다. 여전히 디엥과 페이에 의하면 우리는 실제로 "새로운 사회 현실을 구축하기 위한 서사시의 서사적 모델의 재정비"[7]를 목격한다. 이러한 새로운 현실을 촉발한 것은 이슬람의 도래였다.

따라서 나는 신화적이고 서사시적인 영웅의 탄생은 필연적으로 비범하다고 지적할 것이다. 그것은 전 세계의 서사시 텍스트에서 발견되는 일반적인 모티브이다.[8] 또한 그것은 엔디아디안과 엘 하즈 오마르 탈의 경우이기도

---

[5] D. ROBINSON, *The Holy War of Umar Tal*, p. 69.
[6] J. KNAPPERT, "The Epic in Africa", p. 190.
[7] B. DIENG et D. FAYE, *L'épopée de Cheikh Ahmadou Bamba de Serigne Moussa Ka*, pp. 1 et 3. 다음과 같은 아드난 아다드(Adnan HADDAD)의 적절한 지적 역시 고려해야 한다. "이슬람은 봉건적이고 해안에 면해 있는 서아프리카와 상업이 발달한 동아프리카를 정복할 것이다." (*L'arabe et le swahili dans la République du Zaire*, p. 13).

하다. 먼저 엘 하즈 오마르 탈이 태어난 시기는 라마단이다. 절제와 단식의 이 시기는 강력한 종교적 상징이다. 그러므로 오마르의 탄생이 이슬람력의 신성한 달과 일치하는 것은 우연이 아니다. 이어서 이 비범한 탄생의 주된 두 번째 특징은 아기인 오마르가 젖 먹기를 거부한다는 사실이다. 이 일화는 이것에 앞서는 다른 일화, 즉 이슬람의 영웅인 압둘 알 카디르 알 질라니(Abd Al-Qadir Al-Jilani)의 탄생과 아주 흡사하다. R. 리핀과 J. 나퍼트에 의하면 압둘 알 카디르는 바그다드에 살았다.[9] 그는 라마단 동안 낮에는 젖 먹기를 거절했다. 이야기꾼 티암이 이슬람 신학과 역사의 이 에피소드를 알았던 것은 분명하다. 그래서 그는 그것을 자신의 이야기에 섞어 넣었다. 우리는 정확히 말해 팔렝프세스트(palimpseste)[10]와 마주하고 있다. 전위(轉位, transposition)의 경우인데, 아무것이나 바꾸는 것은 아니다. 이것은 구술 위에 문자 텍스트를 옮겨놓은 것이다. 달리 말하자면 우리가 익숙한 것과 반대이다. 이야기꾼은 지금 자신의 이야기에 섞어 넣기 위해서 이미 알고 있는 에피소드 혹은 이야기를 재창조한다. 이렇게 해서 그것들을 **현지화하고**, 지역에 맞게 번안한다. 결론적으로 티암은 필연적으로 시간을 완벽히 통제한다. 이야기꾼이 그 동안 행동이 일어난 과거의 시간과 이 행동을 이야기하는 순간인 현재의 시간 사이에 관계를 맺는 것이 더 바람직하다. C. 울릭은 이러한 복합성을 다음과 같이 요약한다.

---

8   M. 디안(DIAGNE)은 어떤 신비한 표상의 형태를 띠는 신화 혹은 서사시 주인공의 "기적적인 탄생"을 암시한다. 그 안에서 주인공은 표준보다 우월한 초자연적인 힘을 부여받는다. (*Critique de la raison orale*, p. 326. 정확히 이러한 문맥에서 디안은 오토 랑크(Otto Rank)의 『영웅 탄생의 신화, *Le mythe de la naissance du héros*』를 인용한다.)
9   A. RIPPIN et J. KNAPPERT, *Textual Sources for the Study of Islam*, pp. 160-161.
10 [역주] 팔렝프세스트란 양피지가 고가였던 중세시대, 이미 문자가 기록된 적이 있는 양피지에 기존의 내용을 지우고, 다른 내용을 기록한 원고를 말한다.

"시간의 흐름을 내면화한 텍스트들은 역사와 기능적인 관계를 맺을 힘이 있다. 따라서 현재 순간의 요청에 답하는 복합성의 유형을 획득한다."[11]

일반적이지 않은 탄생 이후 오마르는 이 이례적인 출생만큼이나 예외적인 다른 위업들을 성취한다. 이전 오마르가 엄마의 젖 먹기를 거부했을 때 걱정이 된 그의 부모는 마라부와 상담을 했다. 마라부는 아기가 아프지 않다고 진단했다. 그리스의 신탁에서 그렇듯이 그들은 아기가 미래의 성인이라고 예언한다. 이 에피소드에서 가장 신비한 점은 동이 트면서 아기는 젖 먹기를 거부하지만, 석양이 지고 금식을 중단하는 시간이 되면 다시 젖을 먹기 시작한다는 점이다. 이렇게 오마르는 아기이면서도 어른들처럼 라마단을 지킨다. 이것은 전조가 되는 징후이며, 오마르의 부모님에게 상담을 요청받은 바 있는 마라부가 오마르의 미래의 신성함에 대해 내린 판정을 견고히 할 뿐이다.

이어지는 에피소드에서 오마르는 자라고, 이제는 소년이다. 아버지는 그를 코란 학교로 데려가 선생님에게 맡겼다. 예측할 수 있듯이 아버지가 코란 학교 선생님들의 손에 맡긴 아이는 조숙하고 아주 영리했다. 셈을 하는 법을 가르치면, 선생님이 숫자들을 열거하자마자 오마르는 1에서 5까지 숫자가 의미하는 바에 관해 (참석자들과) 선생님에게 오히려 질문을 던졌다. 입회한 어른들뿐 아니라 선생님도 그 의미를 알지 못했기 때문에 선생님은 오마르에게로 공을 돌려 숫자의 의미를 설명하도록 했다. 예들: 1은 신의 유일성을 의미한다. 2는 자연의 구성 요소들, 사물들과 존재들(남자/여자, 낮/밤, 대지/하늘, 천국/지옥 등)의 변증법을 뜻한다.

---

11 C. UHLIG, "Forms of Time and Varieties of Change in Literary Texts", p. 299.

마지막으로 마라부는 소년이 자신보다 더 깊은 지식을 갖고 있다고 고백하면서 칠판지우개를 던진다. 이어서 오마르는 기적을 행한다. 한 예로 형이 그를 뒤따른다. 물구덩이 앞에 도착했을 때 다리가 있고, 오마르는 다리 덕분에 물구덩이를 건넌다. 하지만 자기 차례가 되어 형이 건너려고 할 때 다리는 사라진다. 기적의 모티브는 미리 명시된 신성함이라는 관념과 밀접한 상관관계를 지닌다. 내레이션 스타일 – 더 정확히는 서술의 골조 자체 – 에서 티암은 하나의 생각을 제시하고, 이어서 다른 생각으로 지나간다. 그리고 조금 후에 우리는 처음의 생각을 다시 발견한다. 왜 이러한 내레이션 기법을 사용하는가? 말해진 이야기가 왜 이러한 방식으로 배열되는가? 이야기꾼의 기억력이라는 문제에서 기인하는가? 다들 알다시피 이야기하기라는 행위 안에서 기억력이 언제나 충실한 것은 아니기 때문이다. 두 질문에 대해서는 조금 후에 답할 것이다.

텍스트에서 오마르가 여행을 시작하는 것은 이 순간부터이다. 여행이라는 모티브에 관련된 문제인데 거의 모든 서사시에서 발견되는 이동에 관련된 문제이기도 하다. 그러니까 그는 고향인 할와르를 떠나 툰도 바요(Tundo Bayo)에 도착한다. 여기서 우리는 여전히 또 다른 관념적인 중간 휴지(césure, 中間休止)와 마주한다. 서사시의 초반 오마르는 옥수수 씨를 뿌리고, 수확하고, 이삭들이 어디에 사용되는지 혹은 사용될지 말하지 않은 채 옥수수 이삭 3개를 가져간다. 그렇지만 툰도 바요에 도착한 오마르는 아버지의 친구와 마주친다. 아버지의 친구는 오마르의 목적지가 어디인지를 묻고, 오마르는 메카로 가고 싶다고 대답한다. 이 대답에 아버지의 친구는 오마르에게는 이 여행을 끝마치도록 도와줄 수 있는 것이 아무것도 없다고 응답한다. 여기에서 3개의 옥수수 이삭이 끼어든다. 오마르는 3개의 옥수수 이삭을 흔들고, 그 사람에게 보여주기 때문이다. 깜짝 놀란 아버지의 친구는 옥수수 이삭 3개로는 충분하지 않다고 말한다. 오마르는 다른 것으로 넘어가는데, 특히 어머니로부터 받은 축복이다. (그에 의하면 이 축복은 옥수수 이삭 3개보다 우월하다) 여기까지 청자 혹은 독자는 이 옥수수 이삭 3개가 어디에 쓰일지 알지 못한다. 이것은 여러 가지 의미로 흥미로운데 우리는 그것의 용도나 목적성을 알지 못한다는, 서사시의 텍스트에서 반복되는 모티브와 마주하고 있기 때문이다. 그것은 주인공의 신비한 (신적인?) 특성을 증가시키거나 덧붙여준다. 혹은 오마르의 경우에는 단순히 긴장감을 지속시킨다.

이 서사시의 텍스트를 요약하고, 이 텍스트를 주제로 토론하면서 우리는 중심이 되는 구절에 이른다. 이 대목에서 오마르는 지하드(djhad)를 언급하는데 이것은 서사시가 종교적 (이 경우는 이슬람적인) 성향을 지니고 있음을 상당히 잘 보여준다. 조금 더 정확히 설명하자면 오마르는 오레퐁데(Horéfondé)라는 마을에 도착한다. 그곳에서 그는 마을 사람들을 모아서 지하드에서 그를 따르도록 설득한다. 물론 오마르가 선두에 설 것이다. 『로베르 프랑스어 대사전, Le Grand Robert de la langue française』에서는 지하드에 대해 아주 간략하게 정의한다. "이슬람을 전파하고 수호하기 위한 성전(聖戰)"[12] 『로베르 대사전』에 요약된 이 정의는 오마르가 말한 지하드라는 용어의 의미를 잘 설명하기에는 충분하지 않다. 같은 단어에 대해 『옥스퍼드 이슬람 사전, The Oxford Dictionary of Islam』[13]의 정의는 훨씬 완벽하고 자세하다. 이 사전에 의하면 지하드라는 아랍어 단어의 뿌리는 "[무엇인가를 하기 위해] 노력하다", "무엇 혹은 누구에게 영향력을 미치다", "싸우다"를 의미한다. 여전히 『옥스퍼드 사전』에 따르면 지하드는 "나쁜 성향에 대항하는 전투, 무신론자들을 개종시키려는 노력 혹은 이슬람 공동체의 도덕적

---

[12] *Le Grand Robert de la langue française*, 2001, p. 1611.
[13] J. ESPOSITO, ed., *The Oxford Dictionary of Islam*, pp. 159-160.

회복을 위해 이끄는 전투" 또한 의미한다. 우리 의견으로는 『옥스퍼드 사전』이 제안하는 이런 정의가 우리가 다루는 서사시에서 사용된 지하드의 개념에 더 부합한다.

지하드에 대한 강조 다음으로 서사시에서 중요한 다른 특징은 노인 정치라는 개념과 연결되어 있다. 오마르가 오레퐁데에 도착했을 때 그는 주민들을 주위로 불러 모으고 지하드에 몸을 던지라고 촉구한다. 하지만 그는 비록 정중한 것이라 하더라도 단호한 거부에는 맞선다. 이러한 거부의 전선에서 가장 격렬한 사람들은 나이 든 사람들이다. 게다가 마라부 한 명이 오마르에게 마라부인 자신은 오마르보다 나이가 4배는 더 많다고 말한다. 이 사실을 고려해 생각해보면 마라부가 자신의 집, 가족, 농토를 버리고 지하드의 길에서 투클레르족의 영웅을 뒤따르는 것은 어떤 이유에서일까? 엔디아디안 엔자이가 왕위에 올랐지만, 원로회의에 의한 간접적인 방식이었음을 기억해야 한다. 엔디아디안이 사로잡힌 후에 이 원로회의가 소집되었고, 엔디아디안에게 예정된 운명에 대해 알아보기 위해 세레르족의 왕인 마이사 웰리 디온(Meissa Waly Dione)에게 대표단을 파견한 것이 같은 원로회의이기 때문이다. 마이사는 발로의 주민들에게 엔디아디안을 우두머리로 삼을 것을 충고한다. 노인 정치라는 개념과 관계될 때 신화와 서사시 사이의 유사성이 눈길을 끈다. 더 인상적인 것은 오마르뿐만 아니라 엔디아디안 역시 젊고, 세상과 삶에 직면하려 하는 지점에 있다는 사실이다. 그렇지만 두 명 모두 나이 든 사람들 오늘날 제3의 시기, 즉 노년기라고 부르는 사람들의 판단을 충족해야 한다. 두 주인공은 이후에 각자 자신의 방식으로 국가와 사회의 구조를 만들어 낼 것이다.

서사시의 주인공은 언제나 도전에 직면하고, 오마르는 이 규칙에서 벗어나지 않는다. 더욱이 오마르의 텍스트는 극복해야 할 도전과 장애물로 가득하다. 서사시 주인공의 투사로서의 이러한 인생역정이 통과의례의 한 의식과 동일시될 수 있음은 자명하다. 이어서 만일 우리가 아라비아와 이집트에서의 오마르의 체류를 그렇게 규정할 수 있다면 그가 지역적인 차원에서뿐만 아니라 국제적인 차원에서도 도전에 직면한다는 점에 주목해야 한다. 실제로 통과의례의 의식이라는 틀 속에서 오마르는 아주 짧은 시간 안에 학생이라는 단계에서 선생님이라는 단계로 이행한다. 그런데 오마르의 경우 진정으로 학생이라고 말할 수 있는가? 단지 그는 학습자라는 신분을 한쪽으로 치워둔 것은 아닌가? 앞서 살펴본 것처럼 코란 학교에서 코란 선생님에게 가르침을 주는 것은 소년이다. 이처럼 앞에서 일어난 일을 고려하면 우리가 오마르가 규칙에서 예외가 된다고 단언한다고 해서 틀린 것은 아니다. 보통 통과의례의 의식에는 입문자들이 꾸준히, 그렇지만 틀림없이 여정의 모든 단계를 올라가야 하는 일종의 의무가 존재하기 때문이다. 하지만 오마르는 그렇지 않다. 덧붙여 말하자면 오마르는 맞서 싸우고 제거해야 하는 여러 적과 맞서서 겨뤄야 한다는 사실을 지적해야 한다. 그는 이 적들 대부분을 몰아내는 데 성공할 것이다. 그렇지만 그는 예기치 않은 난관에 부딪히는데 이 경우에는 프랑스 제국주의자와 그들의 우두머리인 페데르브(Faidherbe)이다. 구술 텍스트의 분석과 비평에 바쳐진 부분에서 나는 오마르가 맞서 겨루는 적들의 본질, 다양성, 전투들의 신비한 측면 그리고 영웅에 대한 신의 조력에 대해 재론할 것이다.

그런데 첫 번째 도전은 오레퐁데에서 일어났고, 오마르는 탁월하게 이 도전에 응수한다. 여기에서 그는 티에르노 팔렌(Thierno Palen)이라는 이름의 사내와 맞붙는다. 팔렌은 그 보상으로 오마르에게 얻어맞고는 땅바닥에 뻗어버린다. 하지만 팔렌은 판정을 거부한다. 아프리카 대지에서 오마르가 직면해야 했던 모든 대결 중에서 마시나의 풀라니 제국의 시조인 아흐마두(Ahmadou)와 겨루었던 대결이 가장 고통스럽다고 말하지는 않더라도 가장 복잡하다. 전후 관계를 묘사해 보자면, 오마르는 얌팔레 케마(Yamfalé Kema)

라는 이름의 정령 숭배자인 밤바라족 왕과 대결한다. 혼란을 유발할 여지가 있는 이름들의 함정을 벗어나야 한다. 실제로 아흐마두는 아흐마두 아흐마두라고 불린다. 그는 셰이쿠 아마두(Cheikhou Amadou)라는 이름의 손자가 있다. (그는 아마두 3세로도 알려져 있다.)[14] 오마르 자신 역시 티디안 아마두(Tidiane Amadou)라는 이름으로 알려져 있다. 그런데 도망자인 케마는 풀라니족의 왕 아마두에게서 은신처를 발견한다. 오마르는 케마를 추적하고, 아마두에게로 와 피신해 있는 카피르(kafir)[15]인 케마를 넘겨줄 것을 아마두에게 요구한다. 오마르는 아마두에게 조건을 하나 제시한다. 만일 케마를 자신에게 넘겨주지 않을 거라면 적어도 케마가 이슬람으로 개종해야 한다는 것이다. 오마르와 아마두는 전투를 눈앞에 두고 있고, 전쟁터는 카야와르(Cayawar)이다. 두 명 모두 이슬람교도이고 이슬람교도들은 서로 싸우지 않는 것으로 여겨졌다. 따라서 한 셰리프 가문인 쿤티유 (Kuntiyu, 모리타니, 세네갈과 말리 등지에서 잘 알려진 마라부 가문) 가문이 중재자와 조정자가 되고, 오마르와 아흐마두 사이의 전쟁을 막기 위해 전력을 기울인다. 그렇지만 오마르는 전투에서 아흐마두에게 항복한다. 그런데 이 전투는 아주 힘든 싸움이었다. 투클레르족의 영웅은 아흐마두에게 최초로 패배했고, 신이 개입하지 않았다면 그는 두 번째도 패배했을 것이기 때문이다. 서사시에서는 신의 개입이 빈번하고, 그것에 대해 재검토할 것이다. 오마르는 아흐마두를 이길 것이고,[16] 더 정확히 말하면 아흐마두의 뒤를 쫓아 돌진한 것은 그의 부관인 티에르노 오마르 바일라(Thierno Omar Baïla)이다. 바일라

---

[14] Cf. E. DUCOUDRAY, *El Hadj Omar, le prophète armé*, p. 79.
[15] [역주] 이교도 혹은 신앙이 없는 자를 의미한다.
[16] 오마르와 아흐마두 아흐마두 사이의 이 전투에 대해서는 다음을 볼 것. Muhammad Al-Hafiz AL-TIDJANI, *Al-hadj Omar Tall [1794-1864 sultan de l'état tidjanite de l'Afrique occidentale]*, pp. 48-49.

는 아흐마두를 죽이고, 현재는 말리에 속하는 몹티(Mopti)에 그를 묻는다.

국제적인 – 만일 이 단어가 우리가 연구하는 시대에 적용될 수 있다면 – 차원에서 오마르는 이슬람 땅인 아라비아에서 다른 일련의 도전에 직면한다. 이 도전은 숙소의 주인들에게서 비롯된다. 특히 오마르는 피부색이라는 편견에 직면해야 한다. 이야기꾼 티암의 말처럼 검은 피부색으로 인해 그는 아랍의 숙소 주인들에게서 과소평가되었기 때문이다. 아랍인인 숙소의 주인들은 더 밝은 피부색을 지녔고, 흑인을 과소평가하면서 자신들이 흑인보다 더 우월하다고 생각했다. 그렇지만 오마르는 박식함, 코란에 대한 완벽한 지식과 지혜 덕분에 이 도전들에서 승리했다. 예를 들어 아라비아에서 생긴 에피소드에서 스스로 쿠레쉬(Khoureich) 부족의 일원이라고 말하는 사람들이 오마르에게 신은 피부색이 밝은 사람들을 사랑한다고 이야기한다. 무함마드 역시 피부색이 밝았기 때문이다. 이 사람들이 하는 말은 이슬람에서 도상(圖像)은 완전히 금지된다는 개념 – 심지어 지침 – 과 완벽히 모순된다. 이 사람들은 선지자 무함마드의 피부색이 어땠는지 알지 못한다 – 혹은 안다고 여겨지지 않는다. 그리고 만일 그들이 추론을 통해서 혹은 민족적이거나 인종적인 재편성을 통해서 선지자 무함마드의 피부색을 안다면, 피부색에 의해서 이슬람교도를 판단하는 것은 엄격하게 금지된다. 하지만 이 모든 것은 이론상으로만 유효할 뿐이다. 실제로 아랍 국가들에서는 피부색이 검은 사람들에 대한 인종차별이 존재하기 때문이다. 물론 모든 사람을 죄인 취급하거나 모든 사람이 실제로는 비난받아 마땅한 행위를 한다고 암시하는 것은 아니다. 예를 들어 백인인 모든 유럽인이 인종차별주의자들이라거나 르완다의 모든 후투족이 집단학살자들이라고 말하는 것은 비상식적이고, 생각할 수 없는 일이다. 그렇지만 어떤 인간 사회에서든지 현재에도 행해지고 있는 비열하고, 인간의 존엄성과 존중에 경의를 표하지 않는 종교적 실천이 있을 때 (비록 그것이 소수의 행위라 하더라도) 그것에 관해 이야기하고, 규탄하는 것은 완전히 당연하다. 아랍 사회에서 검은 피부색에 대한 경시는 이러한 종교적 실천에서 기인한 것이며, 아라비아에 체류하는 동안 오마르는 그것에 직면해야 했다. 여기에서는 텍스트와 관련해 현실을 보는 것, 즉 텍스트가 말하는 것과 현실에서 일어나는 일을 비교하는 것이 중요하다. 이 점에 관해서는 이러한 비열한 종교적 실천을 금지하는 법률에도 불구하고 21세기에도 여전히 모리타니에서는 피부색이 검은 무어인들(아라틴, Harratines)을 노예로 삼는다는 사실을 떠올리는 것으로 충분하다.

오마르의 시대로 되돌아가 보면, 영웅은 은유와 우의를 사용해 뛰어난 솜씨로 훌륭하게 도전에 응했다. 중상모략하는 사람들을 교란하기 위해서 그는 코란의 복제본을 가져오도록 요구한다. 이어서 그는 코란의 장들이 검은색 잉크로 쓰여있는지, 밝은 색 잉크로 쓰여있는지를 묻는다. 물론 대답은 전자이다. 이어서 오마르는 그들에게 눈동자가 검은색인지 흰색인지를 질문한다. 또다시 대답은 '검다'이다. 이렇게 해서 오마르는 아주 별난 숙소 주인들을 이긴다. 그렇지만 이 지역에서 겪은 오마르의 고난에서 가장 흥미로운 측면은 그가 행한 기적들과 연관된다. 이 기적들은 코란, 신, 천사들 그리고 오마르를 무적으로 만들기 위해 천사들이 준 힘과 관계가 있다. (그리고 심지어 그 힘에 빚지고 있다) 그뿐 아니라 비록 오마르가 좋지 않은 처지이지만 혹은 신의 개입을 통해서 혹은 코란에 대한 완벽한 숙달 덕분에 그는 언제나 거기에서 벗어난다. 이제 예를 들어보자. 첫 번째 경우이다. 오마르는 포로가 되었고 빠져나가는 길도, 문도, 창문도 없는 오두막 안에 갇혀있다. 실제로 감옥의 지하 독방보다 더 나쁜 곳이다. 오마르는 코란의 긴 구절을 구연하고는 가지고 있는 지팡이 위에 침을 뱉는다. 이어서 그가 지팡이로 벽의 한 부분을 치자 곧 구멍이 입을 벌린다. 오마르는 그곳에서 나와 밖에 있다.

두 번째의 예는 미시라(Missira)라고 불리는 곳에서 일어난다. 그곳에서 오마르는 이방인으로서 이슬람 사원에 글을 남긴다. 그는 체포되었고, 지혜와 지식을 가진 모든 이방인은 미시라의 입구에 자신의 지혜와 지식을 놓아두어야 하고, 그렇게 해서 순수하게 배우는 자가 되어야 한다고 규정한 그 지역의 법을 어겼음을 통고받는다. 왕은 그를 감옥에 던져 넣도록 명령한다. 왕의 명령대로 되었지만, 이상한 일들이 일어나기 시작한다. 어떻게 해도 불을 켤 수 없고, 아이들은 어머니의 품에서 젖 빨기를 거부하고, 남자들은 부인들과 성관계를 갖는 것이 불가능하다. 당혹감이 그 마을과 그 지역을 엄습한다. 왕은 오마르를 감옥에서 풀어주라고 명령한다. 이 이상한 상황을 만든 것이 오마르라고 추측되었기 때문이다. 사람들이 그가 원인인지 질문했을 때 그는 반박하고, 신에 의한 것이라고 말한다. 그는 자신과 함께 신에게 기도할 것을 권력자들에게 권한다. 사람들은 그렇게 했고, 상황은 정상으로 돌아갔다.

마지막 예는 오마르가 동료들과 함께 큰 마을에 이르렀을 때의 일이다. 주민들은 오마르를 제외하고는 모두를 반겨주었다. 동료들이 오마르보다 옷을 잘 입고 있었다는 사실을 언급해야 한다. 이야기꾼 티암이 말하듯이 오마르는 누더기를 걸치고, 가죽신을 신고 있었고 이것은 그의 소박함, 겸손함 그리고 검소함을 드러내는 표식과도 같았기 때문이다. 이 에피소드와 함께 이야기꾼은 우리가 겉모습을 중시하는 사회에 있음을 은연중에 보여준다. 요컨대 오마르를 제외하고 동료 모두가 투숙했다 장애를 지닌 한 쌍의 부부가 그를 받아들인다. 남편은 맹인이고 아내는 신체적으로 장애가 있다. 아무도 오마르에게 숙소와 음식을 제공하고 싶어 하지 않으므로 자신들이 그를 맞을 준비가 되어 있지만, 가난하기 때문에 보잘것없는 것밖에는 내어줄 수 없다고 그들은 이야기한다. 부부는 염소를 우리 밖으로 꺼내 그날의 손님에게 음식을 제공하기 위해 죽일 채비를 한다. 그렇지만 오마르는 늦지 않게 그들을 중지시키고, 염소의 젖을 짜기 시작하라고 이야기한다. 말대로 이루어졌다. 젖이 너무나 많아서 그들은 어찌할 바를 몰랐다. 양동이가 가득 찰 때마다 그들은 빈 양동이를 놓고 계속 젖을 짠다. 얼마 지나지 않아 촌락의 모든 주민이 이 기적을 알게 된다. 그들 모두 신이 주신 양식을 맛보기 위해 부부의 집으로 모여든다. 그렇지만 오마르는 계속해서 기적을 일으킨다. 오마르는 집주인 아내의 육체적 장애를 낫게 하기 때문이다. 아내는 두 다리의 기능을 회복해 걸을 수 있게 된다. 이어서 오마르는 남편의 얼굴에 손을 대고, 남편은 시력을 회복한다. 아마도 이 마지막 예를 통해서 이야기꾼 티암은 다음의 속담을 확인하고자 했을 것이다. 그 속담은 "겉모습만 보고 사람을 판단해서는 안 된다"라는 것이다.

오마르라는 서사시의 등장인물과 일치하는 윤곽의 강조점을 계속해서 뒤따라가면 그는 영웅, 게다가 전사, 군인, 불신자를 이슬람으로 개종시키는 사람, 국가의 창시자, 기적을 만들어내는 사람이며 동일한 경우에 정의의 수호자이기도 하다. 아마도 더 정확하게 이야기하고, 이야기꾼 티암이 오마르라는 등장인물의 이러한 양상에 부여하고자 한 글자 그대로의 의미와 그것에 담긴 생각을 존중하기 위해서 오마르가 사법부의 우두머리라고 말해야만 한다. 우리 시대라면, 관료들의 전문용어로 설명한다면, 오마르는 행정부뿐만 아니라 사법부의 장일 것이다. 거기에 입법부도 덧붙일 수 있는데, 예를 들어 다음과 같은 에피소드를 보면 알 수 있다. 연행의 아주 초반부에 푸타에서 일어나는 에피소드인데, 그곳에서 오마르는 그 지방의 법률, 특히 주변의 풍속을 비판한다. 그는 결혼 적령기 소녀들의 경우를 예로 든다. 가족의 명예는 전혀 고려하지 않고, 결혼 준비에 대한 걱정도 하지 않은 채, 소녀들은 마음대로 들판과 초원을 뛰어다니도록 방치된다. 전체적으로 오마르는 이 법률들을 더 이슬람적인 법률로 대체하고자 한다. 그것에 의하면 소녀들은 베일을 쓰고, 부모의 곁에 머물러 보호받을 것이다. 그러므로 오마르의 목표는 신정국가를 건국하는 것이다.

3. 엔디아디안 신화와 오마르의 서사시 그리고 다른 신화, 서사시, 구술 텍스트 사이의 검토와 비교

> 서사적인 이야기 속에서 관심은 구술된 이야기보다는, 선적이고 "이성적인" 순서에 따른 줄거리의 전개보다는 연출, 이야기를 둘러싸고 화자가 펼쳐놓는 데 성공한 극적이고 감정적인 부분에 놓인다.
>
> **아비올라 이렐레**
> - 『아프리카 전통문학 속 서사시』

이 장에서는 두 개의 텍스트(『엔디아디안 신화』와 『엘 하즈 오마르의 서사시』)를 대조하고, 비교 연구하는 것이 중요하다. 이야기꾼/그리오인 셰이크 니앙과 연대기 작가/보석상인 비라힘 티암의 비교와 같은 것이다. 영광스럽게도 두 사람을 정보제공자와 이야기상대로 갖는 기회가 내게 주어졌다. 기억을 더듬어보면 니앙이 엔디아디안 신화를 구연한 것은 1989년이고, 티암은 1997년에 엘 하즈 오마르의 이야기를 자세히 구술했다. 두 텍스트의 서술적 짜임의 중요 부분이 세네갈에서 완성된 것이었음에도 불구하고 두 텍스트와 두 이야기꾼 사이에는 주목할만한 차이점과 유사점이 동시에 존재한다.

텍스트들과 이야기꾼들을 넘어 나는 다른 문화와 문명들에서 비롯된 신화적이고 서사적인 다른 전통들에도 호소할 것이다. 이러한 비교의 이점은 연행의 기술, 구술 모티브, 윤색 등의 다양성을 부각하는 것이다. 다시 한번 밝히건대, 이 작업의 목표는 비록 신화와 서사시가 다소간 세상 이곳저곳에 산재해 있음에도 불구하고 그것들의 기능이 같지 않으며, 그것들을 구연하는 사람들이 언제나 동일한 사회적 지위 혹은 동일한 사회적 중요성을 갖는 것은 아니라는 사실을 보여주는 것이다. 예를 들어 그리오라는 사람들이 모든 사회에 존재하는 것은 아니다. 그리오는 서아프리카 수단과 세네갈 사회에서 특수하다고 할 수 있다. 마지막 분석에서 우리는 – 신화와 서사시를 통한 – 구술성의 사회가 동질적이지도, 익명이지도, 특히 전혀 권태롭지도 않다는 것을 알게 될 것이다. 우선 콩트, 잠언, 속담, 수수께끼, 신화나 서사시 등 구술 자료들이 전해지는 수단이 되는 수백 혹은 수천의 언어가 존재한다. 그러므로 언어학적인 다양함과 풍부함이 존재한다. 각각의 언어는 고유한 개성, 고유한 음악과 리듬을 갖는다. 아프리카라는 공간으로 한정한다면 이전에 언급한 언어학적이고 문화적인 다양성을 이해할 수 있다. 조금 뒤에서 세네갈의 세레르족과 풀라르족에 기원을 둔 전설들, 나이지리아 요루바족(Yoruba)의 알라주와다(Alasuwada)와 오군(Ogun) 신화들, 콩고 루바족(Luba)과 팡드족(Pende)의 기원 신화, 콩고의 원도(Mwindo) 서사시, 세구의 밤바라 서사시 그리고 마지막으로 만딩고족(Mandingue)의 순디아타(Soundiata) 서사시를 거론할 기회가 있을 것이다. 연구의 이 부분에서는 아프리카 대륙을 넘어 호메로스의 『일리아스』가 분석될 것이다.

여전히 아프리카라는 지리적 공간 속에서 구술 전통들의 이러한 풍부함과 다양함을 근대의 소설 형식과 비교하면 우리는 상반되는 것과 마주한다. 즉 우리는 근대적이고 새롭지만 (프랑스어, 영어, 포르투갈어 등) 유럽의 언어로 표현된 아프리카의 소설 전통을 발견한다. 그러므로 우리는 더 이질적이고, 더 다양하고, 더 변화무쌍한 아프리카의 언어로 표현된 아프리카 문학과는 달리 언어적으로 동일한 새로운 표현 형식과 직면하고 있다고 말할 수 있다.

이 장에서 나는 세네갈의 두 개의 구술 텍스트, 즉 신화와 서사시 사이의 유사성뿐 아니라 차이점을 자세히 분석할 것이다. 이어서 두 이야기꾼을 비교하는 것은 흥미로울 것이다. 이어서 말과 그것의 대응물인 침묵이라는, 두 이야기꾼의 무기고에 포함된 구술 모티브들과 연행의 기교들이 분석될 것이다.

너 나 할 것 없이 중요한 다른 주제들이 드러날 것이다. 신화적이고 서사시적인 시간. 연행 속으로 이야기꾼의 자아를 투영하기. 문자 텍스트와 그것에 반대되는 구술 '텍스트'. 구술 전통 속 사실들의 정확성 등. 이야기꾼의 연행에 관한 논의에 바쳐진 부분에서 나는 연행 속에서 길을 발견하는 텍스트 외적인 요소들을 분석하는 것이 아주 중요하다고 덧붙일 것이다. 논의를 전개해가는 과정에서 (필요한 경우에는) 아프리카의 다른 구술 전통들처럼 아프리카 밖의 구술 전통들도 소환될 것이다.

전체적으로 보면 한편으로는 차이점과 유사점에 관한 부분 그리고 다른 한편으로는 구술 모티브와 연행의 기법에 대해 질문하게 될 것이다.

1. 차이점과 유사점

구술 전통에서 유래한 모든 텍스트에 공통되며, 피할 수 없는 문제는 기원이라는 문제와 연관된다. 게다가 신화와 전설은 기원과 관련되는 이 질문에 답하기 위해서 창조되었다. 더 멀리 가기 전에 J. 바시나의 다음과 같은 확언을 인용하자.

> "기원들의 과정은 절대로 단순하지 않다. 실제로 모든 문화는 섞여 있다. 즉 다른 문화에서 몇몇 요소를 빌려와서 본래의 환경에서 다른 문화를 만들어내고 발전시켰다. 주민 역시 섞이고, 결과적으로 결혼과 개인 혹은 가족 단위 이주의 끊임없는 연동 운동이 일어나는 것처럼 보인다. 그 결과 많은 경우 계급의 망이 다른 부족으로 확장된다. 그리고 한 문화에서 가장 덜 혼종적 요소인 언어조차 차용과 내적 증가에 따라 변한다."[1]

『엔디아디안 신화』뿐 아니라 『엘 하즈 오마르의 서사시』에서도 기원의 문제가 제기된다. 그렇지만 기원의 문제는 서사시에서보다 신화에서 더 날카롭고, 직접적이고, 뚜렷하다. 각각의 민족과 각각의 인간 사회에는 기원 신화가 필요하다고 알려져 있다. 모든 사람이 단순히 **빅뱅** 이론에 만족하지는 않는다. 특히 예전, 소위 전근대 시대로 거슬러 올라가면 우리는 자연에 대한 집단적인 긍정과 마주하게 된다. 그리고 자연은 지상에 나타난 최초의 인간들, 특히 **호모 사피엔스의 삶 – 생존(?) –** 의 모든 양상을 실질적으로 좌우한다. 처음 두 장에서 나는 구약과 코란을 매개로 신화와 서사시에 포함된 종교적 양상에 대해 아주 자세하게 설명했다. 따라서 이슬람의 영향력은 명백한 것 이상이다.

그렇지만 엔디아디안과 오마르와 관련해서 눈길을 끄는 중요한 사실이 존재한다. 신화에서 이야기꾼은 필요하다고 생각하는 만큼 시간을 멀리 거슬러 올라간다. 거기에서 대홍수에 대한 강조가 생겨난다. 반면 티암은 이러한 생각을 과도하게 고려하지 않는다. 서사시는 오마르와 함께 시작

---

[1] J. VANSINA, *Les anciens royaumes de la savane*, p. 17.

한다. 오마르의 존재가 필요충분조건인 것 같은 인상을 받는다. 기원들과 관련된 보증인으로 육체와 정신을 지닌 오마르라는 인물이면 충분하다. 이슬람교도라는 단순한 사실로 어떤 기원을 정당화하는 데 충분하기 때문이다. 우리가 이미 지적한 것처럼 인종, 경력, 지적 형성에 따라서 티암과 니앙은 이슬람, 혹은 적어도 이슬람과 아프리카 전통 종교 간의 상호작용에 대해 다른 태도를 지닌다. 거기로 되돌아가는 것은 필요하지 않을 것 같다. 니앙이 (강, 갈대, 물고기 등) 자연을 거론하면서 자연을 눈에 띄도록 만들 필요성을 더 많이 느꼈다는 점을 지적하는 것으로 그치도록 하자. 그것을 통해 아마도 그는 자연과 인간의 공존을 보여주려 했을 것이다. 게다가 강에는 두 가지 기능이 있다. 강은 교통뿐 아니라 생계 수단으로 사용된다. 세 번째 차원이 드러나는데, 신화의 차원이 그것이다. 그러므로 자연은 주민들이 낚시로 생계를 유지하는 경우에 그런 것처럼 너그럽다. 하지만 대홍수의 경우처럼 자연은 파괴적이기도 하다. 이러한 변증법적인 토대는 고려되어야 한다. 마지막 분석에서 우리는, 필요한 부분만 적절히 수정하여(*mutatis mutandis*), 엔디아디안이 속(俗)을 상징하는 반면 오마르가 성(聖)을 상징한다고 말할 수 있다.

『엘 하즈 오마르의 서사시』에서 강은 진정한 생계 수단이 아니라 오마르와 아흐마두 아흐마두를 대립시키는 에피소드의 경우에 그렇듯이 단지 항해의 수단이다. 아흐마두 아흐마두는 도망치면서 추격자들에게서 벗어나기 위해서 카누를 이용해 강을 건넌다. 오마르는 거의 식사를 하지 않기 때문에 그가 아주 금욕주의적이라고 조금 과장해서 말할 수 있다. 그러므로 극단적으로 말하면 오마르에게 있어 자연은 피상적이며 심지어 지하드와 영혼들의 이슬람으로의 개종이라는 그의 유일한 목표에 불필요하게 덧붙여진 쓸데없는 요소라고 쉽게 이해된다. 그러므로 오마르는 자연을 정복해야 한다. 자연은 회교법 아래 존재하기 때문이다. 다시 한번 엔디아디안과 비교하고, 동시에 자연이라는 요소에 대해 잠정적인 결론을 내리기 위해서 이야기하면, 신화의 영웅은 자연과 하나가 된다. 집과 고향을 떠날 때 그는 강과 물속에서 은신처를 발견한다. 그는 배가 고프면 물고기를 잡고, 햇볕에 구워 허기를 달랜다. 마지막으로 위험에 처했다고 느끼면 그는 갈대숲 사이에 몸을 숨긴다.

시간이라는 요소는 아주 중요하다. 나는 시간을 두 가지 종류로 구분할 것이다. 신화적 시간(엔디아디안)과 서사적 시간(오마르). 두 텍스트를 읽으면 엔디아디안 신화에서 시간은 탄력적이고 심지어 무한한 것으로 느껴진다. 조금 희화화해 표현해본다면 영웅인 엔디아디안이 '시간이 해결해 주도록 기다린다'고 주장할 수도 있다. 그는 서두르지 않는다. 강에 뛰어든 순간 그는 엠베겐 부아이(Mbéguègne Boye) 주민들에게 붙잡힐 때까지 시간을 번 것에 만족했다. 반대로 오마르는 언제나 세상을 손에 넣는 것은 아니다. 그는 시간의 구속 아래 있다. 그는 도달해야 할 목표가 있다. 그는 주민들을 개종시켜야 하고, 이슬람을 전파하기 위해 온 힘을 쏟아야 하며, 메카로의 순례를 끝마쳐야 한다. 그의 시간은 보다 체계적이고 보다 합리적이다. 이전에 이야기된 것을 보고 우리는 당연히 다음과 같은 질문을 제기할 수 있다. 두 주인공 엔디아디안과 오마르는 잘 정해진 진행 방향이 있는가? 아니면 그들은 단지 바람 부는 대로 우연을 따라가는가?

니암 뿐만 아니라 티암도 시간대를 겹치게 할 것이다. 두 명 모두 먼 과거에 일어난 일을 이야기한다. 그렇지만 이야기 속 현재의 개입은 필요한 동시에 유용하고 불가피하다. 니앙부터 시작해보면, 이야기의 끝부분 엔디아디안이 양양(Yang-Yang)에 도착했을 때 엔디아디안은 케이파(Kéyfa)라는 이름의 풀라르족 여인과의 사이에서 아이를 하나 얻었다. 니앙은 이 아이의 이름을 이야기하지 않는다. 기껏해야 우리는 그가 엔자이(Ndiaye)라는 성을 가진다는 사실을 알 뿐이다. 잠시 후에 니앙은 엔자이라는 성을 가진 모든 풀라르족이 양양의 이 혈통에서 나온다고 단언한다. 이어서 그는 리샤르 톨(Richard-Toll) 부근의 쿠마(Khouma)에 사는 사디오 엔자이(Sadio Ndiaye)라는 이름의 어떤 사람이 이 혈통에서 비롯되었다고 이야기한다. 사디오가 니앙과 동시대 사람이라는 점은 분명하다. 그들은 서로 알고, 쿠마라는 같은 마을에 산다. 아마도 이야기를 나누다가 사디오가 자신이 양양의 이 혈통이라고 니앙에게 말했거나, 니앙이 제삼자로부터 그 정보를 얻었을 것이다. 우리는 이러한 측면에 대해 여전히 더 파고들 수 있지만 결국 중요한 것은 이야기꾼이 신화적이고 오래된 과거의 시간 속에 끼워 넣는 현재라는 시간이다.

티암과 관련해서는 오마르가 세네갈 푸타의 한 마을인 엔디움(Ndioum)에 집을 한 채 지었다는 에피소드가 있다. 티암은 이 집을 보았다고 선언한다. 그러므로 거의 두 세기 후에도 이 집은 여전히 건재한다. 이러한 단언은 특히 구술성을 비난하는 사람들의 웃음을 터뜨리게 할 수 있다. 예전 아프리카에서 건축은 특히 나뭇가지, 점토와 흙으로 만들어지고 비가 오면 그것들은 견디지 못한 채 보통 파괴되고 만다[2]고 티암에게 반박할 수

---

[2] 1980년대 코트디부아르의 첫 번째 대통령이었던 우푸에부아니(Houphouët-Boigny)가 고향인 야무수크로(Yamoussoukro)에 대성당을 건축할 때 격렬한 논쟁이 벌어졌다. 그의 반대자들은 대성당을 건축하는데 지나치게 많은 돈이 들고, 이 작업에 두입되는 수십억 CFA(Communauté financière africaine, 아프리카 재정 금융 공동체) 프랑은 건강 혹은 교육과 같은 더 긴급한 분야에 사용될 수도 있을 것이라고 주장했다. 우푸에는 (일반적인 아프리카의) 조상들이 돌이라는 재료로 영속되는 것을 건축한 바가 전혀 없다는 주장으로 반박했다. 조상들이 건축한 것들은 시간과 함께 모두 사라졌다. 정확히 그들이 사용한 재료 때문이었다. 우푸에는 반대로 잘라낸 돌로 대성당을 건축함으로써 후손과 미래의 세대들에게 영속되는 무엇인가, 항상 우뚝 서서 자신의 시대를 증언해 줄 대상을 남겨줄 수 있을 거라고 말을 이어갔다. 이 말을 하면서 분명 우푸에는 유럽의 성, 대성당과 교회들을 생각했을 것이다. 그것들은 수 세기 전에 건축되었지만, 여전히 우뚝 서서 오늘날 많은 유럽인이 자랑스러워한다. 그렇지만 리처드 도킨스(Richard Dawkins)는 이러한 유럽의 유산에 호의적이지 않다. "종교가 이따금 아주 대규모

있기 때문이다. 지은 집이 무너질 때마다 오마르가 그것의 신성함을 참작하여 새로 건축했을 가능성도 있다. 이러한 주장은 신화와 서사시에서 사건들과 이야기의 진실성[3]이라는 범주 속에 포함될 수 있다. 하지만 같은 이유로 단절된 시간, 이 경우는 예전의 이야기 속 현재라는 시간의 존재에 관한 우리의 가정을 확인할 수 있다. 요컨대 신화와 서사시가 낭독되는 것이 현재라는 사실은 확실하다. 즉 신화와 서사시는 살아있는 구술의 자료들이다. 이 사실을 고려한다면 과거에 섞여 들어간 현재라는 시간을 보고 놀랄 일은 전혀 없다.

결론적으로, 이야기꾼이 텍스트 안에 흔적을 남기는 것이 서사시의 고유한 특성은 아니다. 우리는 특히 소설에서 이야기 속 작가의 개입, 다른 말로 표현하면 화자와 작가의 대면이 일어나는 경우와 유사한 예를 발견한다.

말과 죽음은 시간과 연결된다. 이어지는 행들에서 우리는 『엔디아디안 신화』와 『엘 하즈 오마르의 서사시』에서 두 주제가 같은 방식으로 이해되지도, 다루어지지도 않았다는 것을 보게 될 것이다. 한편으로는 시간이라는 요소와 다른 한편으로는 말과 죽음이라는 요소 사이에 삼각관계가 존재한다. 시간이 삼각형의 꼭대기에 있다면, 말과 죽음은 이 삼각형의 밑변에 있다. 우리는 두 종류의 말과 직면하고 있다. 매여 있는, 구속된 말과

로 자원들을 삼켜버렸다. 중세의 대성당은 건축하는 동안 수 세기에 걸쳐 인간의 노동력을 빨아들였다. 그렇지만 주거지 혹은 쉽게 알아볼 수 있는 다른 목적으로 사용된 적은 전혀 없었다." (R. DAWKINS, *The God Delusion*, p. 192)

[3] 신화와 서사시에 포함된 사건들의 진실성과 관련해서 A. 셜튼(A. Shelton)이 서사시의 "비역사적 요소들"이라고 부르는 것이 존재한다. 그리고 그는 이 요소들을 전설들과 동일시한다. 특히 그는 수디아타 케이타(Soudiata Keita) 서사시를 구연하는 그리오 쿠야테(Kouyaté)에 대해 이야기한다. 그렇지만 쿠야테는 자신이 말한 것은 진실이라고 단언한다. (cf. A. SHELTON, "The Problem of Griot Interpretation and the Actual Causes of War in Sondjata", p. 152.)

그 맞은편의 해방된 말이다. 엔디아디안에게 있어 침묵이 금이라면 오마르에게 있어 말은 다이아몬드이다. (돈이라고 말하지는 않겠다.) 유년기에서부터 거의 성인이 될 때까지 신화의 영웅인 엔디아디안은 말을 하지 않는다. 목소리가 나오지 않는 것은 아니다. 목소리를 잃어버렸다는 것은 이전에는 목소리가 나왔고, 말하지 못하게 되었다는 것을 내포하기 때문이다. 다시 말을 하게 될 가능성이 존재한다. 나는 그 사실을 암시했고, 엔디아디안이 엠베겐 부아이 마을 주민들에게 붙잡힌 에피소드에서 엔디아디안은 말을 하지 않는다. 사람들은 그의 출신에 대해 모든 종류의 질문을 던지지만, 그는 대답하지 않는다. 사실인즉 그가 목소리를 잃은 것은 그가 자연 속에서 너무나 많은 시간을 홀로 보냈기 때문인가? 같이 놀던 친구들의 놀림을 받고 친구들과 가족을 떠나 강에 뛰어들기 전에는 목소리가 나왔는가? 텍스트는 이런 관점에서 아무런 정보도 제공하지 않는다. 하지만 우리는 이러한 상황으로부터 여기에서 사회화라는 문제가 제기된다고 추론할 수 있다. 따라서 엔디아디안이 말을 하게 된 것은 마라무 가야라는 이름을 가진 풀라르인의 꾀 덕분이다. 덧붙여 말하자면 신화의 영웅은 월로프어가 아니라 풀라르어로 말한다는 점에 주의해야 한다. 나중에 일반적인 랑그(langue)와 랑가주(langage)[4]를 다루는 장에서 이 문제에 대해 재론할 것이다. 마라무는 엔디아디안을 허기지게 만든다. 참다못한 엔디아디안은 음식이 다 준비되었고, 접시에 담아야 한다고 마라무에게 말한다. 그는 엔디아디안이 어쩔 수 없이 말하도록, 자신의 감정을 표현하도록

---

[4] [역주] 두 단어 모두 언어라고 번역되는 것이 일반적이지만 정확한 의미 구분을 위해 각각 랑그(langue)와 랑가주(langage)로 프랑스어를 음차하여 번역했다. 소쉬르 언어학에서는 물리적으로 서로 다르게 실현되는 구체적 언어들을 '파롤(parole)', 우리 머릿속에 있는 추상적 언어를 '랑그(langue)'라고 불렀다. 그리고 '랑가주(langage)'는 이 둘을 합친 개념으로 기호 체계를 통해 사고를 표현하고 의사소통할 수 있는 능력을 의미한다.

만든다. 이것은 꾀를 쓰지 않았다면 엔디아디안이 절대로 자신의 감정을 표현하지 않았을 것이라는 사실을 의미하는가? 가능한 일이다. 어쨌든 엔디아디안이 더 잘 말하도록 하려면 그를 억지로 말하도록 만들어야 한다는, 발언을 강요해야 한다는 아주 중요한 측면을 기억해야 한다.

이제 오마르로 옮겨가보자. 그에게서 말은 자유롭다. 지나치게 자유롭다고까지 이야기할 수 있다. 엔디아디안에게 한 것과는 대조적으로 사람들은 오마르에게 발언을 강요하지 않는다. 그는 힘있게, 자동적으로, 권위있게, 자신감을 가지고 말한다. 실제로 부모님이 아주 젊은 오마르를 코란 학교에 보낸, 텍스트의 시작 부분을 떠올려보자. 코란 학교의 선생님이 소년에게 아랍어와 코란 텍스트의 기본 골격에 대한 배움에 입문시키는 대신 일어난 일은 그 반대이다. 오마르는 선생님과 입회한 어른들을 가르친다. 사회화라는 문제는 제기되지도 않는다. 신화의 영웅과 다른 점이 한 번 더 발견되는데, 서사시의 영웅 오마르는 같이 노는 동료가 없기 때문이다. 그는 아주 조숙하고, 어린 시절에서 성인기로 아주 빨리 지나간다. 전환의 단계는 존재하지 않는다.

말이라는 차원에서 엔디아디안과 오마르를 근본적으로 구별해주는 핵심적 요소가 있다. 엔디아디안은 너무 많은 말을 하지 않는다. 그는 필요한 명령만을 한다. 말에 있어서 그는 아주 경제적이고 심지어 인색하기까지 하다. 반면 오마르는 말을 쏟아낼 뿐만 아니라 개인적인 성찰과 비판적 사고를 한다. 그는 많은 습관과 풍습을 문제 삼기 때문이다. 비판적 성찰과 태도는 오마르가 자신의 자유의지를 행사하도록 해 준다. 따라서 우리가 신학과 이슬람 교회법의 틀 안에 머무른다면, 오마르가 이슬람에서 이즈티하드(Ijtihad)[5]라고 부르는 것에 몰두한다고 말할 수 있다. 이즈티하드는 지

---

5   다음을 볼 것. G. LANG, "Jihad, Ijtihad, and other Dialogical Wars in *La Mère*

하드를 보완하기 위해서 등장했다. 이즈티하드가 자신을 진보시키고 더 나은 신자가 되기 위해 애쓰는 개인적 노력이라면 지하드에서는 오히려 이슬람 신자가 아닌 사람들과 전쟁을 하고 그들을 이슬람으로 개종시키는 것이 문제가 된다.

이 삼각형의 마지막 요소는 죽음이다. 원칙적으로 죽음은 닫힘, 결말을 이루어야 하지만 일반적으로 신화와 서사시의 세계에서 죽음은 이러한 방식으로 나타나지 않는다. 대부분의 서사시적 텍스트에서 영웅은 죽지 않고, 이야기의 결말은 열려있는 채이다. 그리고 사람들은 이야기꾼이 다른 이야기꾼, 다른 사람 혹은 다른 사람들을 불러서 자신이 멈춘 바로 그곳부터 이야기를 계속 이어가도록 할 것 같은 인상을 받는다. 엔디아디안의 노년 혹은 죽음에 대해 전혀 알려지지 않은 엔디아디안 신화의 경우가 그렇다. 실제로 이야기는 엔디아디안이 (졸로프, 카이오르, 살룸(Saloum) 등) 주변 영토에 다른 국가들과 왕국들을 건설한 후, 그의 젊은 시절에서 중단된다. 엔디아디안의 노년에 대해서는 알려진 게 아무것도 없기 때문이다. 하물며 그의 죽음에 대해서는 아무런 말도 할 수 없다. 오마르에 대해서도 거의 같은 이야기를 할 수 있는데 그는 방디아가라 절벽에서 떨어져 사라지기 때문이다. 그렇지만 티암은 오마르의 아버지가 죽었다고 알려준다. 엔디아디안의 아버지인 부바카 오마르 역시 죽는다. 부모는 죽지만 자식은 그렇지 않다. 이야기가 끝나갈 무렵 티암이 분명하게 말하듯

---

du printemps, *Le Harem politique*, and *Loin de Médine*", pp. 1-22. 여전히 말이라는 틀 안에서 우리는 다음과 같은 라민 귀에이(Lamine GUEYE)의 빈정거리는 투의 지적에 주목하지 않을 수 없다. "말을 하는 아프리카인은 심지어 그가 너무나 말이 많다고 하더라도, 일반적으로, 그가 생각하는 것에 대해서도 그가 원하는 것에 대해서도 전혀 알지 못하는 사람보다 덜 위험하다." (위의 글, p. 215) 그렇지만 그것은 단지 아프리카인들에게만 한정된 것이라기보다는 일반적인 법칙이 아닌가?

이 오마르의 무덤을 알려줄 수 있는 사람은 아무도 없다. 그의 장례식에 대해 알려줄 수 있는 사람은 더더욱 없다.[6] 실제로 세네갈 평신도들에게 성인들, 마라부들 (혹은 세린느들(Serignes)[7]) 그리고 칼리프들의 죽음은 미묘한 문제이다. 마라부 혹은 중요한 종교 지도자가 죽었을 때 세네갈 사람들에 의해 사용된 의미 작용을 분석해보기만 해도 우리는 (정서적, 감정적 그리고 심리적으로) 상이한 양상들을 이해할 수 있다. 신봉자들은 어떤 마라부가 죽었다고 이야기하는 것이 아니라 *laxu na*(그는 잠들었다)라고 이야기한다. 혹은 훨씬 더 은유적인 방식으로 *laxu na*(그는 숨었다, 그는 사라졌다)라고 말한다. 이 두 표현이 더 일반적인데 그것들은 오로지 마라부와 이슬람의 성인들에게만 사용되는 것 같다. 반대로 보통 사람, 서민 혹은 길거리에서 마주칠 법한 평범한 사람의 경우 죽음을 가리키기 위해서는 가장 흔하고 가장 통용되는 표현인 *gaagnou*('죽은'의 의미이지만 '상

---

[6] 개인적인 증언이다. 1970년대 아직 다카르에서 자라던 아주 어린 중학생이었던 나는 하루는 아버지의 친구 중 한 분이 점심 식사 시간에 우리 집을 방문했던 일이 떠오른다. 관례적인 인사 후에 우리는 그 사람이 아주 많이 들뜬 (그리고 흥분하기까지 한) 것을 알아차렸다. 그때 아버지의 친구는 우리 집에 오는 길에 집 근처에서 엘 하즈 오마르와 닮은 한 남자와 마주쳤다고 아버지에게 이야기했다. (게다가 티암이 연행 중에 묘사한 것처럼) 그는 누더기를 걸치고 가죽 샌들을 신고 있었다. 아버지의 친구는 길에서 엘 하즈 오마르를 만났다고 더 단호하게 선언했다. 게다가 아버지의 친구는 자신이 오마르를 알아차린 첫 번째 사람이었지만 몇 초 후에 몸을 돌려 보니 오마르가 사라져버렸다고 단언했다. 신화적이거나 서사적인 영웅의 죽음과 연관된 이러한 문제를 아프리카의 다른 문화들에서도 발견할 수 있다. L. 케슬릇은 세구의 밤바라 제국과 밤바라 제국의 왕인 비톤 쿨리발리(Biton Koulibaly) 신화의 예를 들어 다음과 같이 이야기한다. "신화는 비톤의 죽음에 관해 아무런 말도 하지 않는다. 그리고 이야기를 참조한다 하더라도 신비로움이 농후하게 배어있다. 파상풍인가 혹은 암살인가? 마치 만딩고족의 아주 위대한 왕을 위한 전통이 그런 것처럼 그의 무덤의 정확한 장소도 감추어져 있다." (*Le mythe et l'histoire dans la formation de l'empire de Ségou*, p. 606)

[7] [역주] 월로프족의 세린느는 아랍의 셰이크(cheikh)에 해당한다. 즉 영적인 지도자, 혹은 코란의 스승을 의미한다.

처를 입은'도 의미한다), *guéneu adouna*(글자 그대로의 의미로 세상에서 나가다), *faatou, dée* 등을 사용한다. 마라부와 하층민 사이의 이러한 구분은 아주 흥미롭다. 숭배받는 성인으로서 오마르는 이러한 범주화를 벗어나지 않는다. 그뿐만 아니라 내 아버지 친구의 증언을 참작하면 오마르의 죽음은 부인된다. 결론적으로 신화와 서사시를 구성하는 두 텍스트의 결말은 열려있다. 두 이야기꾼은 영웅을 죽이거나 죽게 만들기를 거부한다. 영웅은 청중에도, 부족에도, 공동체에도 속한다. 엔디아디안과 오마르는 세상 마지막 순간까지 살아야 한다. 만일 그것이 뼈와 살로 이루어진 육체적인 삶이 아니라면 과거, 현재, 미래 세대의 영혼 속에서의 삶이 될 것이다. (신화, 전설 혹은 서사시에 등장하는) 성자들의 삶과 '죽음'에 연관되는 본질적인 질문은 다음과 같다. 오마르 같은 성인에 대한 숭배는 역사적 현상들과 연관된 일시적인 것인가 혹은 반대로 영속적인, 잔류하는 것인가? 대답은 확실하고 명백하다. 이러한 숭배는 영원한 것이다.

마지막 논점은 아프리카의 다른 문화, 특히 케냐에 기원을 둔 문화와의 비교이다. 자기가 속한 부족인 키쿠유족(Kikouyou)의 사회적, 문화적, 종교적 역사에 대한 훌륭한 해설서에서 조모 케냐타(Jomo Kenyatta)는 부족의 건국신화를 번역한다. 그것은 전설이다. 서사시 그리고 죽음이라는 주제와 관련해서 이점은 아주 중요하다. 케냐타에 의하면 키쿠유족의 (여성과 남성인) 두 명의 조상을 기쿠유(Gikuyu)와 뭄비(Moombi)라고 부른다. 그들은 자식과 손주가 많았다. 그들이 죽자 딸들이 부모의 집과 토지를 상속받았고, 공평하게 나누어 가졌다.[8] 이미 살펴보았듯이 키쿠유 부족의 시조(始祖)들은 죽는다. 즉 그들은 죽음을 피할 수 없는 한낱 인간이며, 많은 건국신화의 경우에 그렇듯이 신 혹은 반신이 아니다. 적어도 그렇게 묘사된다.

---

8   J. KENYATTA, *Facing Mount Kenya*, p. 7.

이러한 조상들의 죽음은 분명 이야기가 갖는 개념 자체에서 기인한다. 다시 한번 말하건대 이것은 전설이다. 게다가 이 두 계시(啓示) 종교와 접촉한 대부분의 아프리카 신화들의 경우에 그렇듯이 이슬람과 기독교는 이러한 전설에서 전혀 영향을 받지 않았다. 나중을 위해 중요한 것은 이 신화적이고 서사적인 시조들에게 계속성을 보증해주는 후손, 자식과 손주가 있다는 사실이다.

이제는 연행의 텍스트 속 이야기꾼이라는 개인의 투영에 관해 설명하는 것이 시의적절하다. 그것은 필요한 일인가? 서사적 텍스트 안에 화자가 흔적을 남긴 결과는 어떤 것인가? 이러한 질문에 답하기 전에 우리는 근대 소설에서는 같은 방식으로 문제가 제기되지 않는다는 사실을 강조할 수 있다. 만일 그런 경우라고 하더라도 소설의 화자는 예를 들어 차용된 픽션의 기법들을 사용해서 자신을 숨기고, 눈에 띄지 않거나 익명을 유지하려고 세심한 주의를 기울인다. 서사시에서 왜 이야기꾼은 연행과 텍스트 속에서 개인적으로 자신을 자유로이 드러내는가? 물론 두 이야기꾼이 텍스트 속에서 자신을 드러내지만 그럼에도 불구하고 텍스트는 3인칭으로 구연된다는 사실을 분명히 밝혀야 한다. 그리고 3인칭은 R. 야콥슨이 "3인칭으로 서술된 서사시적 이야기는 필연적으로 언어(langage)의 지시적 기능을 내포한다."[9]고 말한 것과 전적으로 같은 의미이다. 좀 후에 계속되는 우리 연구에서 서사시는 소설적 이야기와 이러한 언어의 지시적 기능을 공유한다는 사실을 알게 될 것이다.

이제 서사시의 연행은 상황들을 요구하고, 동시에 이 장르에 고유한 맥락을 만들어낸다는 생각 속에서 위에서 제기된 문제에 대한 해답을 찾을 수 있을 것이다. 실제의 시간에서 판결을 내리는 심판자들을 구성하는 '배

---

[9] R. JAKOBSON, "Closing Statement: Linguistics and Poetics", p. 357.

심원단'인 청중이라는 존재가 있다. 반대로 소설의 독자들은 이러한 특권을 갖지 않는다. 그들은 지연된 시간 속에서 판결을 내린다. 사실 이야기꾼은 그가 이야기하는 사건들과 관련해 필요한 거리를 유지하지 않는다. 그리고 서사시 안에서 이데올로기적이고 민족적인 편견은 아주 흔하다.

그래서 니앙과 티암이라는 두 명의 이야기꾼은 태평스럽게 텍스트 속으로 끼어 들어간다. M. 케인은 정확하게 그 점에 주목한다. "소설 창작이 객관화, 자신의 작품에서 작가의 추상화를 요구한다면 반대로 아프리카의 전통사회에서 예를 들어 작가와 이야기꾼은 이야기 세계의 중심에 자리 잡는다. 그는 첫 번째 자리를 놓고 이야기의 주역들과 경쟁한다."[10]

간단한 두 개의 예를 들어볼 것이다. 『엔디아디안 신화』의 구연을 끝내고 니앙은 방금 그가 끝마친 이야기는 조상들과 아버지에 의해 그에게 전해졌다고 선언한다. 비슷하게 『엘 하즈 오마르의 서사시』에서 티암은 엘 하즈 오마르의 이야기를 전해준 스승들의 이름을 거론한다. 티암은 첫 눈에는 부수적인 것으로 보이는 한 요소를 덧붙이기까지 한다. 하지만 더 자세히 살펴보면 이 요소가 아주 중요하다는 것을 깨닫게 된다. 그것은 현대적인 테크놀로지와 관련된다. 티암은 엘 하즈 오마르의 연보가 녹음된 카세트테이프를 언급하고, 그것은 그가 녹음기를 사용한다는 사실을 의미한다. 따라서 스승들로부터 전해진 학습에 더해서 티암은 추가적으로 현대적 테크놀로지를 사용한다. 실제로 이것은 훨씬 폭넓은 문제를 제기하는데, 그 문제는 다음과 같다. 한편으로는 서사시(즉 전통)와 다른 한편으로는 테크놀로지(현대성)의 공존을 어떻게 평가해야 할 것인가? 이어서 다음과 같은 부차적인 문제가 제기된다. 테크놀로지의 시대에 서사시와 신화의 타당성은 어떤 것인가? 이 마지막 질문은 구술 텍스트의 분석과

---

10 M. KANE, "Les paradoxes du roman africain", p. 81.

비판에 할애된 장에서 다루어질 것이다.

　이야기꾼 개인적 자아의 구술 텍스트 속 개입이라는 문제로 되돌아가서 그것에 대해 제기된 질문에 1인칭으로 답하자면 대답은 '그렇다'이다. 이러한 방식은 불가피하다. 자기 사무실이나 도서관 등의 친밀한 공간에서 작업하는 소설가와는 달리 이야기꾼 혹은 그리오에게는 이러한 가능성이 없다. 이야기꾼에게 친밀한 공간은 공개적이고 열려있다. 이야기꾼은 청중의 구성원들이 이해하는 언어로 말을 하지만 프랑스어, 영어 혹은 다른 유럽의 언어들을 사용하는 소설가는 언제나 그런 것은 아니다. 그렇지만 특히, 이야기꾼은 증인이다. 자기가 말하는 이야기 전체의 증인이 아니라고 하더라도 적어도 일부의 이야기의 증인이다. 예를 들어 내가 조금 위에서 지적한 것처럼 니앙은 그가 개인적으로 알고, 같은 마을에 사는 엔디아디안 엔자이의 후손(사디오 엔자이)을 언급한다. 티암은 엘 하즈 오마르가 엔디움에 전통가옥을 지었고, 자기가 그 집을 개인적으로 보았다고 언급한다. 이것은 사실인가? 이것은 거짓인가? 청중 구성원들에게 가장 중요한 것은 그것에 대한 답이 아니다. 이야기꾼에게도 그 답은 중요하지 않다. 구술성이 지배적인 사회에서 이 모든 것은 기억의 보존이라는 틀 속으로 들어오고, 중요한 것은 그것이다. M. 디안이 제시한 것과 동일한 의미로 해석하자면, 이러한 방식을 취하면서 이야기꾼 혹은 그리오가 추구하는 목표는 "인간의 역사를 평범함에서 벗어나도록 하고 영속적인 보존을 보증"[11]하는 것이다. 이전에 언급된 것을 보면 이야기꾼이 연행 속에 끼어드는 것의 필요성에 대해 제기된 문제에 대한 해답은 제시된다. 서사적 텍스트 속 화자의 개입은 어떤 결과를 낳는가?

　내 의견으로는 우리 연구가 대상으로 하는 두 개의 구술 텍스트에서

11　M. DIAGNE, *Critique de la roman orale*, p. 311.

두 명의 이야기꾼이 연행 속에 스스로 끼어든다면, 텍스트 속 화자의 이러한 존재는 중요하며, 우연한 일이 아니다. 거기에는 세 가지 이유가 있다. 첫 번째로 그것은 이야기꾼이 자신을 청중과 구분하는 한 방법이다. 몇몇 에피소드에서 이야기꾼은 청중과 하나가 된다. 하지만 다른 에피소드들에서 이야기꾼은 자신의 독특함을 강조하지 않으면 안 된다. 구연하는 이야기에 자기 자신이 포함된 사건들이 있고, 자신이 그 사건들의 유일한 증인이라는 단순한 사실 때문이다. 다시 한번 먼저 엔디아디안의 후손을 아는 니앙과 다음으로 오마르가 지은 집을 본 티암이라는 두 예를 기억하자. 청중 중 몇 명이 이 후손을 만났으며, 몇 명이 이 집을 보았는가? 아마도 많지는 않을 것이고 아마도, 심지어, 아무도 없을 것이다. 다음으로는 이야기꾼이 끼어 들어간 텍스트의 이야기에 신빙성을 부여하기 위해서이다. 신화와 서사시의 구술 연행에서 사건들의 역사적 진실성은 아주 상대적이고 이것은 집단 기억의 보존과 보호라는 틀 속으로 들어간다.

따라서 청중의 구성원들은 구술된 이야기의 몇몇 사건이 진실인지 확인하지 않을 것이다. 그들은 그리오를 '신뢰한다.' 아마도 전적으로 신뢰하지는 않을 수도 있지만 어쨌든 그들은 선택의 여지가 없다. 각자 자기 일이 있는 법이다! 그것을 조금 더 자세히 관찰하면, (내가 그 행사에 참석했던 수많은 공개적 연행들 그리고) 우리가 운 좋게도 녹음을 한 구술 연행들을 철저히 분석해보면 이야기꾼이 말하는 **방식**이 그가 말하는 내용보다 더 중요하다는 명백한 사실을 인정해야 한다. 다른 말로 한다면 **형식**이 **내용**에 앞선다.

또한 우리가 흔히 소홀히 하곤 하는 것인데, 우리는 역사가 연속해 존재한다는 것을 잊어버리고 신화, 서사시 혹은 일반적인 구술 이야기 속에 포함된 에피소드들 혹은 주제들을 고립시키려는 경향이 있다. 만일 우리가 이러한 연행의 소비자들이라는 입장이라면 다른 에피소드들과 비교해서 몇몇 에피소드를 고립시키고 이 에피소드에 '특혜를 베푸는' 행위들과 마찬가지로 구술성 속에서 사건들의 진실성에 대한 질문은 정당화되지 않는다. 그리고 (L. 캐슬룻을 인용하면서) M. 디안이 강조한 것처럼 '체계(système)'라고 불리는 것이 존재한다. 디안에 따르면 체계를 떠올리는 것, "그것은 긴밀히 결합된 하나의 전체, 구성 요소들 사이의 유기적 연대를 떠올리는 것이다. 내적 역학과 체계의 배열 순서는 전체를 '작동시킨다'. 그리고 논리적 필연성에 따라 이 체계가 허물어지자마자 각각의 요소는 없어지거나 파괴된다. 이야기꾼은 이야기꾼 자신도 구성 속에서 다소간 의식하고 있는 이러한 기능을 충족시키고, 그 반면 이러한 총체성의 재현은 이야기꾼에게 자신의 위치와 자신의 역할을 정해준다."[12]

마지막으로, 텍스트 속으로 이야기꾼의 끼어듦은 짧은 휴지(休止)로 사용됨과 동시에 항로 표지로도 사용된다. 우선 휴지에 관해서 말하자면 그는 할 이야기가 많다. 또한 이 사실은 사람들의 기분을 전환하고[13], 그들의 흥미를 끌어내고, 그들을 지루하지 않게 하는 것을 의미한다. 이야기꾼으로서도 청중의 구성원들을 현재로, 현실로 되돌아오게 함으로써 이따금 자신의 내레이션과 거리를 두는 것 역시 중요하다. 그러므로 이야기꾼이 몰두하는 현재와 과거 사이의 이러한 왕복이 존재한다. 항로 표지에 관해서 말하자면, 이야기꾼이 이야기를 전개하는데 중요한 표지가 된다. 이야기꾼은

---

12 M. DIAGNE, 위의 글, p. 355.
13 기분전환에 관해서 이야기하면서는 물론 이것이 한 측면에 불과하다는 것을 덧붙여야만 한다. 다른 측면은 기억, 부족 혹은 국가의 이야기이다. 중앙아프리카의 (엠윈도(Mwindo) 서사시라고도 불리는) 니앙가(Nyangga) 서사시와 관련해서 K. 마틴(MATEENE)은 이러한 현상을 강조한다. 따라서 작가에 의하면 "니앙가와 관련해서 말하자면 서사시는 단지 기분전환을 위한 이야기가 아니다. 서사시는 그들의 역사와 정체성, 신앙, 관습, 가치와 활동들에 대한 참고자료이며 그것은 인간들의 행동과 감정에 대한 세계관과 철학적 성찰에 관한 증거이다." ("Essai d'analyse stylistique de l'épopée de Mwindo(baNyanga du Zaire)", p. 61)

수없이 많은 세부적인 내용을 기억해내야 하기 때문이다. 그러므로 항로표지는 기억, 점유(rétension), 이야기 안에 포함된 다양하고 수많은 에피소드의 조리 있고 대략적인 배열에 사용된다.

다른 기원 신화들을 참조하면 우리는 그것들 역시 구약의 존재에서 벗어나지 못한다는 사실을 이해하게 된다. 이번에는 성경의 존재와 함께 기독교적인 측면이다. 예를 들어 A. 아키워워[14]의 버전에서 요루바족(Yoruba)의 기원 신화인 알라주와다(*alasuwada*) 신화가 있다. 이 신화에서는 도덕적 과오에 대한 참조가 이루어진다. 도덕적 과오의 원인이 된 것은 식물의 씨앗의 일종인 이루(*iru*)를 훔친 얀칸기(Yankangi)의 행동이다. 이 씨앗은 어머니 여신인 올루가모(Olugamo)의 것이다. 작가는 다음과 같은 질문을 제기한다. 이 은유는 모세가 보여주는 것처럼 에덴동산과 히브리 신화의 금지된 사과에 대한 암시인가? 나이지리아 남부 주민들의 기독교에 대해 이해한다면 그것은 아주 가능성이 있다. 성경에 대해 배우고, 그것을 이해하고 나서 (사헬의 이슬람교도들이 코란에 대해 그렇게 했듯이) 이 주민들이 창세기에 기원을 둔 모티브들과 이야기들을 자신들의 기원 신화에 끼워 넣은 것은 놀랍지 않다. 그런데 이 기원 신화들은 기독교 선교 이전 시대, 즉 기독교가 이그보족(Igbos), 요루바족 그리고 나이지리아 남부의 다른 민족들에 도래하기 이전에 창조된 것들이다. 예를 들어 나이지리아 서부의 요루바족의 제신들 가운데는 오군 신이 존재한다. 그런데 오군 신의 이야기는 엔디아디안 엔자이의 이야기와 유사하다. S. 바바롤라[15]에 의하면 강가에 도착한 오군 신은 그곳에서 올로도(Olodo)라고 불리는 한 남자를 만난다.

---

[14] A. AKIWOWO, "Contributions to the sociology of knowledge from an African oral poetry", p. 111.
[15] S. A. BABALOLA, *The Content and Form of Yoruba Ijala*, p. 7.

작은 배를 탈 채비를 하고 있던 이 사람에게 오군 신은 강의 반대편 기슭까지 자신을 건네 달라고 부탁한다. 카누 사공은 거절한다. 오군 신은 갑자기 물속으로 사라졌고, 돌연 반대편 강기슭에서 다시 모습을 드러냈다. 깜짝 놀란 올로도는 그 소식을 전하러 갔다. 이렇게 해서 오군 신의 업적은 이루어졌다. 엔디아디안과 오군 신 사이의 유사성은 하천과 호수의 상징이라는 차원에 존재한다. 은신처로서의 물과 그들이 쉽사리 물에 들어갔다가 그곳에서 나오는 수륙양서의 경향을 가진다는 사실이 그것이다.

2. 구술 모티브들과 연행의 기법들

우리가 아는 것처럼 서사시에서 연행은 일반적인 구술성을 이루는 천개(天蓋) 궁륭의 열쇠이다. 그것은 고르디오르의 매듭이다. 한 걸음 더 나아가기 위해서, 실제로 연행 없이는 서사시도 구술성도 존재하지 않는다고 말할 수 있다. 연행을 하는 사람은 목소리를 낸다. 하지만 **목소리**와 **말**을 구분해야 한다. 앞선 문단들에서 나는 신화적이고 서사시적인 영웅에게 있어서 말의 문제를 분석했다. 이러한 말은 이해받고, 의사소통하기 위해서 발신자가 전달하고자 하는 직접적인 메시지로 이루어진다. 우리가 '말의 지배자'(cf., Camara Laye)이라는 명예로운 칭호를 가진 그리오들을 흔히 희화화하곤 하는 것이 사실이라고 하더라도, 그럼에도 불구하고 그리오의 궁극적 목표는 단순히 메시지를 전하거나 의사소통을 하는 것이 아니다. 그리오의 목표는 단어들의 제시와 표현, 중얼거림, 음색, 소리, 침묵 등 목소리가 제공하는 모든 가능성을 활용하는 것이기도 하다. 목소리 그 자체는 몸짓과 결합한다. 이야기꾼은 대체로 자신의 표현들에 제스처와 몸짓을 동반하기 때문이다. 엄밀하게 말하자면 몸짓은 시각에 호소하는 의사소통의 형태이기도 하다.

티암과 니앙의 연행에 대해 자세하게 다루기 전에 일반적인 연행에 대해 논의하는 것이 적절하다. 연행이라고 말할 수 있으려면 충족되어야만 하는 조건들이 있다. 이어서 이러한 연행으로부터 얻은 자료들을 다루는 방법론이 존재한다. 첫 번째로 이야기꾼은 어떤 말이라도 내뱉을 수 있는 자유는 없다. Y. 타타 시세[16]와 디지브릴 T. 니안[17]의 저서들은 신성하고, 신비하고, 선택적인 말의 특성에 대한 (두 연구자가 함께 작업한) 그리오들의 주장을 강조했다. 구술 전통의 옹호자들 사이에서 가장 잘 알려진 표현은 '모든 것을 말하는 게 좋지는 않다'이다. 따라서 R. 피네건이 정확하게 지적한 것처럼 이야기꾼은 비록 진실한 것이라 할지라도 사전에 정의된 원형에만 기대어 말하기보다는 청중의 염원을 고려하고 이러한 염원에 관해 이야기한다.[18] 실제로 서사적이거나 구술적인 모든 연행의 존재 이유를 이루는 트립틱[19]이 존재한다. 이야기꾼, (말할) 이야기 그리고 청중이다.[20] 우선 듣기에 이러한 진술은 너무나 명백해 보이기 때문에 거기에 대해서 자세히 다루지 않겠다. 그것을 언급한 것으로 이미 충분하다.

지금 연행의 몇몇 기법에 관심을 기울인다면, 여러 기법이 있다는 것을 이해하게 된다. 갈등-해결, 서스펜스, 청중의 변덕들에 대한 예고 (anticipation), 반복 등.

이어서 위에서 예로 든 모든 기법을 분석할 것이다. 갈등-해결이라는 쌍부터 시작하자. 나는 서사시에서 주인공(선)의 상대자(악), '스파링 파트너'

---

[16] Youssouf T. CISSE et Wa KAMISSOKO, *La grande geste du Mali* (1988).
[17] D. T. NIANE, *Soundjata ou l'épopée mandingue* (1960).
[18] R. FINNEGAN, "Literacy versus non-literacy: The great divide? Some comments on the significance of 'Literature' in non-literate cultures" (p. 125).
[19] [역주] 중세 유럽에서 주로 제단화로 사용되었던 삼면으로 이루어진 회화 혹은 부조를 의미한다.
[20] D. BEN-AMOS, "Toward a definition of Folklore in context", p. 10.

의 존재에 관해 이미 언급한 바 있다. 예를 들어 엔디아디안에 대한 투덜이 하마르와 노인들, 오마르에 대한 베 로보(Bay Lobo)가 그들이다. 우리 생각에, 서사시적 텍스트에서 상대자(악)의 존재에 대한 증명을 보완하기 위해서 여기에서 중요한 것은 이야기와 관련된, 이어지는 에피소드들에 대한, 그리고 전체적 서사의 짜임과의 관계 속에서 이러한 갈등-해결의 기법을 이야기꾼이 어떻게 사용하는가를 보여주는 것이다.

먼저 니앙과 티암이라는 두 이야기꾼이 같은 방식으로 갈등-해결이라는 도식을 개입시키지 않으며, 그들이 그것을 사용한다고 하더라도 동일한 결과를 가져오지도 않는다는 사실을 명확히 말해야 한다. 예를 들어 엔디아디안 신화에서, 위에서 지적한 것처럼, 악의 상징인 하마르는 엔디아디안의 아버지를 죽인다. 여기에서 흥미로운 것은 부바카와 하마르 사이에는 맞대면 혹은 투쟁이 존재하지 않는다는 사실이다. 반대로 하마르는 부바카를 죽이기 위해서 속임수, 비열함 그리고 술수를 사용한다. 기억을 떠올려 보면 부바카는 하마르를 이슬람으로 개종시키기 위해 방문한다. 하마르는 화장실에 가기 위해 허락을 구한다. 그렇지만 화장실에 가는 대신 그는 자신이 활과 독화살을 걸어놓았던 나무 뒤에 몸을 숨긴다. 그리고 독화살 하나를 쏘아 부바카의 팔에 맞춘다. 부바카는 죽었다. 이야기가 조금 더 진행되고, 다른 에피소드에서 니앙은 하마르를 재소환한다. 그렇지만 이번에는 악의 상징은 음흉한 자로 묘사되지 않는다. 반대로 그는 특이한 결투에서 엔디아디안과 대결하고, 엔디아디안이 그를 죽인다. 만일 우리가 엄밀하게 갈등-해결이라는 도식을 사용하는 데 있어서의 이야기꾼의 기법에서 그친다면, 이야기꾼으로서는 같은 등장인물을 다른 두 상황에서 제시하는 핵심적 조건을 고려하는 것이 중요하다. 그렇지만 둘 다 위기의, 충돌의 상황이다. 그렇지만 결말은 단 하나밖에 없다. 해법은 하나의 형태만이 존재할 뿐이다. 요약하자면 우리는 갈등의 두 상황과 마주하고 있지만 단

하나의 해결책만 있다. 그리고 그것은 상대자, 적의 죽음이다.

　오마르와 페데르브 사이에서 구축된 반대의 예가 있다. 공식적인 사료에는 오마르를 패배시킨 것은 프랑스의 사령관인 페데르브이다. 그리고 오마르는 방디아가라의 절벽 아래로 사라졌다. 티암의 버전에서 오마르는 메카에서 그의 적을 만난다. 하지만 페데르브는 영혼으로 나타난다. 더 정확히 표현하자면 그는 인간의 외양을 갖고 있지만, 이 외양에 머물고 있는 것은 영혼, 분신(double)이다. 말하자면 오마르가 메카에 도착했을 때 그는 그곳에서 페데르브를 발견했다. 그리고 페데르브는 기도를 좌지우지했지만, 모스크에 들어가자마자 곧 오마르는 가짜의 가면을 벗겼다. 그리고 페데르브는 사라졌다. 글자 그대로 서아프리카를 향해, 생루이라는 도시 쪽으로 날아갔다. 실제로 티암에 의하면 오마르를 패배시킨 것은 페데르브가 아니다. 서사시에서 오마르는 패하지 않았다. 그는 절벽에서 사라졌지만, 그의 동료들은 며칠 동안 내내 절벽 앞에서 그를 기다린다. 그렇지만 그는 돌아오지 않는다. 밤바라족이 와서 절벽 근처를 불태운 것은 투클레즈족의 영웅이 사라진 다음이라고 티암은 신중하게 명시한다. 그렇지만 밤바라족이 오마르의 무덤을 더럽히고 불태웠다고 주장하는 사람들이 존재한다. 티암은 느닷없이 오마르 무덤의 위치를 알려줄 수 있는 사람은 아무도 없다는 사실을 떠올리고, 단언한다. 역사의 진실성이라는 문제가 한 번 더 제기된다. 갈등 - 해결이라는 도식을 사용하는 데 있어서 티암은 다른 방식을 석봉한다. 오마르는 더 커다란 적, 이 경우는 페데르브와 싸우지 않는다. 그렇지만 티암의 정당성을 인정해야 하는데, 다른 에피소드에서 그는 다른 방식으로 도식을 사용한다. 그리고 이러한 방식은 우리를 서스펜스라는 다른 단계로 이끈다. 이 에피소드는 오마르와 아흐마두 사이의 결투와 관련된다. 이 결투는 한 이슬람교도가 다른 이슬람교도를 죽이는, 이슬람교도 사이의 결투이다. 청자들은 충격을 받는다. 그것은 일어나서는 안 되는 일이기 때문이다. 청자는 실망한다. 충돌이 있지만, 두 이슬람교도 사이에서 결말은 둘 중 하나의 죽음으로 끝나서는 안 된다. 그들은 같은 믿음을 공유하는 까닭이다.

니앙의 청자가 이슬람교도인 엔디아디안이 당연히 아버지의 원수를 갚아야 한다고 생각한다면, 한 번 더 말하건대, 반대로 티암의 청자는 오마르와 아흐마두 사이의 이 결투를 이해하기 어렵다. 기억을 떠올려보면, 두 주인공 사이에 충돌이 확장되기 시작했을 때 양측을 화해시키기 위해서 중재자들이 개입한다. 그때 외교관들이 사용한 결정적 논거는 두 명의 이슬람교도는 전쟁을 해서는 안 된다는 것이었다. 하물며 서로의 목숨을 빼앗는 일이 있어서는 안 된다. 따라서 두 사람 사이에 충돌이 있었지만 오마르가 아흐마두를 패배시켰을 때 아흐마두는 도망친다. 그리고 오마르의 사람들이 그를 추격한다. 그를 붙잡아서 오마르의 앞으로 데려온 것은 오마르의 오른팔인 티에르노 바일라(Thierno Baïla)이다. 오마르는 재판을 열었고, 아흐마두는 그곳에서 사형 판결을 받는다. 심리는 매우 현대적이다. 적대적인 재판관들 앞에서 자신을 변호할 기회가 피고인에게 주어지기 때문이다. 유죄가 선고될 때까지 피고인은 결백하다.

물론 엔디아디안과 하마르 사이에서 사실은 그렇지 않다. 여기에서 우리가 마주하는 것은 결투이기 때문이다. 결론적으로 말하면 두 명의 이야기꾼은 갈등 - 해결의 도식을 같은 방식으로 사용하지 않는다. 전투에서 공정하게 상대자, 적(하마르)을 죽게 만듦으로써 니앙은 서사시의 모델에 더 충실하다. 반면 오마르는 이야기꾼인 B. 티암의 목소리에 의해서 아흐마두를 죽게 만드는 선택을 한다. 그렇기는 하지만 그의 동료들로 구성된 재판관들 앞에서 판결을 받은 후이다.

지금 논의해야 하는 또 다른 양상은 청자의 변덕과 기대를 예상한 이야기꾼의 예고(anticipation)에 관련된다. 이러한 예고는 모순적인데, 한편으로 청자의 구성원들은 이야기꾼이 그들의 몇몇 욕망을 먼저 예상해서 서스펜스를 만들어 내기를 기대하기 때문이다. 이야기꾼은 청자가 예고라고 간주하는 것이 실제로는 이야기의 자료체(corpus) 전체의 구성 요소를 이루는, 그가 지니는 이야기의 기법들이라는 무기고의, 그리고 일반적으로 내가 연행의 분위기라고 부르는 것의 표준임을 안다. 다른 말로 하자면 대중들은 기분 좋게 놀라기를 기대하는 것과 다름없다. 오마르가 행한 기적들을 예로 들어보자. 반대로 엔디아디안은 기적을 행하지 않는다. 그러니까 기적은 과도하게 종교적인 의미를 내포한다. 그리고 내가 이미 지적한 것처럼 엔디아디안은 오마르만큼 (이슬람과 관련해서) 종교적이지 않다. 엔디아디안이 (이슬람과 전통 신앙의 실천을 뒤섞는) 오늘날 보통 세네갈 사람들의 상징이라면 오마르는 애니미즘이라는 낡은 외형을 떨쳐낸 순수 이슬람의 대표자이며 수호자이다. 엔디아디안이 자연과 동일시될 수 있는 반면 오마르는 문화의 상징이다. 자연 대 문화이다. 엔디아디안은 자신의 위업을 완수하기 위해서 어떠한 신적이거나 예언적인 버팀목 없이 자신의 초자연적인 (따라서 선천적인) 힘에만 기댈 뿐이다. 반면 오마르는 기적을 완성하고 적을 굴복시키기 위해서 신, 코란, 선지자 무함마드 (즉 지식)에 의지한다. 두 영웅 사이의 이러한 비교는 이 장의 틀 속에서 명백해질 것이다.

예를 들어 (위에서 짧게 언급한) 오마르가 티에르노 팔렌과 대면하는 에피소드가 있다. 언쟁을 벌이는 도중에 오마르는 팔렌에게 자신의 상의 주머니를 살펴보라고 요구한다. 팔렌은 오마르의 주머니 속에서 **말레이카들**(*malaykas*, 신이 보낸 영혼들)을 발견하고는 아연실색해 땅에 쓰러졌다. 이전에 오마르는 팔렌과 그 지역의 주민들에게 지하드에서 자신을 따를 것을 요구했다. 이전에는 팔렌이 거절했지만, 오마르의 주머니 속에서 영혼들을 만나고 난 후에는 설득당하고, 오마르를 따르기로 했다. 팔렌은 오마르의 요구에 너무나 충실해서 만일 자신의 동포들이 오마르와 함께

가기를 거절한다면 팔렌 자신은 투클레르족의 우두머리가 요구하는 곳 어디에나 그를 따를 것이라고 만인에게(uri et orbi) 선언한다.

오마르가 아들이 정신적으로 건강하지 못한 이교도의 왕을 만났을 때 다른 기적이 일어난다. 왕은 오마르에게 만일 아들을 치료해 준다면 부자로 만들어 주겠다고 말한다. 오마르는 아이에게 몇 가지 질문을 하고는 이어서 뺨을 때린다. 이것을 보고 왕은 화를 내고, 오마르에게 왜 이런 폭력을 사용하는지 묻는다. 오마르는 자신은 소년의 뺨을 때린 것이 아니라 악령인 진(djinn)을 후려친 것이라고 반격한다. 악령은 눈에 보이지 않고, 아버지가 오마르가 자기 아들을 때린 것 같은 인상을 받은 것은 그 때문이다. 오마르는 악령에게 세구 (즉 이교도의 땅)로 되돌아가라고 명령하고, 소년은 치유된다. 치료를 위해 오마르는 코란을 이용한다. 이것들은 오마르의 이야기를 담은 텍스트 속 기적들과 관련된 (평범한) 몇몇 예이다. 그렇지만 청자들은 가볍게 실망했을 수도 있다. 그것은 오마르가 이러한 도전들에 곧바로 응하고, 제 몫을 할 수 있으며, 그 반대는 생각할 수도 없다는 사실이다. 따라서 그는 급하지 않다.

요약해보면 예고, 서스펜스, 기적 등 위에서 분석된 모든 주제는 미묘하게 구분된다. 엔디아디안과 오마르 사이의 이러한 구분은 초자연, 신 특히 이슬람에 대해 이 두 영웅이 취하는 태도와도 같다. 엔디아디안은 아프리카의 애니미즘적이고 이교도적인 본질에 더 가깝다. 그리고 이슬람교 전파 이전 시기에 그 기원이 있다. 반대로 오마르는 검은 아프리카 문화와 과거의 모든 중요한 부분을 거부한다. 아랍의 이슬람 순수주의자들이 하는 것처럼, 순수주의자인 오마르는 기꺼이 자할리야(Jahaliya)의 거부에 동참한다. 자할리야는 아라비아 땅에 이슬람이 도래하기 이전 시기이다. 이 시기는 어둡고, 피비린내 나고, 우상을 숭배하고, 난폭하고, 애니미즘적이고, 이교도적이다. 순수주의자들은 이 시기에 대해 전혀 자랑스럽게 생각하지 않고, 이 시기에 대한 완전한 망각을 선택하거나 이 시기는 결코 존재한 일이 없다고 주장하기까지 한다. 이어서 엔디아디안은 오마르보다 신적인 특성을 덜 구현한다. 오마르는 자신의 업적을 완수하기 위해서 신적이고 예언적인 버팀목에 기댄다. 다른 구술적이고 서사적인 전통들에서 영웅의 본질은 완전히 신적이거나 혹은 반신적이라는 점에 유의해야 한다. A. 로르가 쓴 것처럼 "아킬레우스처럼 길가메쉬는 반신이다. 2분의 1은 신이고, 4분의 1은 인간이다."[21] 두 명의 이야기꾼 니앙과 티암은 두 영웅을 충실하게 반영한다. 엔디아디안은 오마르보다 애니미즘적인 과거와 더 밀접하다.

연행의 기법들은 숫자가 많고, 다양하다. 나는 특히 다음의 것들을 강조할 것이다. 그들이 보고 듣는 것에 대한 청자 구성원들의 반응도이다. 예를 들어서 이야기꾼에 의한 현재 속 과거의 쉬어가기, 이야기꾼이 실행하는 반복, 휴지(休止), 끊기와 우회들, 텍스트를 넘어서는(extra-textuels) 방법과 요소들 등이다.

이야기꾼에 의한 현재 속 과거의 쉬어가기와 같은 그들이 보고 듣는 것에 관련된 청자 구성원들의 반응(혹은 반응도)부터 시작해보자. 나는 두 번째 이야기꾼으로 이해될 수 있는 '유령 이야기꾼(ghost storyteller)'이라는 개념을 도입할 것이다. 무슨 일인가? 서사시들에서 이야기꾼은 과거에 일어난 사건들을 구술한다. 그렇지만 동일한 이 이야기꾼이 주인공이 참여하지도 않았고, 동시대도 아니었으며, 직접 눈으로 본 증인도 아니었던 사건과 주인공을 연결하는 일이 일어난다. 그럼에도 불구하고 이야기꾼은

---

[21] A. LORD, *The Singer of Tales*, p. 197. 이런 전통은 중앙아프리카에 존재한다. 다니엘 비빅(Daniel BIEBUYCK)은 콩고의 렝가족(Lenga)과 몽고족(Mongo)에서 이야기꾼(Kyanga)은 자신의 지식이 직접적으로 신적인 기원을 갖는다고 받아들이기 때문이다. ("The Epic as a Genre in Congo Oral Literature", p. 262).

주인공을 사건에 연관시킨다. 두 번째 점은 이야기꾼이 구술하는 이야기가 자신보다 앞서는 이야기꾼과 관련되곤 한다. 그렇지만 이야기꾼은 그의 이름을 밝히지 않고서 (그의 이름을 알지 못할 수도 있다) 문제가 되는 에피소드를 구술하는 현재의 화자인 자기 자신이라는 인상을 풍긴다. 여기에서 '유령 이야기꾼'이라는 개념이 나온다.[22] 예를 들어서 브라임 티암의 '유령 이야기꾼'이 존재한다.『엘 하즈 오마르의 서사시』를 구연하면서 티암은 오마르가 아라비아에서 겪은 에피소드를 이야기한다. 오마르는 모하메드 마그리브(Mohamed Maghrib)라는 사람으로부터 곤충의 성별에 대해서 질문을 받는다. 오마르는 코란에 근거해서 올바른 답을 한다. 흥미롭게도 몇 행이 지나서 티암은 이 대화가 이루어졌을 때 아직 오마르는 태어나지 않았다고 (그의 아버지 역시 태어나지 않았다고) 말한다. 그러므로 모순이다. 계속해서 분명히 밝혀보자. 오마르는 마그리브에게 말한다. 그리고 갑자기 청중은 이 대화가 이루어졌을 때 오마르가 태어나지 않았다는 사실을 알게 된다. 말이 난 김에 비록 청중 구성원들이 이러한 불일치를 알아차림에도 불구하고 즉시 그 점을 지적하지 않는다는 사실을 덧붙여야 한다. 실제로 이야기꾼이 진짜로 말하고 싶어 하는 것은 곤충의 성별에 대한 이 이야기가 아주 잘 알려져 있고, 전통과 관습의 일부를 이루었다는 사실이다. 실제로 오마르는 분명히 마그리브에게 말하지만, 오마르가 태어나기 전에 일어난 이야기에 대한 것이다. 거기에서 현재 속 과거의 쉬어가기라는 개념이 나온다.

계속 '유령 - 이야기꾼'이라는 개념과 관련해 이야기해 보자면『오디세우스』와 앵글로색슨의 시『베어울프, Beowulf』에서 두 가지의 예를 볼

---

[22] 유령 - 이야기꾼이라는 개념은 다른 사람을 위해서 글을 쓰지만 진짜 작가는 익명에 머무른 채 명망과 영예를 획득하는 것은 다른 사람이 되는 '대필 - 작가 (nègre-écrivain)'라는 개념과 거의 유사하다.

수 있다. 이 사가(saga)의 전문가인 R. 크리드[23]는 다음과 같은 관점을 제시한다. 앵글로색슨 시의 이야기꾼은 (『베어울프』의) 덴마크 화자와의 관계를 밝히지만, 첫 번째 이야기꾼은 두 번째 이야기꾼의 이름을 말하지는 않는다. 같은 맥락에서 크리드는 데모도코스(Démodocus)[24]를 통해서 『오디세우스』를 구술하는 호메로스의 예를 든다. 유일한 난점은 덴마크의 가수가 베어울프와 동시대인이지만 현재 이야기를 구술하는 가수는 그렇지 않다는 사실이다. 동일한 방식으로 데모도코스는 오디세우스와 동시대인이지만 호메로스는 그렇지 않다. 『베어울프』의 화자는 한 이야기꾼이 『베어울프』를 구술하는 것을 자신이 들었다고 암시하는 것 같은 느낌을 준다는 사실을 강조하면서 크리드는 결론 내린다. 이렇게 해서 『베어울프』의 화자는 덴마크의 시인까지 거슬러 올라간다. 데모도코스까지 거슬러 올라가는 호메로스도 비슷하다. 사실 우리의 '유령 이야기꾼'은 현재 구술하는 이야기꾼(호메로스)으로부터 본래의 첫 번째 이야기꾼(데모도코스)까지 이르는 계보 속에 위치한다. 티암으로 되돌아가보면, 그의 '유령 이야기꾼'은 이름이 말해지지 않지만, 그(현재)와 오마르의 동시대인 (모하메드 마그리브) 사이에 위치한다. 다시 한번 말하건대 물론 이 이야기는 오마르와 모하메드 마그리브가 태어나기 전에 일어난 일임에도 불구하고 오마르는 곤충들의 성별에 관해 이야기한다.

반복과 관련해서 말하자면, 정확한 문맥 속에서 고려해야 하는 가장 기본적인 사실은 이야기꾼은 문자로 기록된 매체가 없고, 수백 수천 행을 기억하지 않으면 안 되기 때문에 그가 이야기를 구성하는 다양한 에피소

---

[23] R. CREED, "The singer looks at his sources", p. 52.
[24] [역주] 데모도코스는 『오디세우스』의 등장인물 중 하나이다. 그는 알키노오스 왕의 궁전에서 오디세우스를 청중의 한 명으로 두고 트로이전쟁에 관한 시를 음송해 오디세우스를 눈물짓게 만든 눈먼 음유시인이다.

드들을 연결할 수 있도록 반복이라는 도구를 사용하는 것은 아주 당연하다는 것이다. 반복의 효과는 무엇인가? 먼저 청각 기능은 시각 기능과는 다르다는 사실을 지적해야만 한다. 이야기꾼이 구술 도중 반복하는 것을 들으면서 그것을 알아차리기는 아주 쉽다는 의미에서 그렇다. 귀는 이 반복들을 어렵지 않게 참아낸다. 역은, 즉 같은 것들이 반복되는 텍스트를 읽는 것은 더 어렵다. 그런 점에서 문자와 구술은 다시 한번 대립한다. 다른 말로 표현하자면, 귀가 허용하는 것을 눈은 참지 못한다. 이야기꾼은 반복이 청자를 거북하게 만들지 않는다는 사실을 안다. 그렇지 않으면 반복하지 않을 것이다. 요약해서 말하면 구술 연행에서 규칙적이고 꾸준한 반복은 형편에 맞추어 다듬어진다. 나는 『엘 하즈 오마르의 서사시』에서 두 가지 예를 들 것이다. 첫 번째 예는 다음과 같다.

> "오마르가 달아난다
> 그는 도망친다
> 그가 달아날 때
> 그는 **메카에** 갔다
> 그곳에서
> 그는 자신을 강하게 만들어 달라고 신에게 기도했다
> 너는 **메카에서**
> 네가 신에게 요구하는 모든 것
> 신은 네 기도를 들어준다
> 그는 **메카에** 갔다
> 그가 **메카에** 도착했을 때
> 그는 그곳에서 페데르브를 만났다"

이 짧은 구절에 '메카에'라는 표현이 4번 반복된다. 그렇지만 반복되는 각각을 치밀하게 분석해보면 각각이 서로 다른 역할을 한다는 사실을 이해하게 된다. 첫 부분에서 그가 메카에 간 것은 그가 도망쳤기 때문이다. 반면 나중에 그곳에 간 이유는 강하게 만들어달라고 신에게 기도하기 위해서이다. 마침내 그는 메카에서 자신의 적인 페데르브를 만난다. 나는 더 위에서 반복이 거추장스러울 수도 있다고 주장했다. 그렇지만 위에서 볼 수 있는 것처럼 각각의 반복이 아주 명확한 역할을 하고, 우연히 내뱉은 것이 아닐 때 우리는 이제 반복의 중요한 기능을 이해할 수 있다. 마지막 분석에서 반복은 기억을 위해 표지등을 사용하는 방식과도 유사하다.

이야기꾼에 의해 행해지는 휴지(休止), 끊기와 우회에 관해 말하자면, 이런 요소들은 반복이 그런 것과 동일한 방식으로 구술 연행의 구성 요소를 이루는 부분이다. 그럼에도 불구하고 오마르 텍스트의 이야기꾼인 티암에게는 눈길을 끄는 어떤 것이 존재한다. 휴지(休止)들에도 불구하고 그는 언제나 그가 중단한 바로 그곳에서 다시 시작한다. 독자들은 이러한 휴지(休止)들이 티암의 보석 공방으로 그를 만나러 온 지나가는 사람들 혹은 손님들이 원인이 된 방해들로 인한 것이라는 사실에 주목해야 한다. 문이 달려 있지 않은 티암의 공방은 시장에서 멀지 않은 길을 향해 열려있다. 그러므로 지나가는 남자들과 여자들이 그를 보고, 인사한다. 티암은 인사에 답하기 위해서 구술을 중단하지 않으면 안 된다. 그러므로 휴지(休止)와 우회가 구술 연행에서 같은 역할을 하지 않는다는 사실을 강조해야 한다. 게다가 엄청난 기억력과 특히 주의력에 대해 티암에게 경의를 표해야 한다. 대화 도중에 연행이 중단되었을 때 뒤죽박죽이 되기는 아주 쉽기 때문이다. 하물며 수백 수천 행으로 이루어진 이야기를 구술할 때는 더 그렇다.

한편으로 휴지(休止), 다른 한편으로 끊기와 우회 사이의 구별은 다음과 같다. 계속 티암의 경우를 예로 들어 설명해보자. 위에서 설명한 것처럼 휴지(休止)는 외적인 요소들에 의해서 발생한다. 이 경우는 연행과 관계없는, 청자에 속하지 않는 다른 사람들이다. 그러므로 다소 이질적인 요소이다. 우회에 관해서 설명하자면, 그것은 오히려 내인성(內因性)이라는 본질을 지닌다. 이야기꾼의 기억력과 관련되기 때문이다. 옥수수와 관련된 에피소드의 예를 들 수 있다. 텍스트의 아주 초반, 어린 나이임에도 그가 가진 엄청난 지식 덕분에 코란 학교에서 해방된 후 오마르는 옥수수를 심을 것을 동포들에게 요구한다. 옥수수가 여물었을 때 그는 일부만 먹고 다른 일부는 남겨둘 것을 그들에게 요구한다. 갑자기, 예고하지 않은 채, 티암은 다른 에피소드로 넘어간다. 이 에피소드에서 아이들인 오마르와 그의 동생인 알파 아마두(Alfa Amadou)는 전 세계 모든 아이들이 그렇듯이 숨바꼭질을 하면서 논다. 게다가 동생이 쫓아오자 오마르가 다리를 건너지만 동생이 다리를 건너려고 할 때 다리가 다시 물속에 잠기는 것은 (내가 위에서 기적에 관해 이야기한) 이 에피소드에서이다. 결론적으로 말하면 옥수수에 관해 이야기를 한 후 티암은 완전히 다른 어떤 것으로 넘어간다. 그렇지만 10행쯤 지나 그는 옥수수라는 상징으로 되돌아온다. 우리는 단지 끊기, 우회와 마주하고 있는 것뿐만이 아니다. 그에 더해서 반복이 존재한다. 134행은 "옥수수가 여물었을 때"와 같이 쓰여있기 때문이다. 이어서 155행은 "옥수수가 여물자"이다. 하지만 또다시 두 번의 반복이 일어난다. 티암은 오마르와 동생 사이의 놀이에 관련된 에피소드를 구술한다. 그러므로 이 에피소드는 옥수수에 관한 에피소드와는 아무런 관련이 없다.

   지금 제기해야 하는 문제들은 다음과 같다. 왜 이야기꾼은 옥수수에 관련된 두 에피소드를 연속되도록, 연대순의 방식으로 연결하지 않았는가? 왜 옥수수에 관련된 유사한 두 에피소드 사이에 오마르와 동생 간의 숨바꼭질이라는 우회가 끼어 들어갔는가? 망각에 의한 것인가? 이야기꾼의 기억이 부분적으로 상실되었기 때문인가? 이것은 단순히 연행의 한 부분이 되며, 실제로 이야기꾼의 추론적이고, 미학적이고, 문체적인 무기고의 한 부분을 이루는 기법의 하나인가? 이 모든 질문에 만족스러운 대답을 제시할 수 없다면, 우리는 적어도 그것이 망각에서 기인할 수 있다는 사실을 강조함으로써 대답의 밑그림을 그려볼 수 있다. 그렇지만 나는 우회가 이야기꾼이 사용하는 화법의 한 부분을 이룬다는 가정으로 마음이 더 기울어져 있다. 티암의 이야기를 듣고 있는 사람들이 있다는 사실을 잊지 말아야 하기 때문이다. 만일 어떤 이야기꾼의 구술 속 에피소드들이 완전히 순차적으로 배열되어있다면 청자의 구성원들이 그를 높이 평가하지 않고, 티암은 진정한 말의 지배자가 아니라고 서로 수군거릴 것이 분명하다. 반대로 이렇게 하면서, 즉 A라는 에피소드를 이야기하면서, 이어서 B 에피소드로 넘어갔다가, 나중에 A 에피소드로 되돌아오면서 티암은 자신이 훌륭한 이야기꾼이라는 사실을 증명한다. 특히 그는 자신의 청중을 실망시키지 않는다. 실제로 그가 B 에피소드로 넘어갔다가 다시 A 에피소드로 되돌아가지 않았다고 가정해 본다면 어떨까? 이 경우 청중 구성원들의 판단은 가혹할 것이며, 어떤 경솔한 사람이 무모하게도 그에게 옥수수 에피소드의 계속을 질문하는 것조차 가능한 일이다. 이런 일은 거의 일어나지 않는다. 이야기꾼의 말을 중단시키는 것은 생각할 수 없는 일이기 때문이다. (반대되는 증거가 나올 때까지) 사람들은 그를 신뢰하고, 그는 그가 하는 것을 안다. 더 정확히 말하자면, 그는 그가 말하는 것을 안다는 생각에 근거해서 청중들은 그를 판단한다. 그럼에도 불구하고 세상이 모든 직업에서 그렇듯이 아주 훌륭한 이야기꾼과 덜 훌륭한 이야기꾼이 존재한다는 사실을 인정해야 한다.

이 부분의 결론으로 우리는 텍스트 외적인 요소들과 상호텍스트성(intertextualité)에 이르렀다. 이전의 설명에서 줄곧 나는 이 연구가 초점을 맞추고 있는 두 텍스트에서 이슬람이 필수 불가결한 요소라고 강조한 바 있다. 결론적으로 신화와 서사시에서 코란의 묵직한 존재감에 놀라서는 안 된다. 더욱이 특히 엔디아디안 신화에는 구약이 있다. 다른 **텍스트** (엔디아디안 신화) 속 한 **텍스트**(구약)의 존재는 서사시의 세계에서는 흔하다. M. 디안에 의하면 "상이한 구술 장르들 사이의 텍스트들 혹은 단편적 텍스트들의 순환은 구술성의 중요한 소재가 된다."[25] 그렇지만 언제나 구약 혹은 코란 같은 문자적 기원을 갖는 것은 아닌, 전통 그 자체에서 기인하는 '텍스트의 여행하는 요소들' (그러므로 필연적으로 구술적인 요소들)의 우발성에 자리를 내주어야 한다. 예를 들어 엔디아디안의 이야기 속 엔디아디안의 침묵과 관련된 에피소드에서 엔디아디안이 붙잡혔을 때 니앙은 누가 신화의 영웅을 침묵에서 벗어나도록 했는지 알기 위해서 두 가지 가능성을 제시한다. 니앙은 엔디아이안을 침묵에서 벗어나도록 한 것이 마라무 가야(Maramou Gaya)라는 이름을 가진 사람이라고 말한 사람이 자신의 아버지라고 주장한다. 반면 앙슘부 티암(Anchoumbou Thiam)이라는 이름의 다른 그리오는 다른 주장을 한다. 그는 엔디아디안이 말을 하도록 만든 사람은 바타 부아이(Bata Boye)라는 이름을 가졌다고 주장한다. 그러므로 같은 신화의 다른 버전들에서 다른 변이형이 존재할 가능성에 대해 꼼꼼하게 고찰해야 한다. 니앙은 마라무를 선택한다. 마지막으로 텍스트의 여행하는 요소는 문자 그대로 '여행하'거나 같은 신화의 다른 버전을 향해 이동한다. 그렇지만 그때 그것을 구술하는 것은 다른 이야기꾼이다.

---

25 M. DIAGNE, 위의 글, p. 344. 작가는 이러한 상황을 "텍스트의 여행하는 요소들(les éléments textuels voyageurs)"이라고 이름 붙인 P. 줌토르(Zumthor)에 호소한다.

4. 구술 연행과 문자 텍스트에 대한 비판과 분석

더 잘 느끼기 위해서 분석한다.

장 프랑수아 르벨
-『빈 집 안의 도둑』

르벨의 이 인용문은 – 그는 모리스 바레스(Maurice Barrès)의 교훈을 되풀이하는데 – 이 장의 서론처럼 제시된다. 그 점에 관해서 이미 강조한 것처럼 구술된 것에 대한 비 신뢰, 그것을 직관이라는 세계의 범주 속에 포함하려는 경향이 존재한다. 반면 기술된 것은 지식과 이성이라는 영역에 속한다. 르벨의 말을 설명해야 한다. 구술성의 현실에 부합하려는 목적에서 '더 잘 느끼기 위해서 분석'하는가? 구분의 매개변수들에 지나치게 근거하지 않은 너무나 단순하고, 단순화하는 구술과 기술 사이의 이러한 이분법은 문제의 복잡성을 정당하게 평가하지 않는 것이다. 제사로 인용된 르벨의 지적에 대해 계속 언급해 보면, 르벨은 "앎과 직관은 서로 적대적이기는커녕 보완적이고, 지식은 감정을 깊어지게 한다."[1]고 단언한다. 이러한 지적은 레오

---

[1] J. F. REVEL, *Le voleur dans la maison vide*, p. 278.

폴드 셍고르(Léopold Senghor)의 유명한 인용문을 떠오르도록 한다. – 이성은 그리스인의 것이고, 감정은 흑인의 것이다. 비평가들과 비판자들은 셍고르의 인용문에 대해서 역시 단계를 뛰어넘는다. 그리고 이러한 사실로부터 상대적인 것은 경시한 채 절대적인 것(양극단)을 지나치게 강조함으로써 세네갈 시인의 사유를 완전히 왜곡했다. 셍고르의 단언을 더 잘 이해하기 위해서는 베르그송의 『시간과 자유, *Essai sur les données immédiates de la conscience*』를 읽어야 한다. 더 적절하게 여기서는 특히 번역과 치환(transposition)을 매개로 채록된/기술된 텍스트 속 구술 연행의 연장에 대해 고찰하는 것이 문제이다. 다음 장(5장)에서 나는 특히 프랑스어로 표현된 아프리카 소설에 주목해서 에크리튀르 속 구술성의 연장에 대해 자세하게 분석할 것이다. 그리고 이 사실로부터 서구식 학교에서 교육받은 아프리카의 다양한 현대 작가들이 프랑스어로 표현된 현대적 이야기 속에 구술성이라는 요소를 재창조하고 옮겨놓기 위해서 매개로 사용하는 방식을 강조할 것이다.

지금으로서는, 이 장에서, 분석은 다음과 같은 점에 근거해 이루어질 것이다. 번역 (문자화, 중재 기능 등), 엔디아디안 신화에서 음악의 역할. 이어서 나는 종교적 사실(fait religieux)[2]을 분석할 것이다. 하지만 종교적 사실은 이데올로기적인 관점에서, 지식과 정치권력과의 관계 속에서 파악될 것이다. 나는 이미 신화와 서사시 속 이슬람의 존재에 관해 개괄적으로 설명한 바 있으므로 거기로 되돌아가는 것은 필요하지 않다. 마지막으로 나는 구술성 - 에크리튀르, 전통성 - 현대성 간의 공유영역을 다룰 것이다. 또한 이러한 구분들에서 기인하는 모든 문제, 특히 테크놀로지의 존재와

---

2   [역주] '종교적 사실'은 역사적 사실(fait historique), 사회적 사실(fait social) 등과 같은 차원에서 종교현상을 파악하기 위해 사용되는 표현이다.

습득이라는 문제 역시 우리의 관심사이다. 게다가 서로 복잡하게 뒤얽혀 있지만, 또한 자신의 고유한 자율성을 지니는 구술, 문자, 뉴메릭 그리고 디지털 등 몇몇 영역의 동시적 존재와 관련된 세네갈의 사회적, 경제적, 문화적 맥락에 대해 강조해야 할 것이다. (유럽과 같은) 다른 사회에서는 실제로 시간적, 공간적으로 구술에서 문자로 계승되었다. 그런데 일반적으로 아프리카에서 특히 세네갈에서 이러한 표현 양식은 공존하고, 동시에 생겨난 것 같은 인상을 준다. 구술과 문자는 다소간 동시에 나타났다. (게다가 어디에서나 그렇듯이 구술은 문자에 앞선다.) 물론 사람들이 구술성과 이 표현 방식에서 초래된 모든 결과를 조금 과하게 강조함에도 불구하고 실제로 현대 사회에서 절대적 구술성은 존재하지 않는다는 것을 강조하는 것이 중요하다.

그렇지만 구술 전통의 연구자들과 전문가들이 의견의 일치를 보아야 하는 중요한 요소가 존재한다. 우리가 구술에서 문자로 넘어가는 순간 필연적으로 텍스트가 확립된다. 그리고 **텍스트**라는 말은 **해석**을 의미한다. 그것은 순전히 구술적인 상황의 경우 해석이 존재하지 않는다는 것을 의미하는가? 전혀 그렇지 않다. 그렇지만 구술인가 문자인가에 따라 표현과 전달의 매체는 달라진다. 문자의 경우 우리는 원하는 만큼 여러 번 텍스트(인쇄물, 그리고 오늘날에는 거기에 전자 버전을 덧붙여야 한다)로 되돌아가고, 참조하는 것을 용이하게 하는 부동성을 지닌다. 구술적인 생산물의 경우는 분명 그렇지 않다. 한번 입 밖으로 내뱉은 말로 되돌아갈 수는 없다. 망각이 불가피하기 때문이다. R. 호턴은 이렇게 말한다.

> 종이 위에 쓰인 것은 자연스럽게 변하지 않는다. 그러므로 누군가 5년 후에 그것을 다시 찾아보면 그것은 완전히 다른 것을 말한다. 그렇지만 정확히 말해서 그것은 인간의 기억 속에서 문자로 기록된 것에서 일어나는 일이다.[3]

이 책의 틀 속에서 해석에 대한 이런 생각은 매 순간 고려해야 하는 기본적인 개념이다. 문자로 기록된 텍스트의 해석뿐만 아니라 구술적인 생산물의 해석 역시 마찬가지이다. 앞으로 구술적인 생산물은 문자로 기록되어 기록 보관소에 보존될 것이다. 이러한 상황은 방법론적인 차원에서 다시 한번 새로운 도전에 직면하게 한다.

1. 번역

구술 전통들의 이질적이고 다양한 특성에 관심을 가진다면 번역이 제기하는 문제를 강조하는 것이 중요하다. 대부분의 아프리카 언어가 (지금으로서는) 문학 작품들의 전파와 더 폭넓은 접근이 가능하도록 규범화되지 않은 것이 사실이라면, 그럼에도 불구하고 구술 전통들에 관해 행해진 연구들의 틀 속에서, 아프리카 언어로 된 구술 연행들의 유럽어로의 번역이 많은 문제를 제기한다는 것은 여전히 사실이다. 나는 뒷부분에서 번역으로 인해 두드러지는 이러한 문제들을 재론할 것이다. 그 전에 문자화의 문제에 대해 논의해야 한다. 월로프어에 관해서 이야기해보면, 월로프어의 문법을 확립하고 통일하기 위해서 지난 500년 동안 (그리고 그 이상) 큰 노력을 기울여왔다.[4] 나는 월로프어의 문자화에 대해 길게 설명하지는

---

3 R. HORTON, "African Traditional Thought and Western Science", p. 73. M. 뷔카이유(Bucaille)는 코란과 하디스(hadiths)의 예를 들 때 호턴과 정반대의 관점을 취한다. 뷔카이유에 따르면 선지자 무함마드의 하디스의 전달 과정에 물론 에크리튀르가 사용되었지만, (전부가 아니라면) 그의 많은 하디스가 일차적으로 구술 전통에서 나온다. (M. BUCAILLE, *The Bible, The Qur'an and Science*, p. 242).
4 특히 다음의 저작들을 볼 것. D. BOILAT, *Grammaire de la langue woloffe*, 1853; S. SAUVAGEOT et G. MANESSY, *Wolof et Sérer; études de phonétique et de grammaire descriptive*, Dakar: Section de Langues et Littératures,

않겠다. 번역과 관련해서는 아마도 문자로 쓰인 번역과 구술로 된 번역을 구분해야 할 것이다. 이 연구의 틀 안에서는 특히 문자로 쓰인 번역이 문제가 된다. 일단 구술 자료가 모이면 연구자는 다음 단계, 특히 번역과 문자화로 넘어가야 하기 때문이다.

완벽에 다가가기 위해서 번역가가 최선을 다한다고 하더라도 모든 번역이 완벽하지는 않고, 완벽할 수도 없다고 말하는 것은 진부하다. 번역은 근사치일 수밖에 없다. 마음을 달래기 위해서 '**번역자는 반역자**(*tradittore, traditore*)'라는 유명한 문구에 도움을 구할 수 있다. 이 이탈리아 경구의 정신에 충실하기 위해 문제는 실제로, 번역의 기법에서, 번역의 대상이 되는 작가의 사고에 계속 충실할 수 있는가, 분명히 말하면 그의 사고를 배반하지 않을 수 있는가이다. 지나친 일반화에 빠지지 않기 위해서 특히 내가 『엔디아디안 엔자이 신화』와 『엘 하즈 오마르 서사시』를 월로프어로부터 영어와 프랑스어로 번역한 작업들로 만족할 것이다. O. 이아이[5]는 번역의 과정에서 중요한 네 단계를 구분한다.

1. 번역가는 출발어의 문화에 융화되어 있어야 한다.
   (**우리 경우에 출발어는 월로프어이다.**)
2. 이어서 도착어 안에서 대응하는 적당한 표현들을 발견해야 한다. 우리 경우에는 두 개의 도착어가 있다.
   (**위에서 언급된 두 텍스트가 월로프어로부터 영어와 프랑스어라는 두 언어로 번역되었다.**)
3. 글로 쓰인 텍스트를 단지 시각적 보조 도구로만 사용하는 폭넓은

Université de Dakar, 1963; P. DIAGNE, *Grammaire de wolof moderne*, Paris, Présence Africaine, 1971.

5   O. YAI, "Issues in Oral Poetry: Criticism, Teaching and Translation", pp. 68-69.

경험 및 구술 전통과의 친숙함이 필요하다.
4. 연행에서 매개자가 있어서는 안 된다.
(다른 말로 표현하면, 한편으로 이야기꾼/그리오와 다른 한편으로 연구자/채록자 사이에 중계자가 존재해서는 안 된다.)

우리는 우리 연구의 틀 안에서 위에서 단호하게 표현된 이러한 조건들을 충족하였는가? 첫 번째의 논점에 관해서 우리는 월로프어와 문화에 융화되어 있다고 생각한다. 그렇지만 어떤 문화 속에서 태어나고, 따라서 그 언어를 말한다고 해서 어떤 사람이 자동적으로 그 언어에 정통하다고 간주할 수는 없다는 사실에 대해서 독자들은 주의해야 할 것이다. 나는 현지에서 행해진, 그리고 문헌을 통한 학습과 연구, 이에 더해서 주어진 언어 혹은 문화 속에서 이루어진 한 연구자의 출판물들이 자신의 자격과 능력을 확고히 하는데 기여한다고 생각한다. 그렇다고 해서 논의를 개인적인 것으로 국한하는 것은 아닌데, 나는 연구자-지원자들이 위에서 정의된 네 가지 조건을 충족한다면 쉽게 확인할 수 있을 것으로 생각한다. 여전히 첫 번째 사항, 출발어와 문화에 융화되어 있는 것은 대단히 중요하다. 두 번째 조건에 대해서, 출발어와 도착어 사이에서 상응하는 표현들을 발견할 수 있는 것은, 사실 그 자체에 의해서(*ipso facto*), 두 언어에, 말하자면 예를 들어 월로프어와 프랑스어에 탁월한 전문가적 능력을 지니고 있다고 생각하도록 한다. 내 생각으로 세 번째 사항은 충족하기 가장 어려운 조건이다. 구술 전통과의 친숙함은 모든 사람에게 주어지는 것은 아니다. 도시적 환경, 특히 다카르와 같은 대도시에서 자랐을 때는 더욱 그렇다.

그리오들과 함께 작업하고, 다른 구술 전통의 담지자들과 하듯이 그들과 대화하고, 그들의 말을 녹취하고, 몇몇 정보들을 검증하거나 확인하기 위해서 그들에게로 되돌아간다는 사실은 구술 전통과 친숙해지기 위해 내딛는 커다란 발걸음이 될 수 있다. 연구자의 가족적이고 사회적인 상황, 즉 그가 태어나고, 성장하고, 살아온 배경을 고려해야 한다. 우리 경우에는, 우리는 아주 어려서부터 정기적으로 우리 집을 방문하곤 했던 발로와 생루이의 그리오들에게 노출되었다. (특히 아버지는 발로의 지주 귀족 출신이다.) 그들은 발로, 졸로프와 일반적인 세네갈 북부지역의 서사시들, 연대기들 혹은 기원 신화들을 구술하곤 했다. 그렇지만 내가 이 그리오들의 구술을 듣고, 그들을 보면서 구술 전통이 내가 가장 관심을 두게 될 연구 분야가 되리라고는 생각하지 못했다. 구술 전통을 대학에서 전공하리라고는 더욱 생각하지 못했다. 당연히 강조되어야 할 문화적 맥락 속에는 다른 요소도 존재한다. 그것은 라디오이다. 1960년대와 1970년대 초에는 아직 텔레비전이 없었고, 가족들 간의 대화에서 라디오가 커다란 역할을 했다. 그 시절 세네갈 공영 라디오에는 구술 전통 및 세네갈 고대 왕국들의 역사와 관련된 연대기를 주제로 하는 방송들이 있었다. 나는 그 방송들을 경건하게 들었음을 고백해야 한다. 월로프어로 'Démb ak téy(어제와 오늘)'라는 제목의 방송이 특히 그랬다. 많은 세네갈 사람들이 내가 위에서 언급한 이 문화적, 사회적, 언어적 주형(鑄型)에 노출되어 있었던 것은 두말할 필요조차 없다. 이아이가 말한 세 번째 조건에는 아주 중요한 전제조건이 있다. 글로 쓰인 텍스트의 사용이 그것이다. 여기에서 에크리튀르가 차석으로 밀려난 것은 쉽게 알아차릴 수 있을 것이다. 에크리튀르에 전제되어온 우위를 고려한다면 그것은 드문 일이다. 게다가 작가인 이아이는 문자로 쓰인 텍스트는 단지 필요한 경우에만 사용되어야 한다는 사실을 강조한다. 그는 구술 전통이라는 이러한 분명한 상황 속에서 사람들은 크게 아쉽지 않게 에크리튀르 없이 지낼 수 있다는 것을 의미한다고 덧붙인다.

우리는 마지막 조건, 즉 한편으로 채록자, 다른 한편으로 자료제공자 사이에 중간 매개자가 있어서는 안 된다는 조건에 도달했다. 이아이는 공동 작업이 허용되는지는 분명히 밝히지 않는다. 구술 전통에 관한 연구에서 공동 작업은 일반적이다. 그렇지만 연구자가 이야기꾼의 정보를 직접 채록해야 한다는 표현을 통해서 작가는 제삼자에 의한 간접적인 정보는 중요하지 않다는 사실을 의미하고자 했다는 것이 내 생각이다.

전통에는 여러 면이 있다는 사실을 기억해야 한다. 그것과 관련해서, 나는 특히 번역에서 직역을 강조한 바 있다. 소홀히 해서는 안 되는 다른 면은 새로운 번역을 통해 이전 텍스트에 담긴 사유를, 심지어는 그것을 전복, 번역하는 것이다. 그 점에 대해서 G. 브룬스는 17세기 영국 시인인 드라이든(Dryden)이 초서(Chaucer)의 시에 관해 언급한 예를 든다. 초서는 14세기의 시인이다. 브룬스에 의하면

> 『고대와 현대의 우화집, *Fables, Ancient and Modern*』의 서문에서 드라이든은 번역을 "수혈(transfusion)"로 묘사한다. 이 단어를 통해 그는 이전 텍스트에 새로운 숨결을 불어넣거나 혹은 시대에 뒤떨어지거나 낡아빠진 서술에 새로운 효과를 부여하는 것을 의미한다. 그렇지만 그것은 원래의 작가가 새로운 작가에게서 환생했음을 의미하기도 한다.[6]

브룬스의 이 구절은 월로프족과 아프리카의 구술적인 환경에 대한 우리 논지의 전개와 직접적인 연관을 지니는 몇 가지 지적을 요구한다. 신화와 서사시는 오래전부터 존재해온 텍스트로 여겨질 수 있다. 오래전부터 있었던 것은 텍스트 속에 포함된 이야기이다. 그렇지만 브룬스의 다음과 같은 지적은 여전히 우리의 시선을 끈다. 세네갈의 구술 전통에 관심을 가지는 모든 연구자는 신화와 서사시에는 많은 예스러운 단어와 표현이 있다는 것을 알 것이다. 실제로 모든 언어에서 예외 없이 그렇다. 그렇지만

---

[6] G. BRUNS, "The Originality of Texts in a Manuscript Culture", p. 118.

이야기꾼/그리오는 현재를 살아가며, 지금 여기에서 이야기를 구술한다. 어쨌든 고어(古語)라는 인상을 주는 것은 서사시의 호전적, 귀족적, 역사적 특징 (회고(懷古)주의라고 말하지는 않겠지만 과거로 향한다고는 할 수 있다)이다. 이어서 그리오의 레퍼토리 안에는 이제 일상어에서는 사용되지 않는 여러 표현과 단어가 있다. 이것은 고어(古語)라는 인상을 견고하게 하는 것이다. 이러한 상황을 마주하고 어떻게 해야 하는가? 드라이든이 제안하는 것처럼 예전 텍스트에 계속 충실하면서도 작금의 현실을 더 잘 반영하는 표현들을 발견해야 할 것인가? 모든 번역가의 도전이 모이는 지점이기도 하다. 혹은, 드라이든의 표현에 충실하기 위해서 '주입하는 사람(infuseur)'이라는 신조어 사용을 용서하시길, 말하자면 그렇다고 해서 이전 텍스트를 읽는 것을 지겹게 만들지 않은 채 현대인들이 이해할 수 있는 언어를 사용해야 한다.

드라이든의 마지막 지적 역시 중요하고, 니앙과 티암이라는 이야기꾼의 현실을 반영한다. 실제로 두 사람은 혹은 아버지 혹은 조상들에게 경의를 표한다. 그렇지 않으면 티암의 경우에는 자신을 훈련하고 가르침을 준 여러 스승에게 경의를 표한다. 즉 두 이야기꾼은 원래의 작가와 융합되려 하거나, 드라이든이 강조하는 것처럼, 원래의 작가를 재 구현하려 한다. 드라이든은 17세기 사람이고 초서가 살았던 것은 중세라는 점을 잊지 말아야 한다. 즉 두 시대 사이에서 일어나는 변화, 전복 혹은 새로움(예를 들어 르네상스의 도래)과 같은 그것이 내포하는 모든 것과 함께 포스트 중세에서 그런 것처럼 드라이든은 포스트(post)의 모든 이점을 지닌다.

여기에 브룬스의 다른 예가 있다. 그것은 고대 - 현대라는 쌍과 관련해 우리에게 빛을 밝혀준다.

예를 들어 마리(Marie)의 8음절 단시(短詩, Laïs)의 서문에서 프리스키아누스(Priscianus Caesariensis, 기원후 500년)가 증언하는 것처럼 "고대인들은 집필하는 책에서 자기 생각을 모호하게 표현하는 습관이 있었다. 그 결과 나중에 태어나서 이 책들을 연구하는 사람들은 텍스트를 설명하고, 해석하며, 거기에 자신들의 생각을 덧붙일 수 있다."[7]

브룬스는 문자로 쓰인 텍스트에 관해서 이야기한다. 유럽의 중세에서 르네상스에 이르는 시기 동안에는, 예를 들어서 위에서 인용한 대목에서 브룬스가 언급한 작품들에서, 유럽의 지적이고 사회적인 정세 속에서 에크리튀르 – 특히 필사본 – 는 단계적이고 점진적으로 강요되었다. 당시 보편적인 알파벳 표기법은 물론 존재하지 않았다. 모든 사람이 읽고, 쓰는 법을 알지는 못했다. 그렇지만 적어도 중세 초기에는 트루베르(trouvère), 종글뢰르와 트루바두르가 있었고, 전국을 두루 돌아다녔고, 한 성에서 다른 성으로 옮겨가며 영주들 앞에서 시를 읊었다. 따라서 구술성은 에크리튀르 그리고 필사본의 문화와 공존했다.

만일 우리가 중세 프랑스로 만족한다면, 라틴어는 프랑스어보다 우월했다. 16세기부터 몽테뉴(Montaigne), 라 보에티(La Boétie) 같은 작가들이 이 언어를 존중할만한 수준으로 높이고, 이 언어에 영속성과 특별한 원칙을 각인해놓을 때까지 현대 프랑스어가 될 이 언어(즉 고대 프랑스어)는 속어에 지나지 않았다. 게다가 라틴어의 점진적인 쇠퇴가 이러한 작가들의 역할에 보탬이 되었다. 실제로 내가 설명하고 있는 이러한 상황은 월로프어 같은 언어가 프랑스어와 공존하는 아프리카 및 세네갈의 상황과 여러 측면에서 유사하다. 중세 프랑스에서 라틴어가 필경사, 성직자와 지식인, 교육받은 사람들, 학문과 종교의 언어였다면 프랑스어는 민중, 대중, 가난한

---

[7] G. BRUNS, 위의 글, p. 120.

사람들, 하층민들, 제3계급 사람들의 언어, 즉 구술성의 언어였다. 결론을 위해 브룬스를 인용해 보자.

> 라틴어를 향해 가지 않는 이야기는 소멸하는 이야기이다. 어떤 제도적 실재성도 획득할 수 없기 때문이다. 어쨌든 페트라르카(Pétrarque)의 번역은 지방어(langue vernaculaire)에 라틴어로 쓰인 텍스트라는 권위를 부여한다. 따라서 우리는 번역을 이야기를 영원하게 만드는 방법 혹은 이야기에서 항구적이고, 결정적인 작가를 발견하는 방법으로 간주할 수 있다.[8]

여기에서 브룬스가 페트라르카와 보카치오(Boccaccio)라는 두 친구 간의 관계, 보카치오의 그리젤다 이야기를 페트라르카가 라틴어로 번역한 것에 대해 논의하고 있음을 명확히 해야 한다. 여기에서 아프리카의 구술성과 직접 관련되는 것은 로마에서 (대체로 유럽에서) 라틴어와 지방어들이 직면했던 상황이다. 그 상황에서 라틴어는 우월한 지위를 가졌던 반면 지방어는 전통과 후진성의 상징이었다. 같은 상황이 아프리카에서 실제로 발생한다. 유럽이 아프리카 대륙을 식민지로 삼은 이후 유럽의 언어들은 강제되었고, 아프리카의 언어들보다 우월한 것으로 간주되었다. 유럽의 언어들은 과학과 근대성을 나타낸 반면 아프리카의 언어들은 전통과 정체되어 있다고 여겨지는 것의 상징이 되었다. 어휘, 지명과 언어들(langues)을 다루는 부분에서 세네갈의 언어적 상황 및 프랑스어와 현지어의 공존에 대해서 자세히 재론할 것이다.

브룬스가 고대 텍스트의 특수함처럼 언급한 **모호함**으로 되돌아와 보면, 구술 텍스트 중에서 우리가 모호한 방식이라고 말하는 것이 허락될 수

---

[8] G. BRUNS, 위의 글, p. 117.

있는 최선의 자료들은 속담, 풀기 어려운 문제와 수수께끼 놀이이다. 여기에서 월로프족의 저명한 철학자인 코크 바르마 폴(Kocc Barma Fall)이 머리에 떠오른다. 그는 대부분의 세네갈인들에게 알려져 있으며, 적어도 월로프어를 아는 사람들은 그를 안다. 그는 16세기에 살았던 것으로 여겨지는데, 수수께끼에 아주 능한 사람이었다. 오늘날까지도 많은 세네갈 사람들이 대화를 나누면서 그를 인용한다. 다시 한번 말하건대, 소크라테스적인 이 철학자는 후세를 생각했고, 오늘날의 세네갈인들이 해석하고, 자신들의 생각과 해석을 덧붙일 수 있도록 분명 일부러 난해하게 강연하고 이야기했을 것이다. 위에서 인용된 대목에서 브룬스는 단지 단어에서 단어로의 번역뿐만 아니라 사고와 개념까지도 포괄해서 번역 기법의 다양한 양상을 훌륭하게 보여준다. 결론적으로 드라이든과 초서, 페트라르카와 보카치오, 그리고 코크 바르마의 경우에도 해독에 이은 코드화의 과정이 중요하다. 코드화의 과정이란 다른 말로 표현하자면 부호화하기, 뒤따르는 사람들이 해독하고, 이해하고, 이따금 지뢰를 제거할 수 있도록 텍스트 혹은 사고 속에 모호한 것들을 끼워 넣는 것이다.

2. 엔디아디안 신화 속 음악의 역할

음악에 대해서는 길게 지적하지 않을 것이며, 논의는 특히 니앙과 엔디아디안 신화에 한정될 것이다. 오마르에 관한 텍스트에는 음악이 없기 때문이다. 엔디아디안 신화에는 음악이 존재하며, 오마르 서사시에는 음악이 존재하지 않는 이유는 무엇인가? 이 문제에 명확히 대답하기 위해서는 두 이야기꾼의 훈련 과정을 검토하는 것으로 충분하다. 전에 살펴본 것처럼 니앙은 티암보다 전통에 더 충실하다. 티암은 더 엄격하고, (더구나 엘 하즈 오마르가 그런 것처럼) 그가 전통이라는 낡은 외양을 벗어버리려고 투쟁하는 것은 납득 가능한 일이다. 이 문맥에서는 전통을 그 자체로 비신앙과 열등함의 표시인 애니미즘과 다신교로 정확히 이해해야 한다. 따라서 니앙에게는 이러한 오래된 전통과 이슬람이라는 새로운 종교가 미묘하게 혼합되어 있다. 두 번째로, 많은 보수적이고 전통주의적인 이슬람교도들에게, 이슬람에서 음악은 금지된다. 감각을 일깨우지만, 코란에서 유래하지 않는 모든 것은 추방되어야만 한다. 그들에게는 오직 말 만 허용된다. 노래나 시편 음송(psalmodie)에서 사용되는 말이 아니라 설교에서 사용되는 말이다. 시편 음송이 부득이한 경우에 허용되는 한계이다.

음악은 말이다. 가사가 없는 음악 역시 말이다. 이런 진술은 예술의 세계에서는 아주 일반적이다. 달리 표현해보면 말은 메시지를 전하고, 자신을 이해시키기 위해서 연속적으로 배열된 일련의 단어들이나 표현들로만 제한되지 않는다. 악기를 연주하는 것 역시 메시지를 전하는 한 방법 - 그렇지 않으면 한 기법 - 이다. 악기 연주는 단어가 아니라 소리로 이루어지지만, 그럼에도 불구하고 하나의 메시지이다. 뒷부분에서 이야기꾼 니앙을 매개로 해서 이 가설을 검증할 기회가 있을 것이다. 그때를 기다리며 R. 세코니의 말을 인용해 보자. 그에 의하면 이야기꾼은 청중을 사로잡을 적어도 세 가지 방법이 있다. "청중을 매혹하고, 청중의 [주목을] 끌고, 청중에게 인지적 경험이 전이되도록 한다."[9] 지금부터 이야기꾼을 청중과 대면시키는 이 과정에서 음악의 역할은 무시될 수 없다는 사실을 분명하게 단언해야 한다. 따라서 알리운 O. 디옵에 의하면 "말과 노래가 동시에 행해지는 서사시는 세네갈의 전통사회에서 아주 흔하다."[10]

---

[9] R. SEKONI, "The Narrator, Narrative-Pattern and Audience Experience of Oral Narrative-Performance", p. 140.

[10] A. O. DIOP, *Le théâtre traditional au Sénégal*, p. 9.

니앙에 대해 이야기하자면, 그는 **잘람**을 연주한다. 그렇지만 『엔디아디안 엔자이』 신화에서 음악의 존재와 관련해 명심해야 할 가장 눈에 띄는 사실은 잘람으로 전해지는 음악이 배경음악이라는 점이다. 그리고 그것은 그리오에 의해 의도된다. 그는 음악이 말 그리고 그가 구술하는 이야기보다 우세해지거나, 그것들을 앞지르기를 원하지 않기 때문이다. 세네갈에서 잘람 연주자인 동시에 구술을 하는 그리오들에 주목하는 모든 사람은 이 사실, 특히 음악보다는 입 밖으로 나온 말의 우위를 이해했다. 그렇지만 우리는 너무 서둘러서는 안 된다. 이 과정은 처음 보기보다 더 복잡하기 때문이다. 우리는 그리오가 분명한 한 에피소드, 예를 들어서 전투에 부합하는 곡조를 연주하기 위해서 때때로 멈추는 것을 관찰할 수도 있다. 그리오가 이 곡조를 직접 연주하거나 혹은, 때로는, 잘람만 연주하는 반주자인 다른 그리오들이 있다. 필요할 경우 그들은 코러스의 역할을 한다. 말이 났으니 말인데, 몇몇 그리오는 잘람만 연주하는 반면 다른 그리오는 (앙슙부 티암처럼) 구술만 하는 이러한 분업을 지적하는 것이 중요하다. 그리고 – 니앙의 경우와 같은 – 몇몇 경우 그리오는 둘을 다 한다. 몇 명만 언급해 보자면 삼바 디아바레 삼브(Samba Diabaré Samb), 아산 마로케(Assane Marokhaye) 혹은 삼바 섹(Samba Seck) 같은 세네갈의 전통적인 위대한 그리오들의 예가 있다. 그들은 라디오[11]와 텔레비전에서 활약하기도 했다.

니앙으로 되돌아오면, 엔디아디안 신화의 연행 과정에서 우리가 관찰한 것처럼, 그는 말과 음악 사이에 균형을 유지한다. 자신의 예술을 오랫동안 실행해 오면서 그는 둘을 조화롭게 결합하는데 쉽게 도달했는가? 아주 가

---

[11] G. 뒤메스트르(DUMESTRE)는 말리의 그리오의 예를 든다. "바바 시소코(Baba Cissoko)는 아마도 현재 말리에서 가장 유명한 이야기꾼이다. 몇 년 전부터 월요일 저녁이 되면 아프리카인 거의 전부가 라디오 - 말리에서 방송되는 그의 ≪한담들(causeries)≫을 기쁜 마음으로 주의 깊게 청취했다." (*La geste de Ségou*, p. 31.)

능성 있는 일이다. 그렇지만 그 점에 대해 잘못 생각하지 말도록 하자. 니앙이 쉽게 하는 것처럼 보이는 것, 즉 말과 음악 사이에서 유지하는 이러한 균형, 그것은 오랜 세월에 걸친 훈련, 힘든 노력, 반복, 연행과 공연의 결실이다. 따라서 내가 위에서 지적한 것처럼, 니앙의 연행에서 음악은 배경음악이다. 실제로 신화 혹은 서사시에서 음악은 연행에 재미를 곁들이기 위해 발견된 구실이다. 그렇지만 말과 음악 사이에 위계를 정하려는 시도는 현명하지 않다는 것이 내 생각이다. 말과 음악은 서로 얽혀있고, 상호보완적이기 때문이다.

서사시의 연행 속 음악의 존재가 월로프족과 세네갈에서만 독특한 것은 아니다. 고대 그리스의 서사시뿐만 아니라 서정시에서도 음악 그리고 리라 혹은 키타라 같은 악기를 발견할 수 있다. 호메로스의 『오디세이아』에는 이러한 악기들이 언급된다. 아프리카의 문화들에서 음악은 여분의 것이 아니다. 가나와 토고의 에웨족(Ewe)에 관해서, S.A. 아메그블리메에 의하면, "에웨족에게서 시는 음악의 딸이며, 다른 하나 없이 하나를 생각할 수 없다."[12] 만딩고족 문화권에는 D. T. 니안의 『순디아타』의 만딩고어 버전 속에 유명한 구절이 있다. 거기에서 그리오인 쿠야테(Kouyaté)는 순디아타에 대한 그리오의 영향력을 상기시키는데, 이 경우에는 발라 파세케(Balla Fasséké)이다. 이렇게 해서 발라 파세케는 궁전의 주인인 왕이 알지 못한 채 궁전 안으로 들어온다. 갑자기 파세케는 발라폰(balafon)[13]을 발견하고, 악기에 다가가 연주하고자 하는 마음을 억제할 수 없었다. 쿠야테는 결론 내린다. "언제나 그리오는 음악에 대해서는 약자이다. 음악은 그리오

---

[12] S. A. AMEGBLEAME, "La poésie ewe: structures formelles et contenu", p. 91.
[13] [역주] 발라폰은 말리가 원산지인 멜로디를 가진 타악기로, 나무로 만들어진 건반과 그 아래 공명체 역할을 하는 조롱박으로 이루어진다.

의 영혼이기 때문이다."[14]

『엔디아디안 엔자이 신화』 속 음악의 존재에 관해 결론 내리기 위해서는 잘람의 소리가 듣기 좋고, 마음을 편하게 한다고 말하는 것이 적절하다. 청자의 구성원들은 bumm(문자 그대로, 현, 실제로 이것은 잘람 혹은 기타의 현을 의미한다)을 잘 알고, 이 '현들', 이 단조로운 선율(mélopée) 속에서 자신을 인식한다.

각각의 선율은 이야기가 흘러가는 강도를 더 강하게 하거나 약하게 한다. 그리고 내가 위에서 강조한 것처럼 각각의 노래는 정확한 한 사건, 하나의 전쟁 혹은 용기 있는 행동을 가리킨다. 그렇지 않으면, 니앙의 연행이 계속되는 동안 내내 배경음악으로 사용되는 음악은 변하지 않고, 흔히 쏟아지는 말을 동반하는 반복되는 음으로 구성된다.

3. 종교적 사실, 이데올로기, 지식과 정치권력

이 연구의 틀 속에서 종교적 사실은 종교, 이데올로기, 지식과 정치권력 사이의 관계로 이해해야 한다. 서사시가 지배계층이 높이 평가한 장르라는 것은 잘 알려져 있다. 가난한 사람들, 가진 게 없는 사람들, 낙오자들, 한 사회의 하층계급 혹은 하층 카스트에 속하는 사람들의 일이나 행동에 관해 이야기하는 것은 서사시가 아니다. 게다가 I. D. 티암이 다음과 같이 이야기할 때 잘못 생각한 것은 아니다. "많은 구술 전통이 내가 훼손이라고 부를 역사적 해석을 한다. 구술 전통이 한 사람, 혹은 하나의 지배 집단, 즉 특권적 계급에 대해서만 기억을 집중할 때가 그런 경우이다. 이렇게 해서 다른

---

[14] D. T. NIANE, 위의 글, p. 75.

방식으로 더 중요한 사회의 영역들은 탐색되지 않은 채 방치된다."[15]

종교적 사실과 이데올로기, 지식과 정치권력 간의 관계에 관한 주제를 상세하게 고찰하기 전에 특히 신화와 서사시에서 언급된 시기, 필요한 만큼 멀리 떨어지고 오래된 시기, 아프리카의 상황에서 사용된 왕국과 국가라는 두 용어에 관해 여담을 시작하고, 두 용어를 다소라도 설명하는 것이 중요하다. 그런 목적에서 다음과 같은 J. 반시나의 지적은 아주 유용해 보인다.

> 왕국과 국가라는 두 용어를 구별하는 것은 가능하다. 즉 국가는 권력 양도의 조직이라는 모델에서 인적 관계가 기본적인 원칙으로 사용되지 않는 정치 조직일 것이다. 왕국은 모든 권력이 나오는 단 한 명의 세습적인 우두머리를 갖는 정치 조직일 것이다. 이러한 관점에서 보면 모든 국가가 왕국이 될 수는 없으며, 모든 왕국이 국가가 되어서도 안 된다. 그렇지만 실제로 아프리카에서는 심지어 실루크(Silluk)라는 이름의 왕국[동아프리카에 위치하는 현재의 수단]을 포함해서 모든 왕국이 국가처럼 보인다.[16]

내 생각으로는 신화에서 그려진 대로의 엔디아디안 엔자이의 발로는 (이어서 등장하는 졸로프의 조직처럼) 반시나가 아주 적절하게 지적한 것처럼 왕국과 국가라는 두 용어의 혼합물과 유사하다. 엔디아디안은 군주의 모든 속성을 지니지만 자코뱅 주의라는 (중앙집권의, 중앙집권화된, 중앙집권화하는 국가) 인장이 찍힌 국가 원수의 속성 역시 가진다. 우선 그는 핵심부, 중심(발로)을 만든다. 이어서 더 멀리 확장되는, 졸로프 같은

---

15 I. D. THIAM, 위의 글, p. 75.
16 J. VANSINA, "A Comparison of African Kingdoms", p. 324.

인접한 이웃의 영토까지 향한다. 니앙에 의하면 더 나중에는 시네(Sine)와 카사망스(Casamance) 같이 조금 더 남쪽까지 이른다. 오마르로 말하자면, 우리는 그를 군주로 규정할 수 없다. 이미 지적한 것처럼 투클레르족 정복자의 목표는 신정국가를 세우는 것이기 때문이다. 이러한 의미에서 오마르는 국가원수에 상응할 것이다.

따라서 서사시를 노래하는 그리오들은 귀족계급 출신의 사람들과 지주 혹은 군인인 특권계급 사람들 또는 영웅들의 무훈(武勳), 용기와 위업을 구술할 뿐이다. 그 전에 종교적 사실을 강조하는 것이 중요하다. 종교적 사실이란 주어진 종교의 주도권이라고 이해해야 한다. 이 연구의 틀 속에서, 지금까지 우리가 증명을 위해 노력해온 것처럼, 이러한 신앙은 이슬람이다. 나는 이슬람의 역할과 기능을 여러 번 분석했다. 결론적으로 종교적 사실, 이데올로기, 지식과 정치권력 간의 밀접한 관계를 반영하는 한 예를 적절하게 인용해 볼 것이다. 세네갈의 가톨릭 추기경인 이아상트 티안둠(Hyacinthe Thiandoum)의 전기에서 셰리프인 E. 세이는 투클레르족 정복자인 엘 하즈 오마르에 관련된 일화를 독자들에게 전한다.

> 몇몇 이슬람교도들은 이렇게 해서 엘 하즈 오마르 탈이 그곳[포팡권]을 지나갔다고 주장한다. 그때 그 고장에는 위험을 무릅쓰고 그곳을 지나는 모든 이슬람교도를 죽여서 가죽을 벗기는 호전적인 이교도들만 살고 있었다. 이교도들의 적의에도 불구하고 엘 하즈 오마르는 그들에게 기도할 수 있도록 허락해 달라고 요구했을 것이다. 목욕재계를 위해 물이 필요했던 그는 얕게 땅을 팠고, 물이 솟았다. 이교도들이 겁을 먹고 뿔뿔이 흩어지기에는 충분했다. 애석하다! 엘 하즈 오마르의 정복에 관한 이야기들은 포팡권에서의 이 여정을 언급하지 않는다.[17]

세이가 쓴 구절의 끝부분에 우리의 주의를 끄는 특별한 점이 있다. 엘 하즈 오마르의 이야기를 다루는 어떤 연대기에서도 포팡귄에서의 그의 체류가 언급된 바가 없다는 사실이다. 나는 조금 뒤에서 그것을 재검토할 것이다. 지금으로서는 위의 구절에서 종교적 사실이 이슬람의 우위를 상징한다는 점을 지적하는 것으로 충분하다. 이어서 지식은 코란 텍스트의 숙달에서 생겨난다. 땅에서 솟아나는 물이라는 기적은 거기에서 나온다. 오마르에게 물의 필요라는 동기를 부여한 것은 기도의 의무이기 때문이다. 기도하기 전에 목욕재계해야 한다. 비록 그들의 영토가 추방된 자들이 지도자가 되어 지배하고, 위험을 무릅쓰고 그곳을 지나가는 이슬람교도들을 노략질하는 치외법권 지대였음에도 결국 이교도들은 오마르의 힘 앞에서 도망친다. 즉 그들은 영토를 버리고 도망친다. 따라서 종교적 사실, 지식과 정치권력은 여기에서 손을 맞잡는다. 더 중요한 것은 서로 동시에 생기는 요소들이다. 지식에 관해서 앵글로색슨은 지식이 힘이라고 말하는 습관이 있다.

즉 서사적이고 신화적인 이야기에는 지식 이외에도 전적으로 이데올로기적인 특징이 존재한다. 내가 니앙과 논쟁을 벌였을 때 니앙은 발로 왕국이 세네감비아 지역에 세워진 최초의 왕국이라고 마지막 힘을 모아 단호하게 주장했다. 니앙 그리고 앙슘부 티암(Anchoumbou Thiam)이라는 이름의 다른 한명의 그리오와 대화를 나누면서 나는 졸로프가 발로 훨씬 이전에 존재했던 월로프족 최초의 왕국이라고 주장했다. (이 그리오들이 방문하곤 했던, 그리고 그들을 후원해 주었던 아버지 덕분에) 나는 B. 베리(Barry) 혹은 V. 몽테이유(Monteil) 같은 역사가들이 글로 남긴 문헌들을 인용했다. 그들은 일반적으로 문자로 남겨진 고문서들, 유럽 여행자들과 탐험가들의

17　C. E. SEYE, *Mgr. Hyacinthe Thiandoum, à force de foi*, p. 31.

말과 증언들에 근거해서 주장한다. 니앙은 자신의 의견에서 전혀 물러서지 않았다. 요컨대 이것이 졸로프에 대한 발로의 우세(혹은 발로에 대한 졸로프의 우세)에 관련된 다양한 작가들의 입장이다. 몽테이유부터 시작해보자. 그는 다음과 같이 쓴다. "멀고, 척박하며, 사람이 거의 살지 않는 지방인 졸로프는, 그렇지만, 세네갈의 가장 오래된 왕조의 요람이다."[18] 그리오들과의 대화에서 말을 이어가던 중에 나는 B. 베리의 견해를 제시하면서 본의 아니게 그들의 편을 드는 발언을 했다. 베리는 (물론 관례적인 사실 확인과 함께) 엔디아디안 신화에 근거해서 이렇게 말한다. "[엔디아디안 엔자이의] 이러한 전통은 그의 통치 시기를 13세기 말 혹은 14세기 초에 위치시키는데, 졸로프의 성립 이전에 존재했던 발로와 같은 정치체제의 존재를 엿보도록 해 준다."[19] 그리오들, 특히 니앙이 베리의 이러한 견해를 들었을 때 만족했음은 물론이다. 뿐만 아니라 니앙은 흥미를 잃은 듯한, 거의 무관심한 태도로 구술 전통은 몽테이유, 베리 그리고 아프리카와 유럽의 다른 역사가들보다 훨씬 이전부터 존재했다고 말했다. 시작한 이야기를 계속하면서 월로프의 그리오는 글로 쓰인 고문서들이 구술 전통보다 부족한 점이 많다고 주장했다! 게다가 이 역사가들에게 그들의 말이 전통주의자들의 말보다 신뢰할 수 있다고 주장할 권리를 부여하는 것은 아무것도 없다. 기회를 포착해서 나는 니앙에게 다음과 같이 제안했다. 만일 졸로프 출신의 그리오가 졸로프가 발로보다 훨씬 이전에 존재했다는 것과 같은, 자신의 견해와 배치되는 주장을 한다면 어찌할 것인가? 니앙은 세네갈에서는 발로가 최초의 왕국이라는 사실에 모든 사람이 동의한다고 말하면서 다시 한번 가차 없이 공격했다. 지리적인 위치로 보아 이 지역은

---

[18] V. MONTEIL, "Le Dyolof et Al-Bouri Ndiaye", p. 595.
[19] B. BARRY, *Le royaume du Waalo*, p. 46.

사람, 문화, 종교와 상업이 만나는 교차로일 뿐만 아니라 민족의 혼합이 일어나는, 명백하고 확인될 수 있는 교차로이기도 하다는 단순한 이유 때문이다. 북쪽에는 모리타니, 사하라사막과의 경계 그리고 사하라 종단 무역이 있다. 동쪽에는 현재의 말리, 세네갈, 감비아와 모리타니의 영토와 부분적으로 겹치는 소닝케(soninké) 제국이 있다. 마지막으로, 여전히 니앙에 의하면, 발로와 강 남쪽에는 관목과 숲, 사람들이 살지 않는 영토밖에 없다. 신화의 구술이 끝나고 나서 덧붙여서 그는 엔디아디안이 그곳에 국가를 건설한 첫 번째 군주였다고 선언한다. 결론적으로 니앙은 세네갈에는 그들의 영토, 그들의 민족, 언어 혹은 공동체를 지키려는 그리오들이 있다고 말한다. 그리고 그것은 공명정대한 일이지만 역사를 바꿀 수는 없다고, 그것이 사실이며, 발로가 세네갈 최초의 왕국이라고 고집스럽게 주장한다. 더 이상 덧붙일 말이 없다.

지금 티암과 오마르에 관련된 텍스트의 예를 든다면 여기서 논쟁 혹은 논란이 생길 일은 없다. 오마르는 다른 모든 사람보다 우월하고 그의 모든 적을 이긴다. 그는 사다리의 제일 꼭대기에 위치한다. 말하자면 오마르 서사시 안에서 이데올로기적인 특징은 매우 분명하며 논지의 전개를 요구하지 않는다. 한 예로서 오마르와 페데르브의 대결로 되돌아가 보면, 티암은 유럽인에 대해 부정적으로 인식하고 있다. 예를 들어서 그는 페데르브가 할례를 받지 않았다고, 즉 그는 부정하다고 말한다. 이 육체적이고 (할례) 문화적인 특징에 의해서 오마르는 그의 적보다 우월하다. 이슬람교도로서 오마르가 할례를 받았다고 암묵적으로 이해해야 한다. 그렇지만 티암은 이 사실을 언급하지 않는데, 그것이 모든 구성원이 이해한다고 여겨지는 사소한 사항이라고 받아들이기 때문이다. 그렇다면 분명한 것을 말하는 이유는 무엇인가? 이 단언을 통해서 우리는 티암이 – 대부분의 이슬람교와 마찬가지로 – 기독교적인 유럽과 이슬람교적인 동양 간의 부정적

인식과 상호적 편견에 암암리에 영향받았다는 것을 알아차릴 수 있다. 그리고 이것은 십자군 전쟁 이래로 계속되어왔다.[20] 십자군 전쟁에 밀접하게 연루되지 않은 세상의 다른 부분에 사는 이슬람교도들은 – 티암처럼 – 오래전부터 존재했고, 유럽 사람들과 중동 사람들 사이에 여전히 존재하는 이러한 편견을 가진다.

생략의 문제로 되돌아가는 것이 중요하다. 이야기꾼 혹은 그리오가 어떤 사건들을 이야기하고, 다른 사건들을 이야기하지 않기로 선택하는 이유는 무엇인가? 우리는 조금 위에서 오마르가 포팡귄에 나타났을 때의 예를 든 바 있다. 포팡귄은 대서양 연안 다카르 남쪽에 위치한다. 그렇지만 티암은 연행을 하면서 이 에피소드를 언급하지 않는다. 이 사건을 덧붙인 저자인 C. E. 세이에는 엘 하즈 오마르의 정복에 관한 이야기 역시 이 여정을 언급하지 않는다고 주장한다. 티암의 버전에서는 분명 엘 하즈 오마르의 삶의 연대기에서 감비아의 간저(Gunjur) (나는 이곳을 방문한 바 있다)에의 여정 역시 언급되지 않는다. 그렇지만 포팡귄과 마찬가지로 감비아의 수도인 반줄(Banjul) 남쪽의 대서양에서 멀지 않은 곳에 위치하는, 만딩고족 고장 한복판에 있는 도시인 간저에는 커다란 바위와 (회교 사원으로 사용되는) 작은 가건물이 있다. 사람들은 이 가건물이 오마르의 시대부터 존재했다고 말한다. 바위에 관해 말하자면, 사람들은 오마르가 그것을 만졌고, 그것을 기도 양탄자로 사용하면서 그 위에서 기도를 드렸다고 주

---

[20] 이것에 관해서 다음을 볼 것. S. DIOP, "Islamic Inscriptions and Motifs and Arab Genealogies in the Epic Tale of the Kingdom of Waalo", p. 95. 여전히 이슬람교도들과 기독교도들 간의 공존이라는 틀 속에서, 『현지의 교회와 아프리카의 위기, Eglise locale et crise africaine』라는 제목의 저서에서 레옹 디우프(Léon DIOUF)는 다음과 같이 쓴다. "기독교도와 이슬람교도 사이의 대화는 어려움이 없지 않다. 어려움은 역사 속에서 멀리에서부터 오고, 오늘날에도 계속해서 다양한 상황에서 생겨난다." (다음에서 인용됨. C. E. SEYE, 위의 글, p. 159.)

장한다. 세네갈 구석구석에서, 심지어는 한 지역의 하부구역에서, 기원이 이루어지도록 기도하고 바위를 만지기 위해서 순례자들이 그곳으로 온다.

2000년 감비아를 방문했을 때 나는 한 여성으로부터 엘 하즈 오마르의 존재에 관해 개인적으로 다른 버전을 들었다. 이 사람에 의하면 오마르가 감비아강 하구에서 멀지 않은, 강 오른쪽 기슭에 있는 바라(Barra)에 도착했다. 실제로 바라는 배와 페리를 타고, 수도인 반줄 섬(옛날에는 배서스트(Bathurst))에 가기 위해 배를 타는 강의 입구이다. 반줄에서 남쪽으로 거의 50km에 이르는 국토의 이 부분을 현지인들은 콤보(Kombo)라고 부르지만, 영국 제국주의자들이 세인트 메리라는 이름을 붙인 걸 잊지 말아야 한다. 오마르의 시대에 분명 페리는 없었다. 그 시절에는 카누를 이용했다. 더욱이 카누는 여전히 존재하고 (하지만 오늘날에는 모터로 운행된다) 화물과 승객을 운반하는, 강의 두 기슭 간의 왕복선으로 사용된다. 이야기로 되돌아와서, 저녁에 오마르가 바라에 도착했을 때 그곳의 주민들은 그를 아주 푸대접했다. 그들은 오마르에게 마실 물과 저녁 기도 전에 몸을 씻을 물을 주지 않았다. 심지어 먹을 것을 달라는 말은 할 수도 없었다. 이러한 태도에 오마르는 강을 건널 결심을 했다. 그렇지만 떠나기 전에 그는 그들의 고장이 결코 번영하는 일이 없도록 신에게 기도할 것이라고 바라의 주민들에게 말했다. 그는 그렇게 기도했다. 반대로 오마르가 반대편 기슭에 내렸을 때 날이 저물었고, 특히 그는 여성들에게서 큰 환대를 받았다. 여성들은 북쪽, 세네갈에서 오는 위대한 마라부의 존재에 관한 소문을 들었다. 그녀들은 서둘러 그에게 먹을 것을 주었고, 숙소를 제공했다. 간저로 향하는 여정을 계속하기 전에 오마르는 여성들을 위해 기도했고, 그녀들이 번창할 것이라고 선언했다. 이야기의 교훈은, 그날 내게 이야기를 들려준 여성에 의하면, 오늘날에도 콤보에 사는 여성들은 감비아의 모든 여성들 중에서 가장 부유하다는 사실이다. 콤보 지역 역시 바라보다 더 번창했고, 사람들은 이것을 오마르의 기도 덕분으로 생각한다. 반줄이 수도이며, 내륙 지역이라는 불이익을 감수한 채 서구화된 이 지역에 모든 인적, 사회적, 문화적, 경제적 투자와 사회 기반시설의 건설이 우선적으로 이루어졌다는 사실 때문이라고는 생각하지 않는다. 게다가 그것은 거의 모든 아프리카 국가들에서 확인할 수 있는 현실이다. 이러한 현실은 (식민 지배자들로부터 계속된) 정치적이고 행정적인 수도, 즉 도시적 환경에 특혜를 주는 정책에 기반을 둔다. 내륙지방은 등한시되었다.

다시 한번 – 내가 조금 전 언급한 것 같은 – 오마르라는 인물과 관련되는 이야기들 속에는 이러한 에피소드들이 나타나지 않는 이유는 무엇인가? 이러한 상황은 투클레르족 영웅의 이야기에만 특별한 것은 아니다. 우리는 그것을 다른 서사시들에서, 특히 같은 서사시의 여러 버전을 비교해 볼 때 발견할 수 있다. 여기에서 제기된 문제에 가장 설득력 있는 답변은 우리가 이미 인용한 M. 디안이 그의 저서 『구술적 이성 비판, *Critique de la raison oral*』 367페이지에서 정의한 '잠재적 서사시' 혹은 '가능성의 서사시'라는 개념 속에서 발견될 수 있다. "잠재적 서사시는 성립된 개념에 의해 가려질 수도 있는 이론적 중요성을 지닌다. 이러한 사실의 이유는 구술적 역사 인식이 표현되는 잠재적 양태(modalité)인 서사시가 실제로 생성된 이야기들이라는 레퍼토리 안에서 고갈되는 것이 아니기 때문이다. 방법론적인 관점에서 서사시는, 실제로 그리고 원칙적으로, 원형적 서사시들(proto-épopées) 혹은 잠재적 서사시들의 출발점이 될 수 있는 논리적 실천을 포함한다."

따라서 서사시의 텍스트 안에서 언급되지 않은 이런 에피소드는 잠재해 있으며, 대기 중이다. 미래에 다른 이야기꾼이 그것을 자신의 연행 속에, 자신의 내레이션 속에 포함시킬 수 있다. 거기에서 같은 시대의 다른 버전 사이의 변이형이라는 개념이 생겨난다.

4. 전통과 근대성
: 테크놀로지, 구술성, 에크리튀르; 뉴메릭과 디지털

우리는 조금 위에서 구술성과 에크리튀르가 전통 및 근대성과 짝을 이룬다고 언급했다. 물론 돌이킬 수 없는 단호함에 빠지지 않기 위해서 주의해야 한다. 길지 않을 우리 연구의 이 부분에서는 과학기술 도구들에 대한 두 이야기꾼의 태도를 강조할 것이다. 목소리 이외에 그들은 다른 어떤 도구를 이용하는가? 이 이야기꾼들이 문화적, 사회적, 언어적으로 아주 한정적인 환경에서 산다고 말하는 것은 진부하다. 대체로, 오늘날 의당 그렇듯이 그들은 텔레비전, 라디오, 전화, 인터넷 등 현대적인 커뮤니케이션의 기술적 수단들에 영향받고, 지배되는 환경에서 살아간다. 그러므로 사회 구성원 대부분이 그렇듯이 두 명의 이야기꾼이 세상의 다른 사람들로부터 외따로 떨어진, 그 속에서는 오직 말 만이 현실인 무균 인큐베이터 속에서 사는 것은 아니다.

여기에서는 니앙과 티암을 비교할 것이다. 특히 현대적 테크놀로지 및 그것이 전달하는 사고들에 대한 그들의 태도가 비교 대상이 될 것이다. 최신 물건들의 물질적인 특성 이외에도 그것들이 사용자들에게 심리적인 영향을 미친다는 사실을 잊지 말아야 하기 때문이다. 나는 현대적 테크놀로지의 수단들은 그 자체로 이데올로기적인 측면을 지닌다고 주장하면서 내 논증을 더 밀고 나갈 것이다. 현재 아프리카의 사회석 상황 속에서 이러한 수단들은 외부로부터, 특히 서구로부터 온 것이기 때문이다. 그런 까닭에 사람들은 흔히 서구를 높은 수준의 산업, 기술, 과학의 '허브'로 생각했다. 따라서 노골적으로 말하면 아프리카인들은, 좋든 싫든 간에 그리고 불가피하게, 수단들과 함께 오는 정신을 수용했다. 강력하게 산업화되지 않고, 고도로 현대화되지 않은 지구상 모든 다른 민족들이 그렇듯이 말이다.

만일, 한편으로, 우리 이야기꾼들이 큰 마을에 산다면, 그리고 그들이 전통의 일부를 전달하는 사람들이라면 (말에 의해 영속되는 기억) 우리는 그들을 스펙트럼의 아주 왼쪽에 배치한다. 그리고 맨 오른쪽에는 현대성이 있다. 그렇지만 다시 한번 말하건대 문제를 상대화해야 한다. 티암과 니앙은 로소(Rosso)와 쿠마에 살고, 그럼에도 불구하고 현대성은 나라의 이 지역에까지 영향을 미쳤다. 이 마을들에는 전기가 들어오고, 학교, 전화, 텔레비전, 포장도로가 있으며, 예를 들어 리샤르톨(Richard-Toll)에 세네갈 - CSS 설탕 회사가 세워지면서 초기 산업화가 이루어지기까지 했기 때문이다. 그렇지만 사람들은 계속해서 다음과 같이 반복한다. 오늘날 아프리카에 대해 느끼는 매혹은 (프랑스어로) 문자 교육을 받은 사람과 문맹자를 대비시키는 변증법 속에서 생존의 이유를 발견하는 두 세계를 반영하는 시공간 속에서의 삶의 여러 방식의 공존에서 기인한다.

이 두 개의 범주는 아주 다른 사고방식과 지식의 획득을 반영한다. 문자를 깨우친 사람이 현대성과 정보에 더 쉽게 접근한다면, 문맹자의 경우는 그렇지 않다. 그럼에도 불구하고, 부차적 방식일지언정 문맹자는 현대성에 영향을 받는다. 상세한 내용을 담은 예를 들어보자. 나는 위에서 '문자 교육을 받은'이라는 단어를 언급했다. 그렇지만 '프랑스어로'라는 단어와 병치하도록 주의했다. 니앙과 티암이 아랍어 문자 교육을 받았다는 사실을 잊지 말아야 할 것이기 때문이다. 이 연구의 마지막 장에서 나는 두 이야기꾼이 사용하는 언어 및 언어를 사용하는 방식을 강조할 것이다. 내가 이미 언급한 것처럼, 현대 아프리카 사회에는 말, 에크리튀르, 디지털 등 여러 표현 방식의 공존과 뒤엉킴이 존재한다.

지금으로서는 두 이야기꾼이 녹음을 했고, 니앙의 경우에는 비디오로 녹화했다는 사실을 부연 설명할 것이다. 녹음과 비디오 녹화로만 한정한다면 지금부터는 테크놀로지가 이야기꾼과 이야기꾼의 연행 내용에 행사할 수 있는 영향력에 대해 생각해 볼 수 있다. 이야기꾼은 이러한 현대적

수단들의 존재에 무관심할 수 없다. 또한 우리는 한 이야기꾼의 녹음된 연행의 결과는 녹음되지 않은 연행의 결과와는 다르다고 추정할 수 있다. 한 경우 이야기꾼은 녹음기를 의식하고, (녹음기가 없는) 다른 경우에는 그렇지 않기 때문이다. 그리고 그것은 채록된 텍스트에 분명한 영향을 미칠 수 있다. 따라서 이야기꾼의 자연스러움에 관한 문제가 제기된다.

이러한 분석의 이득은 이야기꾼의 텍스트 내부에서 현대적 테크놀로지 도구의 존재를 확인하는 것이다. 신화에서 니앙은 어떤 현대적인 물건도 언급하지 않는다. 그렇지만 연행 도중 그는 (이미 언급한 비디오, 그리고 한 걸음 더 나아가 그가 앉아 있는 거실의 텔레비전, 라디오 등) 현대적인 도구들에 둘러싸여 있다. 내가 놀랍게 생각하는 것은 그가 가능한 한 오래되고 최초인 그 시대의 환경에 충실하려고 노력하면서도 자신이 현대에 살고 있다는 생각을 지닌 채로 최초이며 오래된, 엔디아디안이 살아가는 세계를 묘사하는 방식이다. 그러므로 우리는 상당한 양면성을 지적할 수 있다. 반대로 B. 티암이 묘사하는 시대는 유럽에서는 산업혁명의 요람기에 상응하는 근대이다.

실제로 B. 티암의 연행에는 상당한 현대성을 드러내는 두 가지 요소가 존재한다. 코란을 이루는 문자 텍스트와 이야기꾼이 녹음테이프를 사용한다는 것이다. 연행을 끝마치면서 그는 엘 하즈 오마르의 연대기를 포함하는 녹음테이프를 가지고 있다고 언급한다. 기록을 남긴 사람은 티암이 연대기를 배운 스승 중 한 명이다. 스승의 이름은 티에르노 마무두 디아 (Thierno Mamoudou Dia)이다. 따라서 티암의 수련과 숙련 과정은 다음의 세 가지를 중심으로 이루어진다. 말과 청각, 즉 스승으로부터의 직접적인 배움이다. 이어서 텍스트 (따라서 눈, 시각), 즉 아랍어로 된 기록들, 먼저 코란과 이어서 오마르의 삶에 관한 기록들. 그리고 마지막으로 티에르노 마무두의 녹음테이프들. (다시 귀, 하지만 눈은 아니다) 정확히 덧붙여 말하는데, 티암은 니앙에 비해 프랑스어에 더 능숙하다. 이 측면에 관해서는 재론할 것이다. 언어들(월로프어, 프랑스어, 아랍어)의 뒤섞임은 아주 중요하고, 티암이 처해있는 상황의 복합성을 더 잘 포착하기 위해서 고려되어야만 한다.

티암에게는 전통과 현대성이라는 더 많이 언급된 복합성이 존재한다는 사실을 고려한다면 우리는 이러한 복합성의 윤곽을 그려볼 수 있다. 그가 오마르에 관한 이야기를 담고 있는 녹음테이프 같은 현대적 물건을 언급하는 것이 사실이라면, 그것은 단지 그가 오마르의 이야기 그 자체에서 현대적인 물건에 관한 어떤 언급도 하지 않는 것을, 즉 용기와 내용물 간의 차이를 허용하기 때문이다. 따라서 티암은 – 니앙처럼 – 문자와 자신이 묘사하는 시대의 정신을 존중한다. 그 시대는 카세트테이프 같은 현대적인 물건이 존재하지 않았던 시대이다. 여행의 동기 또한 두 이야기꾼 사이에 존재하는 중요한 비교의 기준점을 제공한다. 신화에서뿐만 아니라 서사시에서도 우리는 엔디아디안과 오마르라는 두 주인공이 이용한 교통수단을 알지 못한다. 그들은 걸어서, 말을 타고, 당나귀 등에서, 카누를 타고 갔는가? 이야기꾼들은 정확한 언급을 피한다. 이러한 방향으로 우리가 가지는 유일한 실마리는 오마르의 서사시에 있다. 오마르의 부관인 티에르노 알파 바일라(Thierno Alfa Baïla)가 도망치는 아흐마두를 추격할 때, 아흐마두는 카누를 탈 준비를 한다. 그러므로 엄밀하게 말하자면 카누를 타는 것은 오마르가 아니다. 따라서 우리는 엔디아디안과 오마르가 위에서 언급된 원시적인 교통수단을 이용했다고 추론할 수 있다. 증기선이 이미 발명되었고, 증기선은 페데르브와 다른 식민 지배자들이 프랑스에서 아프리카로 가고, 세네갈강을 거슬러 올라갈 수 있도록 해 주었음에도 말이다.

니앙에 관해 말하자면, 엔디아디안 신화를 구술할 때 그는 오직 말에만 의지한다. 그렇지만 그는 에크리튀르도 사용하는데 특히 그가 초등학생용 공책에 발로 왕국의 왕과 군주들의 가계를 기록할 때 그렇다. 그러나 혈통이라는 이러한 부분은 엄밀한 의미에서의 신화의 연행과는 분리되어 있다. 그리고 신화는 이 연구의 출발점이다. 결론적으로 우리는 발칸 반도에서의 구술 전통에 대한 연구에서 A. 로드가 생각한 재생자(reproducteur)와 재창조자(recréateur)라는 두 용어를 암시할 수 있다. 로드에 의하면 몇몇 이야기꾼은 구술 연행 도중 문자 텍스트에 의존한다. 따라서 "고정된 텍스트라는 관념을 받아들이는 이야기꾼들은 더 이상 구술 전통의 과정에 속하지 않는다. 이것은 실제로 엄밀한 의미에서의 구술 전통의 죽음 그리고 재창조자라기보다는 오히려 재생자인 '이야기꾼들' 세대의 비약적인 부상을 의미한다."[21]

이러한 지적은 그들을 (단순한 재생자가 아니라) 재창조자로 간주한다면 니앙과 티암에게까지 확장될 수 있다. 연행 도중에 그들은 우선, 문자 텍스트 혹은 현대적 기술력에 기반을 둔 어떤 도구라는 매체의 도움 없이 자신들의 기억을 이용하기 때문이다. 우리는 당연히 다음과 같은 질문을 제기할 수 있다. 이러한 상황이 얼마나 더 지속될 것인가? 정지상태가 아니라는 인간 사회의 특성을 고려한다면 우리는, 중장기적으로, 몇몇 순수주의자들이 원하는 것 같이 단지 말을 매개로 하는 것만이 아니라 구술 전통을 전달하는 새로운 형태들을 예상할 수 있다. 21세기 초의 세네갈 사회를 더 가까이에서 관찰하면 우리는 셰이크 니앙, 아사 마로케, 망수르 므바이(Mansour Mbaye) 혹은 삼바 디아바레 삼브 같은 위대한 그리오들의 자식들과 손주들이 이미 세상을 다른 방식으로 본다는 것을 쉽게 알 수 있다. 사회적이고 문화적인 변화를 고려하면 그것은 당연하다. 그뿐 아니라 자식들과 손주들의 대부분이 프랑스어 학교(적어도 초등학교)에 다녔

---

[21] A. LORD, 위의 글, p. 137.

고, (이따금 그들은 프랑스어의 기초에밖에는 숙달되어 있지 못함에도 불구하고) 프랑스어를 읽고 쓸 줄 안다. 게다가 그리오 가문의 이러한 자손들은 쇼비즈니스 업계에 들어가 세계 방방곡곡을 여행하고, 예술가의 진정한 경력을 관리한다. 두 명만 예를 들자면, 세네갈에서 아주 잘 알려진 유수 엔두르(Youssou Ndour) 혹은 티오네 섹(Thione Seck)과 같은 예술가들의 예가 있다. 이 예술가들은 구술 전통으로부터 온 노래, 동요, 속담을 소재로 하는 소희극, 혹은 콩트들을 통해서 길에서 혹은 의례의 도중에 친척들, 다른 그리오들과 전통주의자들에게서 들은 이야기들을 재현하고 재창조하는 것이 사실이다. 그렇지만 동시에 그들은 혁신하고 창조한다. 이렇게 해서 그들은 말을 타고 두 세계로 간다. 하나는 부모와 조상들로부터 물려받은 세계이고, 다른 하나는 현대적인 외부 세상으로의 열림을 기초로 하는 세계이다. 나는 전통과 현대성 사이라고 말하고 싶은 유혹이 생긴다. 따라서 세네갈의 이러한 현대 예술가들이 오직 전통에서만 영감을 얻는다고 말하는 것은 정확하지 않을 것이다. 영감의 원천의 복수성이라는 점에서 그들은 현대 작가들과 유사점이 있다. 이 점은 다음 장의 주제가 될 것이다.

5. 문자와 구술성

: 세네갈 소설(아미나타 소우 폴, 우스만 소세 디옵, 셰이크 아미두 칸, 우스만 셈벤) 그리고 프랑스어로 표현된 아프리카 소설(콩고 킨샤사의 조르주 엔갈)에서 구술 모티브의 재구성과 전환

> 소설은 현실이 아니라 존재를 검토한다. 그리고 존재란 지나간 것이 아니다. 존재는 인간에게 고유한 가능성의 영역이고, 인간이 될 수 있는 모든 것이며, 인간이 가능한 모든 것이다.
>
> **밀란 쿤데라**

이 장의 제목이 가리키듯이 이어질 연구의 관심은 일반적으로는 프랑스어로 표현된 아프리카 소설에서, 특별히는 프랑스어로 표현된 세네갈 소설에서 구술적인 요소의 흔적(*tracabilité*)이다. 흔적이라는 용어는 신화, 서사시, 그리고 일반적인 구술 전통에서 받아들인 유산을 프랑스어로 된 허구의 이야기로 바꾸는 것으로 이해해야 한다. 확실히 해야 하는 몇몇 전제조건이 있다. 오직 언어학적이고 언어적인 표현의 수준에서만 구술적인 이야기, 그리고 문자로 쓰인 이야기라는 두 종류의 이야기 사이에 근본적인

차이가 존재하는 것은 분명하다. 주지하듯이 구술적인 기원을 가진 이야기는 세네갈과 아프리카의 언어 속에서 월로프어로 표현되어 있는 반면 허구의 이야기는 식민지라는 기원을 가진 언어인 프랑스어로 표현되어 있기 때문이다. 아마도 우리는 아프리카의 한 언어 혹은 아프리카화한 한 언어라고 말하지는 않더라도, 아프리카에서 프랑스어가 독자적인 언어가 되었다는 카메룬 작가 몽고 베티(Mongo Béti)의 생각을 받아들이고, 상황을 완화할 수 있을 것이다. 다른 위대한 소설가인 모로코의 타하르 벤 젤룬(Tahar Ben Jelloun)[1]은 현대 아프리카의 작가에게 이러한 상황은 경이롭고, "두 개의 세계, 두 개의 문화, 두 개의 언어에 속하는 것이 프랑스어로서는 행운이며, 멋진 기회"라고 생각한다. 재능 있는 알제리 소설가인 앗시아 제바르(Assia Djebar)의 경우 "프랑스어에는 벨벳이 덧대어져 있지만 또한, 예전에는 숨겨져 있던 혀 속의 가시이기도 하다"[2]고 여긴다.

용기를 북돋우는 이 세 아프리카 작가들의 말에도 불구하고 그것은 우리가 원본과 복사본, 진짜와 모조품, 토착민과 타 종족 사이의 이분법에 근거한 구분의 윤곽을 명확하지 않게라도 인식하는 것을 방해할 뿐이다. 아프리카 언어로 표현된 이야기는 장벽의 긍정적 측면이라고 이해하도록 하면서 말이다. 세네갈의 문학비평가인 M. 칸[3]은 아프리카 소설의 역설을 지적하는데 그에 의하면 유럽의 언어(우리 경우에는 프랑스어)가 필수 불가결할 뿐만 아니라, 그에 더해서 "이 장르의 만개(滿開)를 설명하는 것이 외국어의 도움이다. 아프리카의 전통들이 가장 지속적으로 뒤죽박죽된 것은

---

[1] T. BEN JELLOUN, "Des 'métèques' dans le jardin français", *Manière de voir*, No 97, p. 38.
[2] A. DJEBAR, "Cicatriser mes blessures mémorielles...", *Manière de voir*, No 97, p. 28.
[3] M. KANE, "Les paradoxes du roman africain", p. 77.

외국으로부터 차용된 이 요소를 매개로 해서이다!"

유럽의 언어로 표현된 아프리카의 새로운 문학 전통에 대한 논의에는 여러 논쟁점이 존재한다. 이러한 논란을 불러일으킨 것은 현대성 혹은 언어(langue)로 무장한 받아들일 수 있는 개념 정의의 부재이다. 그렇지만 이러한 개념 정의에 뛰어들기 전에 이 장의 도입부에서 제사(題辭)로 사용된 인용문으로 되돌아가는 것을 독자들이 너그럽게 이해해 주기 바란다. 작가의 사상을 보충하기 위해서는 비록 유럽에 기원을 두고 있음에도 불구하고 소설이 보편적 장르가 되었다는 생각에서 나온 쿤데라 진술의 정론적 힘을 말해야 한다. 그 점에서 그는 틀리지 않았다. 게다가 D. 마들레나는 "서구에서 소설과 서사시 사이의 발생론적이고 구조적인 유사성은 분명하다"[4]라고 단언하면서 그와의 일치를 보여준다.

A. 핑켈크로트에게 있어서 "[유럽인들이 아는 대로의] 그리고 가능했던 대로의 문학의 역사는 아마도 기독교와 함께 완성된다. 우리가 [우리 유럽인들이] 돌과 빛의 책들인 교회의 스테인드글라스, 기둥머리와 포치와 같은 위대한 텍스트를 해독하는 것이 우리 선조들보다 점점 덜 가능해지기 때문이다."[5]

이미 지적한 것처럼 소설의 기원은 유럽에 있다. 그렇다면 자기 자신을 표현하기 위해서 이러한 새로운 부르주아적 형식을 빌려온 식민지 피지배자들 그리고 이전의 식민지 피지배자들(ex-colonisés) 혹은 탈식민지 피지배

---

[4] 위의 글, p. 129.
[5] A. FINKIELKRAUT, *Qu'est-ce que la France?*, p. 372. 핑켈크로트의 유럽 중심주의와 자기 민족 중심주의는 사실로 밝혀졌고, 작가는 유럽문화의 가정된, 하지만 증명되지 않은 우월성에 대해서 아무런 의심도 하지 않았다. 이러한 입장은 그가 "소설의 독자는 자각하지 못하는 기독교인이다"라고 선언하도록 했다. 이렇게 말하면서 그는 암묵적으로 유럽인이 아닌 모든 사람과 기독교를 믿지 않는 모든 사람을 배제한다. 핑켈크로트가 쿤데라의 반대편에 있다는 사실은 명백하다.

자들(post-colonisés)은 무엇을 해야 하는가? 그들은 교회의 스테인드글라스, 기둥머리와 포치 같은 돌과 빛의 책들을 지니고 있는가? 아니다. 경계를 조금 더 넓히기 위해서 – 존경받는 소설 작품을 쓴 대부분의 이곳 세네갈 작가들이 기독교도가 아니라 이슬람교도로 태어났다는 사실을 덧붙여야 한다. 그들은 세네갈에서 실천되는 그대로, 말하자면 이교와 뒤섞인 이슬람에 노출되었다. 프랑스어 학교에 다니면서 그들이 유럽 역사와 문명의 토대를 이루고, 공화정이라는 프랑스의 오래된 이상에 충성을 서약하는 기독교의 본질과 친숙해진 것은 분명히 사실이다.

따라서 프랑스어로 작품을 쓰는 아프리카 소설가가 기댈 수 있는, 흔하지 않은 벽 중 하나는 바로 아프리카의 구술 전통이다. 그것은 고유하게 아프리카의 소설가에게 속한 것이기 때문이다. 그렇지만 나는 그것이 기댈 수 있는 유일한 벽 혹은 유일한 영감의 원천이라고 말하지는 않을 것이다. 유럽의 대응물과 조금 구분되기 위해서, 그리고 코르셋을 조금 덜 조여들도록 하기 위해서, 자기 자신에 관해 이야기하고, 유럽적인 형식(소설)과 언어(프랑스어)를 빌려왔다는 것에 긍정의 대답을 하는 것처럼 보이면서, 이 새로운 소설가는 아프리카의 구술 전통과 아프리카의 풍습에 호소한다. 유럽적인 형식(소설)과 언어(프랑스어)를 빌려왔지만, 나는 나의 역사, 나의 과거, 나의 삶과 현재의 시간에 속하는 이야기를 하면서 거기에 아프리카적인 풍미를 첨가한다. 알제리 작가인 카텝 야신(Kateb Yacine)의 말을 좀 바꿔보면 프랑스어는 전쟁의 전리품이다![6]

이번에는 다른 아프리카 시인인 셍고르의 말을 인용해 보면, 아프리카의 작가는 고독한 행위에 몰두한다. 먼저 뿌리를 내리고, 이어서 (세상과) 소

---

6 [역주] 알제리가 프랑스로부터 독립한 직후 야신은 "프랑스어는 우리 전쟁의 전리품이다(Le français est notre butin de guerre)"라는 말로 알제리에서 이전 식민 지배자들의 언어였던 프랑스어 사용의 의미를 정의한 바 있다.

통하는 것, **뿌리박기**와 **열림**의 이중주이다. 그렇지만 우리는 다음과 같은 질문을 제기할 수 있다. 현대의 아프리카 작가는 왜 이렇게 구술 전통 속으로 뛰어드는 훈련에 몰두해야만 하는 것인가? 유럽의 식민지화가 그의 뿌리를 점령했고, 따라서 소외되었다고 느끼기 때문인가? 그것이 정체성 담론(discours identitaire)에 도움이 되는가? 소위 탈식민 시대인 지금까지도 여전히 그 충격파를 느낄 수 있는 어떤 상실, 어떤 결핍을 보상하기 위해서인가? 프랑스 식민 지배자들이 식민지의 엘리트들을 자기편으로 만들기 위해서 추진한 동일시의 과정을 완화하기 위해서인가? 여러 가지 단서들의 해답은 이 모든 질문의 결합 안에 위치한다고 생각된다.

이어지는 부분에서 나는, 나중에, 더 폭넓은 논의에 대한 기초를 다지기 위해서 현대성과 언어(langue)라는 두 개의 개념에 대해 실례를 들어 설명하려고 노력할 것이다. 이러한 실천의 목표는 내 논증에 상당한 논리적 일관성을 부여하고, 바로 그러한 이유로, 이 장을 이루는 서로 다른 소주제들을 연결해줄 길잡이를 만들어내는 것이다. 도달하고자 하는 또 다른 목표는 소설적인 이야기(récit romanesque)를 이용해 이러한 가정들과 (현대성, 언어 등의) 개념들을 이데올로기적인 해석을 적용해 엄격히 검토하는 것이다.

현대성부터 시작하면, 일반화의 오류에 빠지지 않기 위해서, 여기에서 내가 문제 삼는 것은 **유럽적이고 서구적인 현대성**이지 포괄적이고, 보편적이면서 분화되지 않은 개념으로서의 현대성이 아니라고 먼저 지적할 것이다. 이 개념이 말하자면 먼저 유럽과 미국을 매개로 고안되고, 개념화되고, 경험된 현대화라는 점을 강조하는 것은 아주 중요하다. 이러한 목적으로 C. A. 베일리는 다음과 같은 확인된 사실을 전한다. 현대화는 다양하다 (복수의 현대성, multiple modernities). 영국의 이 역사가에게 있어서 "서구적 유형의 현대화는 세네갈 혹은 인도네시아의 현대화와는 아주 다를 수 있다."[7] 따라서 우리가 나중에 그들의 지식, 여정, 교육과 **출신 환경**(*background*)에 근거해서 작품을 논의할 아프리카의 소설가들은 의식적이건 그렇지 않건 간에 이러한 서구적 유형의 현대화에 동조한다. 어떠한 원죄에 관해 그들을 비난할 것이 아니라 오히려 이러한 귀속과 유착의 기제를 이해하는 것이 중요하다. 아프리카의 소설가가 그리오, 전통적인 이야기꾼 혹은 유럽의 소설가와 동일한 관심사를 갖지 않는 것은 너무나 확실하다.

식민지에 도입된 이러한 서구적 유형의 현대성이라는 개념을 설명하고 가동하기 위해서 대영제국의 건축가 중 한 명이며, 특히 식민지 관리자로 일한 바 있는 영국령 아프리카와 나이지리아에 관해 루가드 경이 쓴 글을 예로 들어보도록 하자.

> 아마도 비록 우리가 이따금 과거의 강력한 방식들에 관해 계속해서 후회할 수 있다고 하더라도 우리는 머리에 짐을 이고 가는 것과 비교해서 증기기관차가 실질적인 진보이며, 낙타보다 자동차가 효율적이라는 사실을 받아들여야만 한다. 유럽인들의 도래가 유럽의 정신과 방식들이 아프리카의 토착민들에게 영향력을 행사하도록 만들었고, 여러 세대에 걸친 고락과 혼종이, 강제적으로, 현대적인 사고에 여지를 남겨주었음은 분명하다. 교육과 진보는 물질적인 발전을 동반한다.[8]

---

7   C. A. BAYLY, *The Birth of the Modern World. 1780-1914*, p. 10. 저자는 강조될 만한 가치가 있는 두 개의 견해를 덧붙인다. 첫 번째는 현대화가 서구적 기원을 갖는다고 사람들이 생각하기 때문에 비 서구인들은 서구인들을 따라잡으려고 노력하는 것 외에는 다른 선택이 없다는 사실과 관련된다. 두 번째 지적은 현대성의 가장 중요한 부분은 한 개인이 스스로 현대적이라고 느끼도록 하기 위해서 (간주하도록 하기 위해서?) 만들어졌다는 것이다.

8   F. LUGARD, *The Dual Mandate in British Tropical Africa*, p. 5.

작가의 이해력 속에서 교통수단, 증기기관차, 물질적인 발전, 교육, 진보와 보편적인 현대성, 이 모든 것이 유럽과 동의어인 것은 분명하다. 아프리카인들은 어쩔 수 없이 따르기만 할 뿐인데, 그들은 교통수단도 증기기관차도 발명하지 않았기 때문이다. 여기에서 에메 세제르(Aimé Césaire)의 시가 우리 머리에 떠오른다. 결론적으로 말해 그것이 서구적인 유형이건 그렇지 않건 간에 현대성과 관련해서 다음과 같은 숙제를 해결해야 한다. 본질에 근거한 정체성으로부터 지속적 방식으로 구축한 정체성으로 어떻게 옮겨갈 것인가? 이렇게 해서 우리는 자급자족 체제로 살아가는 (즉 고정된) 닫힌 세계에 기초를 둔 정체성으로부터 다른 영향력에 열린 세계로 간다. 그리고 이러한 열림은 필연적으로 내향(內向)이 주는 불변과 안전의 느낌을 불안정하게 하고, 문제 삼을 것이다.

이제 언어의 문제를 다루어보자. 여기에서 문제는 단순한 동시에 복잡하다. 언어, 우리 경우에는 프랑스어가 식민 지배자에 속하는 것이기 때문에 단순하다. 에메 세제르의 멋진 표현에 의하면 아프리카의 작가가 프랑스어를 "혼탁하게 만들었기" 때문에 복잡하다. 다른 말로 표현하면 조금 위에서 몽고 베티가 지적했듯이 프랑스어는 완전히 아프리카의 언어가 되었다. 검은 아프리카에서 프랑스어의 존재와 사용에 관련되는 복잡한 측면은 조금 뒤에서 아프리카 작가에게서 구술 전통에서 오는 서술 스타일(style de narration) 및 모티브들의 재창조와 전환을 분석할 때 분명해질 것이다.

난순한 부분에 접근하기 위해서 우리는 프랑스어의 건강을 수호하고 지키는 것이 가장 중요한 기능인 아카데미 프랑세즈의 (1635년으로 거슬러 올라가는) 의견서를 고찰해볼 수 있을 것이다. "아카데미의 가장 중요한 기능은 가능한 최대한의 주의와 근면함을 가지고 우리의 언어에 분명한 규칙을 부여하고, 우리의 언어가 순수하고 설득력 있게 예술과 과학을 다룰 수 있도록 만드는 것이다."[9]

이 구절에서 볼 수 있듯이 이 위엄 있는 기관의 임무 중 하나는 언어의 규칙을 존중하도록 하는 것이다. 하지만 세제르와 네그리튀드(Négritude)[10]의 시인들은 (초현실주의자들을 잊지 말자) 새로운 메시지를 전달하기 위해서 언어를 혼탁하게 만들었고, 비틀었고, 타락시켰다. 우리 아프리카 소설가들이 한 것이 그것들이다. 그들은 이 언어 안에 비틀기(contorsions)를 비롯해서 구술 전통과 같은 자신들의 모국어에 고유한 규칙들을, 세상을 보는 사고방식을 포함하려고 했는가? T. 토도로프는 "(예를 들어 아프리카의) 수많은 언어는 모든 저작물을 지칭하는 총칭적인 용어를 알지 못한다."[11]고 주장한다. 괄호를 열고 프랑스어의 순수성과 관련된 이러한 문제를 검토하는 것이 유용하다. 그런데 정말로 놀라운 것은 실제로 17세기에 시작된 이러한 논쟁이 우리가 사는 21세기 초에도 여전히 통용된다는 사실이다. 많은 아프리카의 작가들이 이 논쟁을 끝난 것으로 생각했고, 살만 루슈디(Salman Rushdie) 혹은 벤 오크리(Ben Okri) 두 사람처럼 자신이 영어로 글을 쓰는 작가이며, 그뿐이라고 생각하는 경향이 있다. 살만 루슈디는 인도파키스탄 출신이며, 벤 오크리는 나이지리아인이다. 게다가 그들은 영국에 산다! 거기에 대해서 우리는 V. S. 나이폴(Naipaul)처럼 말할 수 있다.

아카데미 프랑세즈의 언어에 관한 선언의 작성자들은 그들의 후손 중 한 명이며, 이 경우에는 언어학자이자 『로베르 사전』의 책임자인 알렝 레(Alain Rey)[12]가 "다른 언어들이 그렇듯이 프랑스어는 크레올어[13]이다"라는

---

9   *Dictionnaire de l'Académie Française*, p. IX.
10 [역주] 네그리튀드는 세계 제1차 대전과 2차 대전 사이에 에메 세제르와 레오폴드 셍고르 같은 검은 아프리카 출신 작가들을 중심으로 전개된 반식민주의를 주창하는 문학 운동이자 정치 운동이기도 했다.
11 T. TODOROV, *Les genres du discours*, p. 13.
12 A. REY, "Le français est un créole comme les autres", *Jeune Afrique*, No 2441-2442, du 21 Octobre au 3 Novembre 2007, pp. 142-145.

자신의 고유한 진실을 밀어붙일 때 다시 무덤으로 들어가야 한다. 더욱이 레에게 있어서 프랑스어는 라틴어에서 나온 크레올어이다. 유럽 언어들의 크레올어화 과정에서 켈트어를 사용하는 골족의 주민들이 제외되지는 않았고, 그것은 결국에는 서로 아주 가까운 방언 집단을 낳았다. 이 방언 집단의 최종적인 유사성은, 8세기부터, 사람들이 프랑스어라고 부르는 것이 되었다. 결론적으로 레는 프랑스에서, 라틴어화한 골어에서 무의식적으로 말하는 다양한 방식들의 통일과 함께, 이러한 과정이 글에서는 표준어에 도달했음을 제시한다. 여전히 언어의 순수성이라는 개념과 관련해서 이러한 생각은 혼종(métissage)의 예찬자인 레오폴드 셍고르의 이데올로기와는 상반된다.[14] 그에게 있어 모든 순수성은 동시에 궁핍화의 근원이다.

조금 위에서 제기된 문제들에 대한 대답은 조금 아래서 제시될 것이다. 지금으로서는 도입부를 끝맺기 위해서 나는 이 장에서 현대성과 언어라는 개념이 성찰의 중요한 두 축을 이룬다는 것을 지적해야 한다. 그리고 그것은 우리가 논리를 전개해가는 과정 내내 암암리에 존재할 것이다.

1. 소설 형식의 차용
: 이어달리기와 현지화의 시도들

인류의 역사에서 차용물들은 너무도 많아서 흔해졌다. 게다가 많은 차용

---

[13] [역주] 고대 스페인어에서 나온 크레올이라는 단어는 16세기 말에서 17세기 초에 프랑스어에 도입되어 유럽인 부모 사이에서 예전 식민지에서 태어난 사람들을 가리켰다.

[14] 다음을 볼 것. S. DIOP, "Léopard Sédar Seghor" in *Postcolonial African Writers*, S. F. Jagne & Parekh, eds. Westport, CT, USA, Greenwood Publishing, pp. 425-437.

물이 보편적인 것이 되었고, 모든 민족과 모든 인간 사회가 다른 민족과 사회에서 차용물을 빌려왔고, 계속 빌려오고 있다고 덧붙여야 한다. 이따금 차용자가 아주 잘 적응을 해서 이 기여분을 토착적인 것으로 믿고 간주하는 경우 이 차용물의 출처 혹은 유래를 되새겨 이야기하는 것은 불가능하다. 우리는 이런 경우를 이야기하는 것이 아니다. 한 걸음 더 나아가기 전에 나는 여기에서 우리의 흥미를 끄는 차용물은 소설이라는 사실을 명확히 해야 한다. 조금 위에서 주목한 것처럼 소설이라는 형식은 서구 유럽에서 탄생했다. 소설이 태동한 시대는 거대한 사회적인 변화가 일어나 제후적이고 토지 소유에 바탕을 둔 귀족계급이 돈벌이와 사업에 기댄 새로운 부르주아계급에 점진적으로, 하지만 확실하게 자신의 자리를 넘겨주기 시작하는 19세기였다. 게다가 산업화 및 증가하는 공장 일손의 필요성과 함께 촌락성을 희생시키고 도시화가 확산되었다. 따라서 싹트기 시작하는 산업화한 유럽의 사회적이고 문화적인 새로운 현실을 표현하기 위한 새로운 표현 형식을 갖는 것이 절박했다. 즉 소설은 때맞춰 탄생했다. D. 마들레나가 확언하는 것이 그것이다. "이론적 체계화가 이루어지지 않은 미완성의 장르인 소설은 양면성을 갖는 눈앞의 현실, 그리고 실제를 해석할 권리를 서로 다투는 모순적인 이데올로기와 밀접한 관계를 맺고 발전한다. 곧 구술 전통에서 멀어진 소설은 인간에 대해 불확실한 이미지를 부여한다. 더 이상 감정적이고 집단적인 참여를 불러오는 시적인 양식화(stylisation), 강하게 밀착된 운명과의 일치감이라는 이미지가 아니라 희극과 비극의 뒤섞임, 심리적인 불안정, 겉모습과 존재 사이의, 태도와 내면 사이의 분열된 이미지이다. 또한 독자를 형제와 동일시하고자 하는 묘사이다."[15]

작가에게, 소설적인 형태에, 저널리즘처럼 사건들에 대한 즉각적인 연

---

15   위의 글, p. 129.

대기를 만드는 것을 허용한다는 마들레나의 의견에 동조한다. 다시 한번 말하건대 새로운 사회 현실들은 표현 형식을 만들어 내기 위한 다소간 고정되고 경직된 (서사시 같은) 주형틀에 더 이상 동의하지 않기 때문이다. 분명 서사시는 소설과 동일한 행동반경, 동일한 탄력성을 용이하게 하지 않는다.

소설 장르를 빌려오고 나서, 이제 막 글쓰기를 시작한, 자신의 감성, 자신의 문화 혹은 자신이 속한 공동체의 감성을 해석하거나 이해시키기 시작한 아프리카의 작가가 무엇을 하겠는가? 주어진 가능성 중 하나는 프랑스어의 사용을 유지하면서 근원으로, 즉 구술 전통으로 되돌아가는 것이다. 이어지는 행에서는 세 명의 세네갈 소설가들의 허구적 이야기에서 발췌된 예들이 예시로 주어질 것이다. 먼저 우스만 셈벤의 소설 『하르마탄』, 『오 조국이여, 내 아름다운 민족이여!』와 함께 언어에 관한 예시가 이루어질 것이다. 이어서 현대소설에서 서사시적 형태의 사용에 관해 아미나타 소우 폴의 소설 『족장의 대추야자 나무』가 강조될 것이다. 마지막으로 현대성 및 현대성의 개념이 풍습, 전통과 맺고 있는 관계에 관해서 우스만 소세 디옵의 소설 『카림』을 분석할 것이다.

작가이며 영화감독인 우스만 셈벤은 소설 『하르마탄』의 첫머리에서 소위 전통적 아프리카에서 그리오의 역할을 강조하면서 우리에게 예를 제시해준다. 그는 다음과 같이 쓴다. "모두의 앞에서, 집회의 나무 아래에서, 각자의 행동과 몸짓을 기억하고 증언하는 것은 그리오이다. 내 작업에 대한 개념화는 이러한 가르침으로부터 생겨난다. 현실에서, 민중들에게서 가장 가까이 머무를 것."

아프리카의 많은 소설가와 작가들에게는 구술 전통과 그리오에 준거하는 경향이 있다. 그들은 구술 전통과 그리오에 찬성하거나 혹은 반대한다. 현대 아프리카 작가가 위에서 설명된 것과 같은 유형의 자기 것으로 삼기에 모두 동의하는 것은 아니기 때문이다. 찬성의 지지자 중 한 명인 M. 베스트만은 이렇게 쓴다.

> 사회적이고 정치적인 투쟁을 하면서 비록 셈벤이 유럽적인 몇몇 가치를 거부한다고 하더라도 그는 서구의 문학적 기여를 사용하고, 그것으로 충실해진다. 자신의 정체성을 부인하지 않고, 구술 전통과 단절하지 않고 그는 유럽 문학의 세계에 가담한다. 거기에서 '문학적 혼종(métissage)'의 미학이 유래한다. 그의 예술은 공격당한 서구의 소설 기법이 그리오와 아프리카 이야기꾼들의 예술과 합쳐지는 공생의 변증법이다.[16]

반대자들로서는 나이지리아의 대학교수인 오케칸 오와모이엘라의 견해가 있다. 이 작가에게 있어서 유럽의 언어로 글을 쓴다는 것은 아프리카의 진정한 전통이 남긴 유산을 자신의 것으로 만들기 위해 애쓰는 모든 아프리카 작가의 명예를 단숨에 실추시키는 것이다. 오와모이엘라의 신랄한 비판은 인용할 만한 가치가 있다.

> 전통적인 그리오의 계승자로서 현대 아프리카 작가의 요구는 부당하다. 왜냐하면 아프리카의 작가들을 그들의 유럽인 보호자에 연결하는 관련성이 존재하기 때문이다. 읽고 쓸 줄 아는 능력을 갖추고 있는가 혹은 갖추고 있지 않은가 하는 것은 유럽인들이 문명, 그리고 더 나아가 휴머니즘을 정의하기 위해서 사용하는 기준이었다. 문자 해독 능력이 있는 아프리카의 엘리트가 제국주의의 가장 좋은 결과들의 가장 좋은 예가 된다고 결론 내리는 것이 그들을 위해서는 합리

---

[16] M. BESTMAN, *Sembène Ousmane et l'esthétique du roman négro-africain*, pp. 170-171.

적이다. 유럽 중심주의의 본질적 특성들과의 강한 동일시와 함께 아프리카의 작가들은 제국주의자들이 아프리카에서 이룬 자신들의 쾌거를 부끄러워하는 것이 옳다는 어떤 암시도 부인한다. 대부분의 작가는 울리 바이어(Ulli Beier), 제럴드 무어(Gerald Moore), 존 리드(John Reed), 클리브 웨이크(Clive Wake) 그리고 몰리 마후드(Molly Mahood) 같은 유럽인들 덕분에 첫걸음을 내디뎠다고 생각한다. 그들은 모두 제국주의 기간 아프리카에서 가르쳤고, 독립 후에는, 혹은 자기 나라로 되돌아가 은퇴하거나 혹은 유럽의 대학들을 통해서 그리고 아프리카의 자료들에 대한 심한 갈증을 해소하기 위한 순회강연을 통해서 아프리카 작가들의 끊임없는 흐름을 이끄는 기획자가 되었다. 이러한 갈증은 1960년대 시작되어 많든 적든 간에 현재까지 계속된다. 유럽의 문학단체들 역시 아프리카의 작가들에게 커다란 중요성을 부여한다. 아프리카의 작가들은 아프리카에 대해서 아프리카의 언어로 쓰는 대신 유럽의 언어로 씀으로써 아프리카의 정신을 상세히 이해하고자 하는 그들의 행위에 도움을 준다.[17]

중요한 의미가 있는 이 머리말 다음에 셈벤은 소설의 한 부분에서 생각을 월로프어로 옮기려고 노력하지만, 그가 한 것은 단순한 번역 이상이다. 그는 월로프어 표현들을 부가물들(adjonctions)을 사용해 글자 그대로 프랑스어로 바꾼다. 몇 가지 예를 들어보자. 소설 『오 조국이여, 내 아름다운

---

[17] O. OWOMOYELA, *Visions and Revisions: Essays on African Literatures and Criticism*, pp. 24-25. 다른 작가인 E. 심슨이 다음과 같이 쓸 때 그는 오와모이엘라의 진술을 확증한다. "정확히 아프리카의 엘리트라 할 아프리카의 작가들은 자기 자신의 언어로 거의 학습을 하지 않았다. 그러므로 그들은 아프리카의 언어로 작품을 창조할 수 없다. 결과적으로 아프리카 언어로 된 문학은 거의 유일하게, 연구자들이 녹음하고 옮겨 적기 시작했을 뿐인 문학인 구술 전통의 차원에서 존재하는 것으로 드러난다." (E. SIMPSON, "Bilinguisme et création littéraire en Afrique", p. 47).

민족이여!』의 19페이지에서 우리는 '세상이 여행을 떠난다(le monde va en voyage)'라는 표현을 발견한다. 현대 표준 프랑스어에서 이러한 표현은 존재하지 않고, 소설가가 월로프어로 'adunda tuki na'라고 서술된 그대로 이 표현을 번역했다는 사실을 이해하기 위해서는 월로프어에 친숙해져야 한다. 월로프어에서 이러한 표현은 의미가 있고, 단순히 '세월이 변했다' 혹은 '만물이 더 이상 예전 그대로가 아니다'라는 의미이다. 그렇지만 셈벤이 한 것처럼 프랑스어로 그대로 옮겨진 이 표현은 아무런 의미가 없다. 같은 소설 18페이지에서는 다음과 같은 표현이 독자에게 제시된다. '나는 네 목을 벤다(Je coupe ton coup)'. 이 표현이 사용된 상황은 두 등장인물이 나누는 대화와 관련되어서이고, 그중 한 명이 이 문장을 말한다. 월로프어로 이 표현은 'maa ngui daga sa baat'이고 '당신 말을 자르겠다'라는 의미이다. 월로프어로 이 문장을 들으면, 그것은 의미를 지니지만 프랑스어로는 그렇지 않다. 적어도 세네갈의 이 언어에 친숙하지 않은 독자는 상징적 방식이 아니라 글자 그대로 이 표현을 이해할 것이다. 요컨대 'baat'라는 단어는 이중의 의미를 지니는데, '목'과 '말'을 동시에 의미하기 때문이다.

질문: 왜 셈벤은 월로프어 단어에 상응하는 프랑스어의 정확한 표현을 찾으려고 애쓰지 않는가? 대답: 세제르가 말한 프랑스어의 파괴(cannibalisation)로 되돌아가기 위해서이다. 이 방법은 지배자의, 식민 통치자의 언어를 전복시키는 바로 그 행위에 가담하는 세네갈 소설가가 사용하는 방법이다. 그렇다. 당신은 내게 당신의 언어를 주었지만, 그 언어는 이제 더 이상 당신에게 속하지 않는다고 셈벤은 말하는 것처럼 보인다. 나는 마음 내키는 대로 프랑스어를 사용했다! 이제 이 언어는 탈영토화(déterritorialisée) 되었고, 그것은 대도시를 떠나 열대지방에 도착했고, 카텝 야신이 말한 유명한 전쟁의 전리품인 프랑스어는 식민지 피지배자에게 사로잡혔다. 그렇지만 이 표현을 보충해 완전하게 만들기 위해서는, 셈벤이

라는 인물 주위에 동그라미를 침으로써, 적어도 주어진 예들 속에서는 그의 글쓰기 특히 그의 프랑스어의 사용에 대해 우리가 어렵지 않게 분명한 생각을 가질 수 있을 것이라는 점을 덧붙여야 한다. 그는 급진주의자, 반제국주의자, 민족주의자이며 애국자, 범아프리카주의자로 여겨진다. 아마도 이 점이 그것을 설명할 수 있을 것이다. 게다가 식민 지배를 받은 수많은 다른 작가들이 그렇듯이 셈벤은 아카데미 프랑세즈의 명령과 모든 오염으로부터 프랑스어를 수호하고자 하는 아카데미 프랑세즈의 기능을 전혀 존중하는 것처럼 보이지 않는다.

아마도 한편으로는 셈벤, 그리고 다른 한편으로는 소우 폴, 소세 디옵 혹은 하미두 칸(Hamidou Kane) 사이에는 미묘한 구분선이 존재한다. 레이저 빔의 집합체가 이 작가들의 교육, 삶 그리고 개인적인 이력에 빛을 투영한다. (아마도 대학교를 졸업한 칸과 소우 폴을 제외하고) 그들이 유사한 삶의 여정을 따라가지 않았다는 사실은 분명하다. 이것은 몇몇 주제와 관련해서, 하지만 특히, 프랑스어에 관한 이 작가들의 입장을 더 잘 이해하기 위해서 고려해야 할 중요한 측면이다. 무슨 말인가? 셈벤이 독학을 했다는 것은 잘 알려져 있다. 그는 초등학교조차 졸업하지 못했다. 따라서 흔히 말하듯이 그를 형성한 곳은 삶이라는 학교였다. 반대로 두 번째 범주의 작가들은 장학금을 받고 대학과 프랑스에서 고등교육기관을 다니는 일종의 특권을 누린 작가들로 이루어진다.

고향으로 되돌아와서 그들은 세네갈의 공직과 행정기관에 자리 잡는데 아무런 어려움도 겪지 않았다. 내가 이런 말을 하는 것은 그들의 공로를 폄하하기 위해서가 아니다. 아주 단순하게 우스만 셈벤은 대학교에 다닌 이력이 없고, 그것은 아주 잘 알려진 사실이다. 글쓰기와 영화에 이르기 전에 그는 벽돌공, 항만 노동자, 조합운동가 등이었다. 이 모든 정보를 고려하면 셈벤이 프랑스어의 역할과 기능에 대해 다른 동료 작가들 그리고 대학교수들과 같은 견해를 가질 수 없었던 것은 완전히 납득할 수 있고, 당연하다. 실제로 글을 쓰고, 살아가는 방식에서 그는 – 대학 교육을 받은 사람들의 – 스스로 일종의 반문화(contre-culture)의 기수가 되어 서민이라는 깃발을 들고 있는 엘리트 문화와 구분된다. 반문화는 지적이고, 정치적이고, 경제적인 엘리트를 공격하였다. 실제로 이러한 구분은 이 작가들 개개인의 개성과 독자성을 강화할 뿐이다. 어떠한 획일성과 균질성으로부터 우리를 멀어지게 하는 이러한 구분은 환영할 만하다. 셈벤의 사상을 요약해 표현해야 한다면, 다음과 같은 신조를 내세울 수 있을 것이다. "가르치라, 교육하라, 즐기라, 그리고 … 저항하라". 셈벤의 이러한 선택을 더 잘 이해하기 위해서 그가 마르크스주의자이며 공산주의 투사였다는 사실을 덧붙여야 한다. 르벨이 정확하게 말하는 것처럼 "1950년대에는 마르크스주의자가 현실의 모든 영역에 해답을 가져올 것 같았다."[18]

아미나타 소우 폴은 어휘적 징후(manifestations lexicales)라는 영역에서 셈벤보다 덜 급진적이며, 더 절제되어 있을 수 있다. 조르주 엔갈[19]은 소우 폴의 몇몇 소설에는 아프리카의 현실을 표현하는 어휘적 징후가 대량으로 난입해 있다고 지적한다. 조금 아래에 엔갈은 덧붙인다. "아미나타 소우 폴의 소설들에서는 월로프어와 프랑스어가 나란히 나아간다. … 세네갈의 소설가는 단순히 어휘적인 차용으로 만족하지 않고, 월로프어와 프랑스어 문장을 번갈아 가며 사용한다. 이렇게 그녀는 특별한 통사적 관계들을 창조한다."

소우 폴은 세네갈 최초의 여류소설가 중 한 명이다. 우선 소우 폴의 『족장의 대추야자 나무』는 주네트의 정의에 따르면 하이퍼텍스트로 간주될

---

18 REVEL, 위의 글, p. 297.
19 G. NGAL, *Création et rupture africaine*, p. 58 et p. 59.

수 있다. 주네트는 하이퍼텍스트를 이렇게 정의한다. "단순한 변형 혹은 간접적인 변형에 의해서 이전의 텍스트로부터 파생된 모든 텍스트."[20] 우리는 소설에서 몇몇 에피소드 혹은 짧은 이야기들(mini-récits)을 예로 들겠지만, 우리의 문제 제기 즉 현대 세네갈 소설 속에 존재하는 서사시에 고유한 담화의 양태들(modalités discursives)의 흔적(traçabilité)과 관련해서 오직 14번째 에피소드가 우리의 이목을 끌 것이다. 실제로, 우연히, 이 에피소드의 제목은 "푸잘롱(Foudjallon)의 서사시"이다. 소설 속에 서사시적인 스타일이 포함됨으로써 생긴 결과를 더 잘 파악하기 위해서는 다소라도 문맥을 재구성하는 것이 중요할 것이다. 성지순례를 완성하기 위해 매년 바바이셀리(Babayselli)라는 마을로 되돌아가는 도시에 사는 한 가족에 관한 이야기이다. 더 좋은 것은 10페이지에는 다음과 같은 대목이 있다. "그들의 영광스러운 조상들에게 걸맞은 무덤을 마련해주기 위해서 아무것도 준비해두지 않은 한 공동체의 결정에 관련된다." 작가는 전통과 현대성이라는 이분법을 부각하는데, 이 가족 구성원 모두가 서구에서 교육을 받았음에도 불구하고 그들을 조상 그리고 과거와 이어주는 탯줄을 지니고 있기 때문이다. 그러니까 그들에 의하면 이 과거는 도시가 아니라 농촌과 시골 마을에서만 존속하고, 농촌과 시골 마을에서만 활력을 되찾을 수 있을 뿐이다. 도시는 현대성의 근거지이다. 단순화해 보면 시골 마을이 전통을 나타내는 반면 도시는 현대성의 상징이다. 또한, 우리는 전통과 현대성 사이에서, 마을과 도시 사이에서 중용과 균형점을 발견하고자 하는 이 공동체의 지속적인 노력을 느낄 수 있다. 그리고 그것은 오늘날 아프리카인 대부분의 운명일 것이다. 자신들의 뿌리와 단절되지 않고, 소외되지 않은 채로 어떻게 하면 세계화에 참여하고, 셍고르가 이야기하는 것처럼 보편

---

[20] G. GENETTE, *Palimpsestes, la littérature au second degré*, p. 14.

이라는 연회에서 자리 잡을 수 있을 것인가?

따라서 매번 성지순례를 할 때마다 그리오가 이 공동체의 혈통에 관한 무훈시를 음송하지만, 그 해에 그리오가 죽었고 그는 "푸잘롱의 서사시"를 음송하는 인물 중 한 명 – 이 경우에는 나루(Naaru) – 에 속한다. 서사시를 다루는 장에서 이미 입증한 것처럼 서사적 이야기는 결코 종결되지 않는다. 이전의 서창자가 멈춘 그곳에서 새로운 서창자가 다시 시작하고, 연행을 계속하기 때문이다. 이러한 연행 덕분에 부족의 기억은 영속된다. 이야기꾼이 누구인가는 상관없다.

문체론적인 관점에서 다시 한번 주네트[21]의 이론을 언급해 보자면, 대서사(R)는 소설의 디에제틱(diégétique)한[22] 틀을 이룬다. 프랑스 문학비평의 도식을 계속 따라가 본다면, "푸잘롱의 서사시"는 소서사(r)를 구성하고, 바로 그러한 이유로, 헤테로디에제틱(hétérodiégétique)한 변형이 된다. 왜냐하면, 아프리카의 구술 전통에서 이 서사시를 끌어오면서 소우 폴은 사실상 첫 번째의 디에제틱한 틀(R)을 변형시키지 않기 때문이다. 소설가에 의한 서사시적 이야기라는 차용물은 내가 조금 위에서 전개한, 현대 소설가들에게 구술 전통이 영감의 원천이 된다는 사실에 근거를 둔 생각

---

21   G. GENETTE, 위의 글, p. 343.
22   [역주] 디제제틱(diégétique)은 디에제즈(diégèse)의 형용사형이다. 먼저 영화분석에서 사용된 개념이며, 이 개념을 발전시켜 문학 분석에 적용한 사람이 제라르 주네트이다. 주네트는 *FiguresIII*에서 디에제즈(diégèse)를 "이야기의 시·공간적인 세계(l'univers spatio-temporel du récit)"로 정의한다. 그는 세 가지 차원의 디에제즈를 구분하는데, ① 엑스트라디에제틱(extradiégétique)의 차원이다. 이것은 예를 들어 전지적인 작가처럼 이야기의 허구적 세계에 개입하지 않는 서술의 차원이다. ② 엔트라디에제틱(intradiégétique)의 차원이다. 이것은 등장인물의 생각과 행동을 서술하는 차원을 의미한다. ③ 메타디에제틱(métadiégétique)의 차원이다. 이것은 디제제즈가 자신의 디에제즈를 갖는 경우, 즉 등장인물이 화자가 되는 경우이다. 가장 전형적인 예는 작품 속에서 셰에라자드가 다른 이야기의 화자로 등장하는 『천일야화』이다.

을 확인해준다. 전통과 현대성이라는 한 쌍을 검토하면서 소우 폴은, 바로 그 때문에, 정체성 담론(discours identitaire)을 강조한다. 다음과 같은 문제를 스스로에게 제기해야 하기 때문이다. 이 공동체가 자신의 정체성 속에 확고하게 뿌리내릴 수 있었다면 왜 도시에 머무르지 않는가? 조상들의 세계로 다시 스며들기 위해서 시골 마을로 되돌아가야 할 (근원으로의 회귀) 필요성이 존재하는 것은 무슨 이유에서인가? 말이 난 김에 중요한 사실을 떠올려야 하는데, 즉 바바이셀리에는 조상들의 무덤이 존재한다는 것이다. 주지하듯이 정해진 한 공동체의 여러 세대가 같은 장소에 묻혀있다면 그것은 그 땅에 적법하게 소속한다는, 그 영토에 결정적으로 뿌리내렸다는 명백한 증거이며, 심지어 진실한 원지성(原地性, autochtonie)의 표방이 가능해지기까지 한다.[23] 따라서 현대성이라는 틀 속에서 정체성 담화의 까다

---

[23] 최근에 타국에서 이민을 온 모든 공동체가 이러한 '무덤'의 차별에 직면하고 있다는 사실을 명확히 해야 한다. 이러한 차별은 새로운 이주민들의 배제 혹은 소외를 정당화하고, 인정하고, 보증한다. 아주 오래전부터 그곳에 있었던 토착민들과는 달리 그들은 더 이상 무덤을 기억하지 못하고, 새로운 이주민들은 조상들의 무덤에 대한 증거가 없기 때문이다. 한번은 다카르에서 남쪽으로 멀지 않은 전통적인 어촌 마을인, 그리고 오늘날에는 초현대적인 해변 관광지가 된 엔가파루(Ngaparou)에서 1990년대 총선에 즈음해서 마을 사람들과 토론을 벌이다가 왜 어떤 후보자(이 후보자를 X씨라고 부르겠다)에게 투표하지 않을 거냐는 질문을 했던 일이 기억난다. 대답은 단도직입적이었다. 고백하건대 이 대답은 나를 놀라게 했고, 나는 허를 찔렸다. 마을 사람들에 의하면 후보자 X씨는 이 마을에 7대까지 거슬러 올라가는 조상이 없고, 따라서 엔가파루 마을의 진정한 아들로 여겨질 수 없다는 것이다. 따라서 그는 국회에서 이 지역을 대표할 수 없다. 게다가 그때 여전히 살아있었지만 아주 나이가 많았던 그 후보자의 아버지가 그 마을에 정착한 첫 번째 사람이었고, 아들인 X씨가 태어났다. 가문의 제일 처음 이주민이었던 아버지가 여전히 살아있었을 뿐 아니라 그에 더해서 X씨 가문은 한 명의 조상도 없다. 이것이 후보자 X씨를 향한 차별의 근거이다. 이 어촌마을의 역사에 관해 다소라도 알고 있는지 내가 마을 사람들에게 반박했을 때 그들은 조금 일찍 왔을지라도 그들 역시 (X씨처럼) 이민자들이라는 사실을 납득했지만 전혀 마음을 움직이지 않았다. 시간의 흐름에 따라 '월로프화'한 엔가파루의 이 레부족(Lébous)은 실제로는 혼혈인이다. 그들은 남쪽으로부터 온 (소세(Socés)라는 이름으로도 알려진) 만딩고족과 북쪽과 중앙

로움은 날이 서 있다. 이러한 현대성은 불가피하게 빠른 변화와 전복을 동반하기 때문이다. 미국 하버드대 교수인 S. 헌팅턴은 이러한 결과에 대해 다음과 같이 지적한다.

> 급속한 변화의 순간에 확립된 정체성은 산산조각이 난다. 자아는 재정의되어야 하고 새로운 정체성이 재창조되어야 한다.[24]

전통적인 서사시 스타일의 차용과정에서 A. 소우 폴은 (여기서는 도시와 연관된) 현대성이라는 문제로 서서히 이행한다. 그리고 현대성이라는 문제는 언어와 연결된다. 여기에서 흥미롭게 지적할 점은 우리가 두 언어와 마주하고 있다는 사실이다. 한편으로는 출신지의 언어, 공동체의 언어 즉 아프리카어와 다른 한편으로는 프랑스어이다. 시골 마을로 성지순례를 하는 공동체의 구성원 모두가 유럽식으로 교육받았다는 사실을 잊으면 안 되기 때문이다. 결론적으로 말해 작가는 프랑스어로 표현된 세네갈 소설에서 언어의 문제를 떠올리지 않고 구술 전통을 다루는 것이 실제로 어렵다는 것을 – 그렇지 않으면 불가능하다는 것을 – 보여준다. 그 증거로 소우 폴의 소설은 프랑스어로 쓰였다!

마지막으로 우스만 소세 디옵의 소설인 『카림』에 도달했다. 이 이야기에서 작가는 단지 전통과 현대성을 공존하도록 하는 것으로 만족하지 않는다. 그뿐 아니라 그는 유럽적 가치들과의 접촉으로 아프리카 문화가 겪

으로부터 온 세레르족 간의 혼혈이라는 점을 기억해야 한다. 예를 들어 유럽과 프랑스에서 프랑스의 이전 식민지 출신의 이민자들은 무덤이라는 증거에 근거한 이러한 차별에 직면한다.
[역주] 레부는 세네갈 시골 마을의 공동체이다.

24 S. HUNTINGTON, *The Clash of Civilizations and the Remaking of World Order*, p. 97.

은 변화에 대해 간략하게 설명한다. 셰이크 아미두 카인과 함께 조금 후에 보게 될 것처럼 이러한 접촉은 유럽에서 오는 명백한 폭력을 배경으로 전개되었다.

소설 『카림』의 배경은 세네갈의 생루이이다. 이 도시는 검은 아프리카 최초의 프랑스적인 도시로 여겨졌고, 르네상스 시대 이후 유럽의 확장과 식민지개발이라는 틀 속에서 실험실이자 중요한 감시의 중심이 되었다. 생루이는 생물학적일 뿐만 아니라 문화적으로도 혼종의 도시였다. 먼저 생물학적 혼종인데, 백인과 흑인의 결혼으로 인한 혼종뿐만 아니라 아랍, 베르베르, 아프리카 상인들 간의 결혼으로 인한 혼종이 이루어졌다. 이 도시는 다음과 같은 세 개의 문화와 문명이 서로 만나는 용광로이자 교차로였다. 프랑스/유럽, 세네갈/아프리카, 그리고 아랍 - 이슬람/동양의 문화와 문명이 그것이다. A. 세제르가 아주 잘 표현했듯이 유럽인들이 – 아프리카에서건, 카리브지역에서건, 태평양에서건, 아시아에서건 – 토착민들과 접촉한 식민지 사회들에서 문제가 되는 사회의 계급화는 피할 수 없다. 아이티에 관한 저서에서 세제르는 마르티니크의 저명한 네그리튀드 시인에 대해 이렇게 쓴다.

> 식민지 사회 : 계급보다 존재론 : 위에는 백인 – 단어의 완전한 의미에서 하얗다 – 아래에는 흑인, 법인격이 없는, 하나의 비품 : 물건, 무(無)라고 해도 과언이 아닌 : 하지만 이 전체와 이 무(無) 사이에는 강력한 중간이 있다 : 흑백 혼혈인, 자유로운 색깔의 인간.[25]

---

[25] A. CESAIRE, *Toussaint Louverture. La révolution française et le problème colonial*, p. 33. 식민지 생루이에서의 흑인들과 백인들 간의 관계에 관해서는 최근의 다음 저서를 볼 것. Sylvain SANKALE, *A la mode du pays. Chroniques saint-louisiennes*, Paris, Editions Riveneuve, 2007.

이러한 계급화가 유럽인들이 건설한 모든 식민지 사회의 궁륭(穹窿)을 열 열쇠이다. 독자가 이해할 수 있듯이 세제르의 관점은 소세 디옵의 관점과 아주 강하게 대조를 이룬다. 소세 디옵은 큰 파동이 일지 않고, 불가항력적인 대립이 없는 세계를 복원한다. 생루이의 주민들이 별로 큰 문제 없이 서양과 동양이 가져온 변화를 겪은 듯한 인상을 받는다. 극단적인 경우에 심지어 그들은 그것을 자랑스러워한다. 그렇지만 우리는 세제르와 소세 디옵 간의 비교를 무한정 길게 이어갈 수는 없다. 세네갈의 소설가에게 유리하게 생루이의 흑인들이 아주 계급화된 식민체제의 사회에서 살았지만, 아이티와는 다르게 생루이는 플랜테이션의 문화에 근거에서 건설된 노예제 사회는 아니었으며 아프리카의 대지에 사는 이 흑인들은 자신들의 언어와 인격을 가지고 있었다는 생각이 효과를 발휘한다.

게다가 생루이 시민들은 아이티인들이 갖지 못한 지표를 지녔다. 식민지화가 완전히 없애버리는 데 성공하지 못한 (월로프어, 풀라르어, 아랍어 등) 자신들의 언어, 자신들의 전통과 관습, 마지막으로 프랑스라는 서구 문화와 충돌하며, 프랑스 문화에 동화되는 과정을 완화하는 이슬람 문화가 그것이다. 그렇지만 마지막으로 분석하자면 모든 식민지 사회는 공통적으로 이러한 계급화를 겪었다. 그것은 (소세 디옵의 소설에서) 생루이에서뿐 아니라 (세제르의 에세이에서) 아이티에서도 유효하다.

『카림』에서 발견할 수 있는 이러한 여유로운 태도는 『불확실한 모험, L'aventure ambiguë』에서 삼바 디알로(Samba Diallo)가 겪은 형이상학적이고 존재론적인 고난 그리고 고통과는 아주 멀리 있다. 『카림』에서 생루이에 대한 묘사를 인용해 보자.

> 세네갈의 생루이는 오래된 프랑스의 도시이며, 세네갈의 우아함과 세련된 취향의 중심이다. 생루이는 19세기 내내 이런 역할을 했다. 오늘날 다카르와 같은 젊은 도시들과의 경쟁에서 생루이는 쇠퇴했

다. 하지만 여전히 그곳에서 호사스러운 의식, 축제, 동양적 위풍당당함, 아랍 문명의 강한 흔적을 발견할 수 있다.[26]

고전적인 텍스트의 해석에 몰두한다면 이 단락은 풍부한 정보가 담겨있고, 생루이 문화의 모든 미묘한 차이를 한눈에 보여준다. 우선 생루이는 프랑스의 우아함과 세네갈의 세련된 취향을 동시에 지닌다. 우아함은 프랑스어와 의복 착용에서 드러나는 것일 수 있다. 세련된 취향은 옷차림, 요리의 풍미 혹은 자신을 표현하는 방식과 동의어일 수 있다. 아래에서 우리는 동양의 아랍문화에 속하지만, 죽음과 장례식마저도 일상 속에 수용되는 아프리카의 이교 문화를 바탕으로 하는 의식들과 축제들에 대해 살펴볼 것이다. 요컨대 새로운 경제활동의 중심이 된 다카르와 같은 새로운 도시와의 경쟁으로 인한 도시의 쇠퇴에도 불구하고 생루이는 과거에 매달려 살아남으려 애쓴다. 생루이의 과거는 분명 찬란했지만, 추월당하는 중이고, 나날이 힘을 잃어 가는 과거이다.

소설의 등장인물 중 한 명에 대한 묘사에서(p. 22), 이 경우에는 소설의 주인공인 카림이 애지중지하는 딸인 마리엠(Marième)에 관한 묘사인데, 작가는 생존에 대한 강박관념, 생루이 시민들이 전통에 집착하도록 충동하는 본능을 부각한다. "침대 위에 앉아 마리엠은 소매가 부풀려진, 팔꿈치가 강조된 캐미솔을 입고 있었다. 자수 아래로 새틴처럼 윤기 있는 피부의 벽돌색 팔이 드러나 있었다. 소맷부리는 섬세했고, 팔목은 팔씨로 덮여 있었다. 우아한 주름이 둘러싸고 있는 드러난 목 언저리는 숙여지곤 했다. 귀에는 귀고리가 달려 있었다. 그리고 흑단 같은, 땋아 늘인 머리채 중 하나의 끝부분에서는 금화가 이마에서 빛나고 있었다. 그녀는 월로프족

---

[26] O. S. DIOP, *Karim*, p. 18.

장인들이 짠 무거운 옷을 헐렁하게 걸치고 있었다."

　이 대목에서 알 수 있듯이 작가는 우리에게 흑인 여성의 아름다움을 보여준다. 하지만 특히 치장과 의복의 덕을 본 부유한 여성이다. 그녀는 전통과 아주 가깝지만, 프랑스의 언어와 문화의 색채를 강하게 지니며, 거기에서 영향받은 환경에서 산다. 많은 세네갈인의 상상력 속에서 생루이 시민은 세련된, 장사를 잘하는 상인이며, 모든 상황에 쉽게 적응하는 어떤 사람, 그리고 심지어는 술책과 인간의 심리를 조정하는 모든 종류의 기술을 통제하는 어떤 사람으로 나타난다. (왜곡되고 주관적일 수 있는) 이러한 인식은 위에서 언급된 세 개의 문화, 즉 세네갈 문화, 프랑스 문화 그리고 아랍 - 동양의 문화에서 오는 가치들의 교묘한 혼합에서 나오는 것이다.

2. 아프리카와 서구의 만남 이야기
　　: 트라우마

　C. H. 칸의 두 번째 소설인『사원의 수호자들』은 탈 식민지적인 이야기로 여겨질 수 있다. 우리는 거기에서 칸의 첫 소설『불확실한 모험』의 몇몇 특징을 발견한다. 그렇지만 두 소설의 중요한 차이는『불확실한 모험』은 제국주의의 마지막 시기, 정치적 독립 그리고 아프리카에서 새로운 국가가 탄생하는 여명기라는 교차지점이 배경이 된다는 점이다. 첫 소설에서 작가는 서구와 아프리카의 폭력적 만남과 특히 아프리카의 변화를 열정적으로 묘사한다. 두 번째 소설과 함께 작가가 독립에 대해 거리를 두는 장점을 확보했고, 약 30년간의 탈 식민지적인 삶을 평가할 수 있는 소재를 획득하기까지 했다고 말하는 것이 합리적이다. 그렇지만 칸은 - 1960년에서 1990년대 말까지 - 경과된 시간은 한 국가와 한 대륙의 존속

기간 내에서는 아주 짧다는 사실을 주장하는 것처럼 보인다. 하물며 시간의 흐름에도 불구하고 몇몇 문제는 계속되고, 가장 의미심장하고 가장 즉각적인 문제는 전통적인 아프리카적 가치의 상실 및 시간의 흐름에 따라 풍화하는 이러한 가치들 속에서의 고착이다. 게다가 칸은 그의 첫 소설에서 한 치도 물러설 수 없고, 유럽과 아프리카라는 두 항으로 이루어지는 변증법과 마주하도록 하는 서사시적인 전투를 만들어 낸다. 지배하는 자와 지배받는 자, 식민지 지배자와 식민지 피지배자를 대면시키는 변증법, 다른 말로 하면 이원론적이고 기계론적인 관계이다.

그렇지만 정확하게 말해 이 세 명의 세네갈 소설가 셈벤, 소우 폴, 소세 디옵과 여기에서 그의 소설을 다룬 하미두 칸은 전통적 가치의 상실을 안타까워하도록 만들기만 하는 것은 아니다. 분명 그들은 전통에 집착한다 – 적어도 몇몇 측면에서 보면 – 하지만 그들의 소설을 통해 우리는 현재 역시 그들을 사로잡고 있으며, 그들은 과거 속으로 매몰되지 않는다는 것을 느낀다.

소설 『사원의 수호자들』로 되돌아가 보면, 칸은 전통의 중요성을 강조한다. 16페이지에 이런 짧은 대목이 있다. "그래서 디알로베 사람들은(les Diallobé) 누구라도 자신의 고유한 전통 속에서만 의연할 수 있다고 생각했다. 빌려온 존엄이란 상상할 수 없다." 물론 서구로부터 빌려온 것이지만 다양한 지역으로부터 빌려온 것이기도 하다. 『불확실한 모험』에서 내가 아프리카와 서구의 대면이 가져오는 단순한 특성을 강조했다면, 반대로 『사원의 수호자들』에서 작가는 등장인물들의 끝없는 연속을 보여준다. 등장인물 각자는 자신의 방식으로 탈 식민시대의 아프리카, 오늘날의 아프리카를 이루는 복잡한 고리의 하나의 사슬이다. 이제는 단지 두 전사를 대면시키는 단순한 전투 – 조금 위에서 언급한 이분법적인 관계 – 가 아니라 오히려 여러 전사가 서로 맞붙는 전쟁터이다. 따라서 가장 어려운 과업

중 하나는 국가의 건설이다. 국가는 민족, 언어, 풍속과 습관, 과거, 전통 등이 이미 서로 단단하게 엉겨 응집된 기반 위에 건설되어야 한다. 전통을 보존하면서 현대적인 국가를 건설해야 하는 도전에 어떻게 응할 것인가? 칸이 그의 두 번째 소설에서 제기하는 것처럼 보이는 문제 중 하나가 바로 그것이다.

그렇다고 해도 아프리카와 서구 간 만남의 잔재들로부터 생겨난 트라우마가 계속된다. 그렇지만 두 소설에서 칸은 자연을 정복하고, 자신의 기술, 언어, 문화와 세상을 보는 방식을 다른 사람들에게 강제적으로 강요하는 인간인 유럽인의 잔인한 성격을 강조한다. 유럽인은 아프리카인과 자연이 맺고 있는 밀접한 관계에 관심을 두지 않는다. 유럽인이 자연을 지배하고, 자연에 자신의 법칙을 강요하려 한다면 아프리카인은 자연을 받아들이고, 자연의 변덕에 순응하려 애쓴다. 디알로베 사람들은 자신들의 고유한 신앙, 고유한 언어, 삶과 세상에 대한 철학과 같은 세계관(weltanschauung)을 갖고 있다. 그들의 정체성은 이러한 가치들의 총합에 근거한다. 그렇기 때문에 작가는 차용물에 근거한 정체성은 실현 가능하지 않다고 명확히 밝힌다.

그렇지만 『불확실한 모험』과 『사원의 수호자들』이라는 칸의 두 소설을 통해서 우리는 오마르적이고 티암적인 – 비라힘 티암이라는 이름의 이야기꾼의 – 흔적을 느낀다. 디알로베 사람들의 전통은 상당한 양의 종교적이고 이슬람적인 신비주의를 포함한다. 그 결과 우리는 디알로베 사람들을 통해서 할 풀라르족의 세계관, 엄격주의, 수피교의 숨결과 오마르 서사시에 관한 논의를 다룬 장에서 언급한 바 있는 이교적이고 범신론적인 아프리카의 전통과 타협하지 않은 이슬람의 실천 같은, 금욕주의에 근거한 세계관을 암암리에 느낀다. 요컨대 디알로베 사람들의 전통은 이슬람이라는 단 하나의 버팀목을 매개로 전해진다.

칸의 소설을 셈벤 및 소우 폴의 소설과 비교해보면 우리는 칸의 소설에서보다 셈벤과 소우 폴의 작품에서 여러 세기에 걸쳐 오래전부터 전해내려온 아프리카의 전통이 더 찬양되었음을 이해할 수 있다. 엘 하즈 오마르에게서 그런 것처럼, 디알로베 사람들에게서 그런 것처럼, 뒤따라야 할 유일한 길은 이슬람이라는 길이고, 그것은 서구의 난폭함과 폭력에 대항할 수 있는 유일한 무기이다. 그렇지만 우리 모두가 알고 있는 것처럼 주인공 삼바 디알로(Samba Diallo)의 숙모인 라 그랑드 루와이알(La Grande Royale)은 이견을 제시한 최초의 인물이며, 디알로베 사람들의 세계가 구축된 토대인 구질서가 무너지는 중이라는 사실을 깨달은 첫 번째 사람이다. '빨간 귀들(Oreilles Rouges)', 그 유명한 백인들(Toubabs), 즉 유럽인들이 강요한 새로운 질서가 있다. 이 새로운 질서는 칸이 아주 적절하게 말했듯이 디알로베의 전통 질서보다 더 강력하지만, 반드시 옳은 것은 아니다. 이처럼 라 그랑드 루와이알은 바람이 방향을 바꾸는 중임을 느낀다. 그리고 조카인 삼바를 백인들의 학교에 보낼 필요성이 생기는 것은 그것으로부터이다. 학교가 내일의 세계를 만들 것이기 때문이다. 그렇지만 『사원의 수호자들』에 관해서 이야기하자면 그래도 상황은 완화되었는데, 작가가 탈식민시대의 새로운 아프리카에서 상당한 상대주의를 발견하기 때문이다. 제국주의 시기와 아프리카 독립의 아주 초기에 경험한 아프리카와 유럽의 사투는 약 30년 후 훨씬 더 미묘하고 복잡한 현실에 자리를 내주었다.

네 명의 세네갈 소설가 셈벤, 소우 폴, 소세 디옵 그리고 하미두 칸이 전통을 대하는 자세에 대해서 대략적인 검토를 한 후 결론 내리자면 그들 모두는 필연적으로 국가라는 문제와 맞섰다는 것이 내 생각이다. 각자, 자신의 방식대로, 그 문제에 대해 깊이 생각했고, – 소우 폴과 칸처럼 아직도 살아있는 사람들은 – 깊이 생각해야 한다. 제국주의의 폐허 위에서 어떻게 현대적인 젊은 국가를 건설할 것인가? 다양한 민족, 언어, 방언을 어떻게 화해시키고, 조화시킬 것인가? 전통을 어떻게 재창조거나 적어도 전통에 새로운 피를 수혈할 것인가? 어떻게 하면 전통이 화석화, 불변성, 경직성을 피하도록 할 수 있을 것인가? 아프리카 - 서구, 전통 - 현대성 간의 대면이라는 문제를 더 잘 이해하기 위해서 다음과 같은 지적에 관심을 기울이는 것이 타당할 것이다.

아프리카 민족들의 종교적이고 문화적인 역동성은 [유럽의] 지배 문화와의 논쟁적인 대립에서 생긴다. 그것으로부터 토착적 전통의 점진적 변화라는 전제가 생겨난다. 그렇지만 변화, 선택, 발전이라는 과정은 다양한 외적인 압력에 저항하는 전통의 내적인 힘에 따라 결정된다. 충돌에서 야기되는 커다란 역사적 위기에 대한 해답, 그리고 그러한 위기의 돌파가 그렇듯이.[27]

3. 콩고와 중앙아프리카
: 조르주 엔갈과 구술 전통

이 장의 마지막 부분에서 나는 세네감비아와 사헬이라는 지역에서 벗어나고자 했고, 그렇게 하면서 콩고 작가인 조르주 엔갈의 작품을 거론함으로써 중앙아프리카에서 기원한 문학 전통을 분석하고자 했다.[28] 그렇지만 엔갈의 소설 작품에 대해 논의하기 전에 배경 설명이 필요하다. 예전에는 레오폴드 2세 국왕의 소유지였던 벨기에령 콩고는 특히 포교와 선교사의

---

[27] V. LANTERNARI, *Les mouvements religieux de liberté et de salut des peuples opprimés*, pp. 68-69.

[28] 다음의 우리 논문을 볼 것. S. Diop, "La tradition orale dans l'oeuvre romanesque de Ngal", in *Mélanges offerts au Professeur Georges Ngal*, pp. 119-125.

땅이었다. 그리고 "그곳에서는 백인 식민 지배자와 새로운 종교의 전파자가 거의 자연스럽게 존경받았다."[29] 그러므로 엔갈 같은 소설가의 작품을 검토할 때는 두 가지 요소를 고려해야 한다. 기독교, 즉 성경의 존재와 토착민들의 전통이 이러한 새로운 종교와 맺는 관계가 그것이다. 기억을 떠올려보면, 위에서 우리가 이미 지적한 것처럼, 서아프리카 지역에서는 토착민들의 전통이 이슬람과 맺고 있는 관계가 중요했다. 아프리카의 이 두 지역의 전통이, 현대 작가들이 그런 것처럼, 식민 지배자의 언어인 프랑스어와 같은 유형의 관계를 유지하는 것은 분명하다. 그 점에 관해서 M. 칸[30]은 서아프리카와 중앙아프리카 간의 차이를 강조한다.

> "'아프리카 문학'이라는 호칭은 서아프리카, 사바나에서 예를 들어 이슬람적이고 범신론적인 융합적 전통에 속하는 작가들이 창조한 작품들을 포함한다. 그것이 반투족(bantou)의 세계, 숲 그리고 기독교와 범신론의 융합적 전통에 속하는 작가들에 의해 자이르(Zaïre)[31]에서 출간된 작품들을 포함하듯이."

두 지역에 고유한 또 다른 차원은 성경(신약)의 아프리카어로의 번역이다. 그 점에 관해 B. 린드포스는 다음과 같이 기록한다.

> 세소토어(sesotho), 요루바어(yorouba) 그리고 이보어(ibo)로 된 최초의 긴 이야기들은 존 번연(John Bunyan)의 『천로역정, *Le progrès du*

---

29 C. E. SEYE, 위의 글, p. 108.
30 M. KANE, "Les paradoxes du roman africain", p. 76.
31 [역주] 1971년에서 1997년까지 제2공화국 하에서 26년간 사용되었던 현재의 콩고민주공화국의 옛 명칭. 자이르라는 국명은 제2공화국 기간인 1965년에서 1971년 사이에도 일반적으로 사용되었다.

*pèlerin*의 쉽게 이해 가능한 모작이었다. 『천로역정』은 성경 이후로 아프리카의 고유한 언어로 번역된, 혹은 선교사들이 세운 학교들에서 단순화된 영어 판본으로 사용된 최초의 책 중 하나이다.[32]

8세기 이래 이슬람이 뿌리내린 서아프리카 사헬의 사바나 지역과 조지프 콘래드(Joseph Conrad)가 『어둠의 심연, *Au coeur des ténèbres*』에서 묘사한 것 같은 적도의 울창하고, 신비롭고, 빽빽하고, 뚫고 들어갈 수 없는 열대우림인 내륙지방에 맞서려고 시도하기 전에, 유럽의 선교사들이 대서양 연안에 점진적으로 자리 잡은 콩고 분지 그리고 일반적인 중앙아프리카에서 상황은 아주 다르다. 역사적인 맥락이 아주 중요하며, 기억, 상상력 그리고 예술적이고 문학적인 창조에 상당한 영향을 미친다는 점을 강조해야 한다. 기독교와 로마 가톨릭은 15세기 말경 포르투갈인들의 침입과 함께 콩고에 도입되었다고 이야기된다. 그 시절 콩고 왕국의 왕은 은징가 음벰바(Nzinga Mbemba)라 불렸는데 아폰소 1세라는 이름으로 더 잘 알려져 있다. 특히 그는 주민들을 개종시키고, 콩고를 기독교 국가로 만들기 위한 정책을 강력하게 추진한 것으로 유명하다. 또한 아폰소 1세는 1526년 포르투갈 왕에게 포르투갈인들이 일삼은 노예무역과 노예제를 규탄하는 친서를 보낸 것으로 후세에 전해진다. 이후에 기독교로의 개종 및 교육을 위한 학교와 신학교를 여는 임무를 맡은 것은 백인 사제들의 수도회(congrégation des Pères Blancs)이다.

따라서 셈벤, 소우 폴, 소세 디옵과 칸의 소설에서 이슬람의 흔적을 발

---

[32] B. LINDFORS, "Oral Tradition and the Individual Literary Talent", p. 201. 계속해서 남부 아프리카와 관련해서 D. P. 쿠닌(Kunene)은 문자로 쓰인 문학이 시작된 것은 아프리카어로 성경이 번역된 덕분이라고 생각한다. (cf. D. P. KUNENE, "African-language Literature: Tragedy and Hope", *Research in African Literatures*, 1992, No 23, p. 12.)

견할 수 있는 것과 동일한 방식으로 우리는 중앙아프리카 작가들의 소설, 특히 엔갈의 소설에서 기독교의 영향을 발견한다. M. 카디마 엔주지는 식민지 콩고에서 "교직에 몸담는 선생님이었던 선교사들이 방언과 토착어들을 포교의 매개수단으로 삼았다."[33]고 지적한다.

가톨릭 교육과는 별도로, 다른 – 그렇지만 더 이후에 생긴 – 콩고와 자이르의 문학에서 커다란 중요성을 지니는 양상이 존재한다. 그것은 콩고라는 이름 대신에 자이르라는 이름을 채택하는 것 같은, 네그리튀드의 생기 없는 버전이라 할 진정성 운동(mouvement de l'authenticité)이다.[34] 주지하듯이 모부투 세세 세코(Mobutu Sesé Séko)가 이 운동의 뒤에 있다. 이처럼 유럽적인 기원을 가진 이름들이 바뀌었고 자이르의 예술가들은 계속해서 서구를 흉내 내는 대신 아프리카적인 근원으로, '진정한' 향토의 문화로 되돌아가도록 유도되었다.

지금 우리가 엔갈에 관심을 가지는 것은 일반적으로 아프리카적인 기원 그리고 특별히 구술 전통에 관한 탐구가 그의 소설에서 아주 뚜렷하게 나타나기 때문이다. 이러한 탐구는 작가가 "구술성이라는 신비로운 세계가 그에게 알려준 단어의 힘"과 "기호와 상징의 해석을 거치는 아프리카의 심오한 지식"[35]을 강조하는 『장바티스타 비코, *Giambatista Viko*』부터

---

[33] M. KADIMA-NZUJI, *La littérature zaïroise de langue française*, p. 70. 동일한 상황이 세네갈에서도 전개되었다. C. E. 세이(SEYE) (위의 글, p. 49)에 의하면, 다카르 북쪽 그랑드 코트(Grande Côte), 즉 생루이 및 다카르 남쪽 그리고 프티트 코트(Petite Côte), 즉 음부르(Mbour)와 조알(Joal) 부근에서 교회는 그 지역의 언어 - 월로프어와 세레르어 - 로 된 자료를 기대할 수 있었다. 즉 월로프어와 세레르어로 된 알파벳 교본, 교리문답서, 성사(聖史)의 요약본, 기도문 문집, 찬송가와 포교를 위한 인쇄된 서적들이 존재했다.

[34] 역사는 돌고 돈다. 1997년 모부투(Mobutu) 대통령의 실각과 함께 새로운 정부는 독립 시기 사용되었던 이전 명칭인 콩고라는 국명을 재사용했다.

[35] NGAL, *Giambatista Viko*, p. 91.

시작된다. 소설『방황, *L'errance*』에서 엔갈은 과거와 아프리카의 선조들에 관해 더 분명하게 의사를 표명한다. 그는 "본원적 통찰력, 아주 오래전부터 존재한 범신론, 경탄할 만한 마법사들의 주문, 이론의 여지없이 성배의 수호자들로 상징되는 최초의 아프리카"[36]를 찬양한다.

셈벤과 관련해서 깨달은 것처럼 엔갈에게 있어서도 역시 이러한 조상 전래의 과거로 다시 향한 시선이 현재와 직면하지 않고, 미래를 준비하지 않는 피난처나 변명이 되어서는 안 된다. 따라서 엔갈은 "선조들이 상류에서 자신들의 이야기와 자신들의 웃음을 보존하고, 후손들은 흑인의 새로운 합리성을 만들어내기 위해 그 하류에 있는"[37] 상류와 하류의 변증법을 제안한다. 즉 메시지는 분명하다. 흑인은 새로운 전망, 자신의 세계, 그리고 세계를 바라보는 새로운 방식을 창조해야 한다. 흑인은 자기 초월의 노력을 해야 하며, 아마도 G. 주네트의 충고를 따라야 한다. 즉 "즉각적인 사고로부터 본원적인 진정한 사고로 거슬러 올라가야 한다."[38] 달리 표현하면 엔갈의 이러한 방식은 형식주의라는 함정에 빠지지 않는데, 즉 계속 열린 태도를 유지하는 데 있다. N. 카지타니에 의하면 "문화 속에서 서서히 모습을 드러내는, 행동의 기준을 매개로 하는 형태도 법칙도 갖지 않는 추구"[39]가 중요하다.

주네트의 인용문에서 배열과 연표가 중요하다는 점에 유의해야 한다. 주네트의 지적을 엔갈 소설의 맥락에 대입시키면, 우리는 현재에서 과거로 거슬러 올라가야 하는 것이지 그 반대가 아니다. 진정함은 선조들과

---

[36] NGAL, *L'errance*, p. 55.
[37] NGAL, 위의 글, p. 9.
[38] GENETTE, 위의 글, p. 297.
[39] N. A. KAZI-TANI, *Pour une relecture critique de* l'Errance *de Georges Ngal*, p. 4.

강한 연관성을 지니고, 선조들은 구술성의 상징이며, 짧은 이야기(contes), 수수께끼, 서사시, 노래 등으로 이루어진 자료체 전체를 후손들에게 전해 주었기 때문이다. 현재로부터 과거로 이렇게 거슬러 올라가는 것은 실제로 위에서 제시된 견해에 대한 강력한 증거이다. 그 견해는 계속 창조적인 상태에 머무르면서 현재를 살고, 현재에 과감히 맞서야 한다는 것이다. 하지만 이렇게 행동하면서도 필요하다면 우리는 과거와 선조들에게 도움을 청할 것이다. 엔갈에게 있어서 본원적인 진정한 사고에서부터 시작한다는 것은 화석화, 불변성, 경직성의 위험성이 존재한다는 의미이다. 그 반면 현재로부터 과거로 거슬러 올라감으로써 이러한 경직화를 피하는 것이 더 용이하다.

엔갈은 프랑스어로 표현된 아프리카 소설에 새로움을 불어넣었다. 그와 같은 콩고인이자, 문학 비평가인 파이우스 난듀에 의하면 "『장바티스타 비코』와 『방황』은 구술성, 환상, 상징체계로 이루어진 진정한 아프리카적 글쓰기의 윤곽을 미리 나타내 보여준다."[40]

엔갈의 절묘한 솜씨는 그가 과거와 현재, 선조들과 생존하고 있는 후손들 간의 단절을 옹호하지 않는다는 사실에 존재한다. 그는 오히려 둘 사이에 조화를 만들어내고자 하며, 우리는 두 편의 소설 『장바티스타 비코』와 『방황』을 통해 그것을 느낀다. 이러한 조화는 구술성과 문자성 사이의 균형에 근거하며, 작가는 이러한 현실을 인식한다. 엔갈은 특별한 상상력에 호소하기를 원하지만, 이러한 상상력을 밭고랑처럼 끊임없이 깊고 넓게 파인 소설적 시간과 연결해야 한다. 두 편의 소설에서 엔갈은 전통적인 소설의 형식을 빌려온다. 하나의 예를 들자면, 작가는 구술 연행에서처럼 반복을 사용한다.

---

[40] Pius Ngandu NKASHAMA, *Littératures africaines de 1930 à nos jours*, p. 643.

아프리카의 다섯 명의 작가들의 소설 작품을 대상으로 하는 이 장의 결론에 도달하기 위해서 마지막으로 M. 칸을 인용하려고 한다. 그에 따르면 "아프리카의 소설가들은 전통적이고 현대적인 이중의 유산을 작품에 활용한다. 그들 작품의 독창성은 거기에 있다."[41]

---

[41] M. KANE, *Roman africain et traditions*, p. 79.

6. 어원, 지명 그리고 동음이의어

: 신화와 서사시에서 민족적인 성격, 언어 그리고 계보

퀘이커교도들은 하나님의 계시라는 "내면의 빛"이 인종이나 계급을 상관하지 않고 모든 인간을 똑같이 비추게 될 것이라고 굳게 믿었다.

애덤 혹스차일드
- 『사슬을 묻어라:
노예제 폐지를 위한 영국인들의 투쟁』

마지막 장에서는 여러 주제, 그중에서도 특히 어원, 동음이의어와 지명이 다루어질 것이다. 이러한 개념들은 우리가 그것들이 문화적 메시지도 전달한다고 간주할 때 완전한 의미를 획득한다. 지형도와 물질적인 지리학의 차원에서 이야기꾼이 마을 혹은 촌락의 이름을 언급하는 것을 귀기울여 듣는 청중의 구성원들은 분명 이전에 이런 장소들에 대해 말하는 것을 들은 적이 있음은 물론이다. 아마도 그리오의 이야기를 듣는 사람 중 몇몇은 그 마을을 방문하기까지 했을 것이다. 이러한 장소의 환기가 개인적이고 집단적인 기억에 미치는 영향은 연상 혹은 사람들이 이러한

이름에 대해 갖는 사유와 마찬가지로 중요하다. 이러한 사유들은 이중적 차원에서 파악될 수 있다. 먼저 첫 번째 차원은 신화적이거나 서사적인 텍스트에서 말해진 이야기와 관련된다. 이어서 두 번째 차원은 땅의 현실성, 마을의 구체적이고 명백한 실재와 연관된다. 따라서 첫 번째 차원이 허구적인 반면 두 번째 차원은 현실적이다.

이러한 이름들의 언급이 충족하는 기능은 지형의 배치와 연관해서 파악해야 한다. 『엔디아디안 신화』에서 뿐만 아니라 『엘 하즈 오마르의 서사시』에서도 장소의 이름이 대부분 호수 둘레에 위치한다. 이 호수는 서쪽, 대서양, 도착점으로서의 하류 그리고 하구(河口)로 향하는 출발점이라는 의미에서의 동쪽 상류 세네갈강 주변과 일치한다. 적어도 이 지적은 엔디아디안의 이야기에서는 사실이다. 오마르가 푸타에서 태어났고, 강이 이 지역을 관통한다는 사실을 고려하면 이 지적은 오마르와 관련해서는 부분적으로 진실이다. 더욱이 오마르의 이야기에서 알 수 있듯이 오마르는 동쪽을 향해, 근동 지방 쪽으로 여행한다. 반면 엔디아디안은 서녘을 향해, 서쪽으로 여행한다. 그렇지만 그들은 인접 지역을 출발점으로 삼았다는 공통점을 지닌다. 엔디아디안의 출발지는 바켈(Bakel)과 기디마카(Guidimakha)이며, 오마르의 출발지는 푸타이다. 말하자면 이 이야기들에서 언급된 마을과 촌락의 이름 대부분은 실제로 존재한다.

이어질 부분에서는 하나는 신화적이고 다른 하나는 서사적인 이 이야기들을 빼곡하게 채우고 있는 민족들과 언어들에 관한 설명이 이루어질 것이다. 모든 서사시적 텍스트에 민족적이고 인종적인 편견이 존재하는 것은 분명하다. 호메로스와 그리스인들이 다른 민족들(그리스인이 아닌 사람들)과 대면했을 때 그들은 진정한 언어로 (그리스어로) 말하지 않는, 웅얼대는 사람들, 즉 야만인들(Barbares)[1]을 만난 것으로 간주하지 않았는가? 신화와 서사시에서 드러난 서아프리카의 상황에서는 인접한 민족들과 관계되며,

이 민족들은 자신의 고유한 언어를 갖는다. 이 언어 중 여러 언어를 말할 줄 아는 사람과 만나는 일은 빈번하며, 그것은 오늘날 아프리카에서 일상적이다. 그렇지만 언어적인 상황은 (이야기에서뿐만 아니라 현실에서도) 고요한 강이 아니다. 그 존재를 부인해서는 안 되는 분쟁과 어떤 의미로는 문화의 충돌이 때때로 존재한다. 결론적으로, 제기되어야 하는 가장 중요한 문제는 다음과 같다. 엔디아디안과 오마르는 어떤 언어로 (언어들로) 말했는가? 그들은 제1 언어와 제2 언어를 가졌는가? 이 영웅들로 하여금 그가 선택한 언어로 말하게 만든 것은 그리오 자신이 아닌가? 그러므로 우리는 언어적이고, 민족적이고, 자기 정체성과 관련된 질서에 대한 고려에 따라 한쪽에서 다른 한쪽으로 가로지르는 이러한 이데올로기적인 암초를 피할 수 없다. 마지막 분석에서 우리는 각각의 지역은 자신의 언어를 갖지만 풀라르어, 월로프어 뿐만 아니라 아랍어 같은 초국가적인 언어들이 있다는 사실에 주목할 수 있다. 오마르가 아라비아와 메카에 갔을 때 그가 어떤 언어를 사용했겠는가? 물론 아랍어이다.

상황을 계속해서 과장해서는 안 되는데 구술적 이야기들에서 볼 수 있듯이 이 민족들은 세월이 흐름에 따라 사이좋게 살아가는 법을 배웠기 때문이다. 그리고 예를 들어 세레르족과 할 풀라르족 사이에서, 디옵(Diop)

---

1 [여주] 야만을 의미하는 barbare라는 단어의 기원이 된 베르베르족의 역사는 고대까지 거슬러 올라가며, 한때는 사하라사막 전체를 포함하였다. 베르베르족은 나일 계곡 서쪽으로부터 대서양까지 이르는 넓은 영토를 차지하고 강력한 왕국을 건설한 것으로 알려져 있다. 정작 베르베르족으로 불리는 그들 스스로 자신들을 지칭하기 위해 단 한 번도 사용한 적이 없는 이 모멸적인 베르베르라는 이름은 고대 그리스어 βάρβαρος에서 기원한 라틴어 단어 barbarus에 뿌리를 두고 있다. 그리스인들과 로마인들은 이 단어로 그리스와 로마 문명을 알지 못하는 '무지하고' '야만적'인 모든 민족을 지칭했다. 이후 '베르베르'라는 단어는 기원전 3세기 로마의 카르타고 정복 이후에도 단 한 번도 완전히 굴복시키는 데 성공하지 못한 북아프리카의 여러 민족을 통칭하는 단어로 유럽 세계에 자리 잡는다.

가문과 엔자이(Ndiaye) 등의 가문 사이에서 친척 간의 농담이 고안되었다면 그것은 거저 얻어진 것이 아니었다. 말리에서 세네갈의 이름과 유사한 이름들을 발견하는 것 역시 공짜로 얻어진 것은 아니었다. 이렇게 해서 디옵 가문은 트라오레(Traoré) 가문과, 폴(Fall) 가문은 쿨리발리(Coulibaly) 가문과, 규아이(Guèye) 가문은 시소코(Cissoko) 가문 등과 함께한다.

이 장의 마지막 부분은 혈통 및 혈통의 기능을 다룰 것이다. 혈통은 신화뿐 아니라 서사시에서도 지나칠 정도로 존재감이 뚜렷하다.

1. 어원, 지명과 동음이의어

특히 구술성의 체제에서 어원의 표현들은 아주 일반적이다. 그것들은 모든 언어와 문화에서 발견된다. 주어진 언어에 완전히 숙달되지 않으면 번역이라는 피할 수 없는 길을 거치지 않는 한 이 언어에서 어원을 밝히고 알아내는 것이 매우 어렵다는 것은 명백하다. 『엔디아디안 신화』와 『엘 하즈 오마르의 서사시』에서 어원의 표현들에 관해 상술하고, 설명하기 전에 아랍의 역사와 언어에서 기원한 어원이 있다. 그것은 지브롤터(Gibralter) 해협이다. Gibralter는 아랍어로 '타리크의 바위'를 의미하는 'Jabel Tariq'의 변형이다. 타리크(그의 진짜 이름은 타리크 이븐 지야드(Tariq Ibn-Ziyad)이다)는 베르베르 우아미아 왕조를 정복했다. 그는 711년에 스페인을 정복하려 했는데, 안달루시아가 첫 번째 목표였다. 지리학적으로, 개인적으로 지브롤터를 본 적이 있거나, 이 지역의 이미지를 본 적이 있는 사람들에게 가장 인상 깊은 것은 바로 자연적인 장벽을 이루는 암석으로 이루어진 거대한 봉우리이다. 이 봉우리는 외부로부터의 모든 침략에 대항하여 유럽 남서쪽의 측면을 방어하는 벽처럼 보인다. 따라서 이 모든 것을 역사적 문맥 속에 대입하고, 어원학의 도움을 청해보면, 우리는 지브롤터의 역사는 이슬람의 역사 및 아랍, 무라비드 왕조와 베르베르 정복 - 개종의 역사와 긴밀히 연결되어 있음을 이해하게 된다.

그것의 어원에 대해 결정적인 의견의 일치가 이루어지지 않은, 아주 흥미로운 다른 어원의 표현은 세네갈이라는 이름이다. 몇몇에 따르면 생루이 인근 연안에 발을 디딘 최초의 유럽인들은 그곳에서 월로프족의 원주민 어부들과 마주쳤고, 카누 방향으로 손가락으로 땅을 가리키면서 이 고장의 이름이 무엇이냐고 그들에게 물었다. 원주민들은 월로프어로 카누라는 단어가 무엇을 의미하는지 묻는 것으로 생각했다. 그리고 그들은 'sunu gaal'라고 대답했다. 이 말은 글자 그대로 '우리의 카누'를 의미한다. 거기에서부터 'sunugal' 그리고 결국에는 '세네갈(Sénégal)'이 되었다. 다른 버전은 세네갈이라는 이름이 사하라 사막의 한 부족의 이름인 베르베르어 zanawa의 변형이라고 이야기한다. 이것으로부터 알 수 있듯이 대부분의 어원의 표현들은 언어학적인 오해에서 생겨난다. 그리고 엔디아디안도 이 규칙에서 벗어나지 않는다.

엔디아디안 이야기와 관련해서 이야기해보면, 이 이름은 그러므로 어원을 드러내는 표현이다. 우리가 신화에서 주인공의 이름이 가지는 의미를 알게 되는 것은 엔디아디안이 사로잡힌 후에 발로족의 원로회의가 세레르족 왕인 마이사 웰리 디온(Meissa Waly Dione)에게 대표단을 파견해서, 거의 말을 하지 않고, 완전히 사람처럼 보이지 않는 이상한 모습의 한 남자가 강에서 나왔다는 소식을 알려주는 에피소드에서이다. 마이사 웰리가 이 이야기를 들었을 때 그는 'lo lu dé ndiadiane la'라고 외친다. '그건 참 이상하군'이라는 의미이다. 이 에피소드를 어떻게 해석해야 할까? 엔디아디안이라는 이름과 함께 우리는 이중의 정체성이라는 담론과 마주한다. 범신론자/이슬람교도라는 이분법을 발견할 수 있기 때문이다. 게다가 그리오인 니앙은, 아주 적절하게, 태어날 때 엔디아디안에게 붙여진 이름은 무함마드이지만 신화적 주인공에게 달라붙어 떨어지지 않는 것은 어원적인, 토착적이고 지역적인 이름이라고 회상한다. 이야기꾼 니앙은 니암보다 전통과 지방의 풍습에 더 가깝고, 그가 엔디아디안이라는 이름의 의미를 안다고 해서 놀라는 사람은 아무도 없을 것이다.

신화에 있는 다른 어원의 표현은 나이 든- 사람들의 - 투덜이 - 하마르 (Hamar-le-grondeur-de personnes-âgés)이다. 이 이름의 의미는 분명하고, 더욱이, 그것은 압축된 하나의 단어가 표현할 수 없는 하나의 개념을 여러 단어로 이루어진 표현으로 나타낸다는 의미에서 완곡어법이라는 외양을 지닌다. 이야기꾼은 심술궂은 하마르 혹은 무례한 하마르라고 말할 수 있었을까? 어쨌든 이 이름은 자체적으로 자신을 설명한다. 하마르는 엔디아디안의 적대자이다. 하마르는 엔디아디안의 아버지를 죽였고, 아버지의 복수를 하기 위해서 엔디아디안은 하마르를 죽일 것이다. 우리의 어원들 대부분이 대립이라는 모종의 규칙에 부합한다는 사실에 주목해야 한다. 스페인의 기독교도들과 상대하는 타리크(Tariq), 무함마드와 상대하는 엔디아디안, 하마르와 상대하는 엔디아디안, 유럽과 상대하는 아프리카 (세네갈이라는 이름의 기원), 아흐마두와 상대하는 오마르 등이다.

이야기의 끝부분에는 (910-914행) 인접한 어원과 연관된 두 개의 표현이 있다. 'Tundu Get'과 'War xoox'이다. 겟(Get)은 소녀의 이름이고, 툰두(Tundu)는 언덕을 의미한다. 즉 엔디아디안이 머물렀던 작은 마을인 '겟의 언덕'이다. 일상적으로 사용할 때는 사람들이 이름 앞에 붙는 첨사를 종종 생략하곤 한다. 이 경우는 '툰두'이고, '겟'만 남게 된다. 형태가 분명한 경우에는 동음이의어에 관한 문제가 된다. 즉 이름들의 정체성에 관한 문제이며, 두 가지의 융합에 관한 문제가 되는데, 이 경우에는 사람의 이름과 물리적인 장소의 이름이다. 'war xoox'의 경우에는 'war'는 (신화에서는 말에) '올라가다'를 뜻하고, 'xoox'는 '지친', '기진맥진한'이라는 의미이다.

따라서 이야기꾼 자신이 밝히고 있듯이 엔디아디안은 오랫동안 말을 타고 갔고, 그의 말은 지쳤다. 그는 논리적으로 판단해서 말을 쉬게 하려고 가던 길을 멈췄고, 사람들은 이 장소에 'war xoox'라는 이름을 붙였다.

오마르의 이야기에서 가장 주목할만한 어원의 표현은 '몹티(Mopti)'이고, 티암은 이 단어의 기원을 설명한다. 이 단어는 엘 하즈 오마르의 부관인 알파 바일라(Alfa Baïla)가 아흐마드를 추격해 생포하고, 포로를 죽여 그 자리에 묻고 난 다음에 나타난다. 즉 이 표현은 '이곳에 묻히다'를 의미한다. 오늘날 상업의 중심지이며 모든 부족과 민족들이 서로 마주쳐 지나가는 교차로인 몹티는 현재의 말리 공화국에서 중요한 도시이다.

관심을 받을 만하지만, 우리가 다루는 두 이야기의 밖에 위치하는 다른 어원의 표현은 포팡귄이라는 이름이다. 포팡귄은 매년 기독교인들이 성지순례를 하는 것으로 알려진 커다란 마을이며, 세네갈 최초의 가톨릭 추기경인 이아상트 티안둠 예하(Mgr. Hyacinthe Thiandoum)의 고향이기도 하다. C. E. 세이예는 자신이 쓴 글에 대해 논란이 존재한다는 사실을 주의 깊게 지적하면서 포팡귄에 대해 이렇게 쓴다.

> 프랑스어로는 Popenguine 혹은 Poponguine이라고 달리 쓴다. 이 단어의 기원이 월로프어라면, 국어로 Bop djinn(정령의 우두머리)이다. 19세기에 프랑스어로는 Bop'ngine라고 옮겨 적었다. 반대로 세레르어로 pob-ngiin 혹은 pob ndiim은 '숨디'를 의미힌다. 이 버진에 따르면 마을을 만든 것은 월로프족과의 조바전쟁(guerre du Djobas) 중에 이곳에 와서 숨은 세레르의 사피(Saafi) 혹은 사핀(Safeen)족이다. 마을 창건자의 이름은 통구르(Tongoor)이고, 거기에서 Pob-Nguinn Tongoor라는 이름이 생겼다.[2]

---

[2] C. E. SEYE, 위의 글, p. 29.

세네갈이라는 이름의 경우에서처럼, 대립적인 여러 버전이 눈에 띄고, 그중 적어도 두 개를 밝힐 수 있다. 어떤 것이 더 좋은가? 단언하기 어렵다. 반대로 포팡귄이 세레르 지역에 위치한다는 사실은 명백하다. 『엘 하즈 오마르의 서사시』에서 몹티를 제외하고 다른 어원적 표현은 존재하지 않는다는 점은 확실하다.

포팡귄이라는 이름으로 되돌아와 보면, 이 경우에는 어원과 지명이 어깨를 나란히 할 수 있다는 사실에 주의하는 것이 가장 중요하다. 신화와 서사시에서 발견할 수 있는 수많은 어원과 지명에 관한 표현들의 윤곽을 더 잘 그리기 위해서는 이주라는 주제로 우회해야 할 것이다. 실제로 세레르족은 세네갈의 이 지역, 특히 소냉케(Soninkés)의 가장 오래된 이주민 중 하나이다. 한 논문에서 P. 디안[3]은 세레르족이 그 전에 시네(Sine)와 살룸(Saloum) 북쪽에 거주했다고 단언한다. 실제로 세레르족은 오늘날 그들이 더 많이 사는 나라의 중심부를 향해서 더 아래로 내려오기 전에 발로, 카이오르, 졸로프에 거주한 것이 확실하다. 마지막으로 디안은 발로, 카이오르 혹은 졸로프 같은 지역들에서 세레르족이 잠시 체류했다는 사실을 입증하는 흔적들이 발견된다고 주장한다. 이러한 지적은 적절하고, 신화와 서사시에서 민족과 언어를 다루는 다음 부분으로 곧장 우리를 이끈다.

그렇지만 어원으로 되돌아가기 위해, 만일 우리가 여전히 아프리카의 서부 지역에 머문다면 '감비(Gambie)'라는 이름 덕분에 흥미로운 어원이 우리에게 주어진다. H. 시제이[4]에 의하면, 포르투갈 문자로 남겨진 출처를 인용하면서, 1455년과 1456년 그 지역을 방문한 포르투갈 탐험가인 알비제

---

[3] P. DIAGNE, "Royaumes sérères. Les institutions traditionnelles du Sine Saloum", p. 143.

[4] H. CEESAY, "The Origins of The Gambia", *Daily Observer*, Tuesday, December 18, 2007, p. 20.

데 카다모스토(Alvise de Cadamosto)가 'Gambra' 혹은 'Cambra'라는 어원을 부여했다. 16세기 초에 다른 탐험가인 두아르체 P. 페레이라(Duarte P. Pereira)가 예전 가부(Gabou) 왕국을 암시하면서 'Guambea'에 대해 이야기한다. 그렇지만 우리 생각에 가장 설득력 있는 해석은 구술 전통으로부터 나온다. 예를 들면 시제이는 만딩고족 그리오인 파바타 카누테(Fabata Kanouté)를 떠올리는데, 그에 의하면, 포르투갈인들이 제임스 아일런드(James Island)에 도착했을 때 니무미(Nimoumi)의 왕인 세네케 잠(Seneke Jamme)이 캄비 마네크(Kambi Mannech)라는 이름의 전령을 그들에게 보냈다. 포르투갈인들이 그 지역의 이름을 물었을 때 전령은 자신의 이름을 묻는 것이라 생각하고 자연스럽게 자신은 캄비(Kambi)라고 불린다고 대답했다. 캄비(Kambi)는 나중에 감비(Gambie)가 되었다. 우리는 유럽인과 아프리카인 사이의 언어학적이고 문화적인 오해와 다시 한번 마주한다.

엔디아디안 신화에서 뽑아낸 – 지명과 밀접하게 관련된 – 동음이의어의 마지막 예는 '조르다니(Jordanie)'라는 이름이다. 실제로 이야기꾼 니앙은 세심한 주의를 기울여 조르다니가 흑인들의 고장이라고 말한다. 무슨 사정인가? 중동에 있는 현재의 요르단(Jordanie)인가? 고대 역사에 이 이름을 지녔던 한 장소 혹은 여러 장소가 있었는가? 다음과 같은 사실을 고려하면 이 모든 것은 수긍할 수 있다. 세계 각처의 몇몇 마을이나 도시의 이름 혹은 몇몇 고장의 이름을 되짚어보며, 우리는 제일 처음 이 이름을 가졌던, 본원적인 장소가 존재하고, 그 후에 이 최초의 장소에서 출발한 이민자들(혹은 그들의 후손들)이 그들의 새로운 정착지 혹은 새로운 마을에 이 이름을 부여한다는 사실을 알게 된다. 조르다니가 바로 그 경우일 수 있다. 실제로 월로프어에서 '조르다니(Jordanie)'라는 단어는 '소르다니(Sordanie)'가 되었는데 월로프어에는 'j' 소리가 존재하지 않기 때문이다. 이 부분을 마치기 위해서 카말 살리비[5]의 작업에 기대어 '조르다니 (혹은 Jourdain)'에 대한 논의를 조금 더 계속해 볼 것이다. 살리비는 'Jordanie'라는 단어와 특히 'Jourdain'라는 단어의 유래, 어원과 의미를 집중적으로 설명한다. 이 두 단어는 밀접한 연관을 지닌다. 먼저 살리비는 애초에 주르뎅(Jourdain)은 강이 아니라 산, 경사면의 지평선이고, 주르뎅이 히브리와 성서 문학에서 흔히 말하듯이 팔레스타인이 아니라 아라비아 더 정확히는 아라비아반도 남쪽과 서쪽에 위치한다고 주장한다. 자신의 논증을 펼치기 위해서 살리비는 단어의 어원을 설명한다. 작가에 의하면 아랍어로 '주르뎅'이라는 단어의 뿌리는 'yrd'이고 '내려가다, 떨어지다'를 의미한다. 그것은 다시 산과 언덕을 암시한다. yrd라는 이러한 어근으로부터 yrd(rayd)라는 명사와 이 명사의 여성형인 rydh 혹은 Rayda가 파생된다. 결론적으로 살리비의 지적이 흥미로운 것은 그가 어원을 설명할 뿐만 아니라 바로 그러한 이유로 지리적, 역사적 그리고 지명학적 재정의를 독자에게 제공한다는 점이다.

다른 예들도 많다. 세네갈과 서부 아프리카에서 가장 일반적인 것은 메디나(Médine)라는 이름이다. 우리가 잘 알고 있듯이 본래의 메디나라는 도시는 사우디아라비아에 있지만, 마그레브의 여러 지역, 말리 혹은 세네갈과 다른 여러 나라에서 이 이름을 발견할 수 있다. 다카르의 잘 알려진 서민지구인 메디나(médina)는 이 이름에서 유래했다. 아주 간단히 말해 이

---

5   K. SALIBI, *The Bible Came from Arabia*, pp. 84-96. 살리비의 저서는 제목 이상으로 혁명적이다. 이 책에서 저자는 성경, 구약과 모세의 율법이 수백 년 전부터 주장된 것처럼 팔레스타인 땅이 아니라 아라비아에서 온 것이라고 논증하기 때문이다. 자신의 주장과 가설을 펼치기 위해서 어원과 지명 이외에도 저자는 과학적인 다른 논거들과 규범들에 호소한다. 그중에서도 특히 역사학, 지리학, 언어학, 고유명사 연구, 노래 등을 언급할 수 있다. 내친걸음에 한편으로는 성서적이고 이슬람적인 주제들과 다른 한편으로 아프리카의 구술 문학 사이의 상호작용에 대한 우리 논문을 볼 것. (cf. S. DIOP, "Les motifs bibliques et islamiques dans la littérature orale africaine", *aleph, beth*, 4, 2005, pp. 42-54.

지구의 역사는 흥미롭고, 역사 그리고 세네갈에서 프랑스 제국주의의 존재와 아주 밀접하게 연관되어 있다. '메디나'는 환유였다. 즉 이 표현으로 먼저 (식민 지배자 유럽인들에게) '이슬람교도' 그리고/또는 '아랍인'을 의미하거나 혹은 일관적으로 그 둘 모두를 의미하는 수사학적 방법이었다. 동시에 이 단어는 첫 번째 의미와 이어진 다른 개념을 가리킨다. 즉 거주 지역뿐만 아니라 토착민이라는 물리적 존재를 결집하는 토착민 통치제도가 그것이다. 따라서 다카르의 메디나는 실제로 다카르의 높고 평평한 고지, 도심에 위치한 유럽인 지구와의 경계이다. 그러므로 모든 식민지 도시에서처럼 한편에는 경계가 잘 설정되고, 깨끗하고, 도시화되고, 환한 유럽인 지구가 있다. 그리고 다른 한편에는 흔히 잘 구획되어 있지 않고, 구불구불하고, 모래가 깔린 거리의 불결한 토착민 지구가 있다. 이 가난한 구역의 주민들은 아침 일찍 유럽인 지구로 일하러 (대체로 육체노동과 변변찮은 일들) 가서 저녁에 집으로 돌아온다. 다카르의 경우 메디나는 이중의 지표이다. 그곳은 토착민 구역일 뿐만 아니라 이슬람교도들의 거주 장소이기도 하기 때문이다. 민족성과 종교는 이처럼 아주 밀접한 관계를 지닌다.

내친걸음에 계속 이야기해보면, 지방색이 없어진 이름은 'Dar-es-salam', 즉 아랍어로 '평화의 도시'이다. 탄자니아의 가장 큰 도시에 이 이름이 붙었고, 세네갈에는 이 이름을 가진 수많은 동네가 존재한다. 게다가 세네갈의 상황에서 아랍어의 발음은 변형되고, 이것은 'darou salaam'이 된다. 마지막으로 신대륙과 남·북아메리카에서는 유럽에 존재하는 그대로의 이름이 붙은 도시들이나 지역들의 예를 발견할 수 있다. 그것들은 구대륙에서 온 이주민들이나 식민개척자들이 자신들의 출신국을 떠올리며 선택한 이름들이다. 이렇게 해서 New York, Nouvelle York (이 도시는 처음에는 새로운 암스테르담이라고 불렸다) 그리고 Nouvelle Angleterre(New England)라는 이름이 생겨난다. 마찬가지로 오스트레일리아에는 New

Wales(la Nouvelle Galles), 캐나다에는 뉴브런스윅(Nouveau Brunswick) 등이 있다.

2. 민족성과 언어

검은 아프리카에서 민족성은 복잡한 주제임은 분명하다. 따라서 이 부분에서 나는 신화와 서사시에서 다루어진 민족성이라는 문제로 국한할 것이다. 언어의 문제도 마찬가지일 것이다. 어쨌든 이 두 문제를 분리할 수는 없다. 게다가 언어는 모든 문화의 가장 중요한 구성 요소이다. 여기에 대해서 B. 시토는 이렇게 이야기한다.

> 각각의 언어는 관계 구조(relational structure) 혹은 관계들의 체계이다. 문장을 분석할 때 우리가 주어진 한 언어에서 나온 것으로 생각하는 본질(essence) 그리고 단위들(unités)의 존재는 이러한 관계들의 결과이며, 그것들은 언어공동체 문화의 내부에서 고유한 방식으로 연결되어 있다.[6]

우리의 의도는 검은 아프리카에서 민족성과 언어에 관한 대규모의 토론을 시작하는 것이 아니다. 그것은 이 연구 범위의 범위를 넘어서는 일이기 때문이다. 따라서 나는 『엔디아디안 신화』와 『엘 하즈 오마르의 서사시』라는 두 이야기로 한정할 것이다. 이 두 이야기의 경우에는 부족들이 아니라 민족 집단과 마주하고 있다고 말하는 편이 더 정확할 것이다. 부족들은 모든 것, 특히 언어가 구분되는 커다란 공동체라고 이해되어야 한다. 그렇지

---

[6] B. SITOE, "Translation: Languages ans Cultures in Contrast", p. 4.

만 부족들은 동일한 지리적 공간을 공유하거나 적어도 인접하거나 가까울 수 있다. 반면 민족들은 보통 뒤섞여 있고 많은 공통점이 있다.[7] 이따금 그들의 언어도 뒤섞이고, 서로가 서로에게서 빌려온다. 따라서 소니케족에서 뿐만 아니라 세레르족에서도 엔디아디안 이야기의 변이형들을 발견할 수 있다. 엔디아디안 신화에서는 세 부족이 마주한다. 월로프족, 할 풀라르족, 세레르족이다. (비록 텍스트에 확실히 드러나 있지는 않지만) 나는 네 번째 부족을 덧붙일 것이다. 바로 소니케족인데 엔디아디안이 바켈(Bakel) 지방, 즉 소니케 (혹은 사라콜레(sarakhollé)) 지역의 오세네갈(Haut-Sénégal)에서 태어났다는 사실을 잊지 말아야 하기 때문이다. 다섯 번째 부족(오히려 인종)은 아랍-베르베르족인데 엔디아디안의 아버지가 동쪽으로부터 왔고 이 다섯 번째 범주에 속하기 때문이다.

주인공 엔디아디안은 월로프족으로 간주된다. 그렇지만 이야기 속에서 그가 말하는 제1 언어는 풀라르어이다. 엔디아디안이 사로잡혔을 때 바타 부아이는 그의 말문을 열도록 하는 임무를 맡았고, 부아이는 그의 앞에서 요리를 하면서 그에게 음식을 주지 않았기 때문이다. 엔디아디안은 더 이상 참지 못하고 죽이 다 끓었고, 덜어 먹어야 한다고 요리사에게 말한다. 이렇게 해서 엔디아디안은 최초로 말을 했고, 그가 말한 언어는 풀라르어였다. 다음은 세레르어이다. 어원의 표현을 다룬 앞부분에서 지적한 것처럼 주인공의 이름은 세레르어로 '그건 참 이상하군'이라는 의미이기 때문이다. 그렇지만 이야기가 진행되는 내내 엔디아디안은 월로프어로 말한다. (적어도 이야기꾼은 그에게 이 언어를 부여한다.) 그러므로 다음과 같은 질문이 제기되는 것은 당연하다. 엔디아디안이 항상 월로프어로 말하는

---

[7] 따라서 C. A. Diop은 월로프족이 세레르족의 한 갈래라고 생각한다. ("Etude linguistique ouolove", p. 852.)

가? (풀라르어라는 매개물 이후에) 혹은 엔디아디안 대신 월로프어를 말하는 것은 이야기꾼인가? (가능한 만큼 상상적이기도 한) 아주 먼 이 시대에는 월로프어가 그토록 일상적이었는가? 어쨌든 니앙과 티암이라는 두 이야기꾼이 월로프어로 그들의 이야기를 음송한다는 사실을 고려해야 한다. 나는 조금 후에 티암의 예를 더 자세히 분석할 것이다. 오늘날 세네갈의 언어적인 상황을 고려해야 하는데, 월로프어가 지배적인 **랑구아 프랑카**(*lingua franca*)[8]이다. 랑구아 프랑카란 감비아, 모리타니, 기니, 기니비사우와 말리의 국경 지역들에서까지 거의 모든 사람이 말하는 (혹은 이해하는) 일종의 혼합 언어이다. 이러한 상황은 (세네갈 안에서) '월로프어화'의 과정을 동반했고, 이러한 과정을 통해 월로프어는 점점 더 의사소통을 위해 반드시 거쳐야 하는 관문이 되었다.[9]

위에서 제기된 문제에 답하기 위해서 이야기꾼은 과거에 속한 이러한 언어적 상황을 옮겨와 현재와 관계를 맺어주었을 가능성이 있다. 두 번째로는 월로프어의 운명이 엔디아디안이라는 등장인물과 연결된다는 사실이다. Y. 폴은 이 점을 확실히 하는데, 그에 의하면 "월로프어의 창조, 전파,

---

[8] [역주] 랑구아 프랑카는 사비르(sabir)어라고도 한다. 중세시대부터 19세기까지 지중해를 둘러싼 지역에서 사용된 일종의 은어로 프랑스어, 이탈리아어, 스페인어를 비롯한 다른 언어들로 이루어졌으며, 선원들 및 상인들에 의해 전파되었다. 이후 의미의 확장에 의해 모국어가 다른 사람들 사이에 의사전달의 수단으로 쓰이는 공통언어를 의미하게 되었다.

[9] 아마도 월로프어의 이런 상황은 혼종적(métissé) 특성에서 기인한다. 제국주의 시대인 1900년대에 세네갈에서 봉사한 프랑스인 의사인 Dr A. 라네(LASNET)는 다음과 같이 지적한다. "월로프인들은 풍습이 유순하고, 수 세기 전부터 유럽인들에게 익숙해 있다. 그리고 그들은 우리를 무어인들 그리고 흔히 투클레르족과 구분시켜주는 야만적인 광신에 전혀 빠져있지 않다." ("Ouolofs", in *Une mission au Sénégal*, p. 122) 다른 사람들은 이것이 식민 지배자들의, 즉 주관적이고 통제적인 관점이라고 말할 것이다. 이러한 지적은 식민지 피지배자들을 더 잘 통제하기 위해서 식민 지배자들이 내세웠던 "지배하기 위해서는 분열시키라"라는 유명한 슬로건을 떠올리게 한다.

도입의 과정은 그의 정당성의 토대인 기술적이고, 중재적이고, 종교적인 힘을 동시에 지닌 이방인의 견인차 역할과 분리할 수 없게 연결되어 있다."[10] 같은 작가에 의하면 엔디아디안은 세 가지 역할을 한다. 그는 엔자이 왕조의 시조이며, 이어서 정치체들(entités politiques)을 통일한 인물이며, 마지막으로 고유하고(sui generis), 독창적인 언어를 창조하고 전파한 인물이기도 하다. 이러한 사실에 의해서 그는 모든 월로프족의 조상이 되었다.[11]

중요한 사실을 명확히 하자. 엔디아디안 신화의 이야기꾼인 니앙은 프랑스어를 하지 못한다. 그의 이야기에는 프랑스어에서 온 단어가 단 하나도 없다. 반대로 티암은 『엘 하즈 오마르의 서사시』에서 몇몇 프랑스어 단어를 사용한다. '여권(passeport)', '전쟁(guerre)' 등이다. 이것들은 P. 뒤몽이 명확히 밝히는 것처럼 도구어들(mots-outils)이다.[12] 일반적으로 두 이야기꾼은 프랑스어에 대해 불분명한 태도를 취한다. 그들은 프랑스어에 대해 적개심을 나타내지 않고, 이 언어에 대해 넘칠듯한 열광을 내보이지도 않기 때문이다. 따라서 두 사람 모두 대다수 세네갈 사람들처럼 행동한다. 그들에게는 오직 프랑스어의 실제적이고 실용적인 측면이 중요할 뿐이다. 어쨌거나 프랑스어는 이 나라의 언어적, 문화적, 경제적, 사회적, 시청각적인 조직을 깊숙이 침범하고, 에워싸고, 정복한 매우 존재감 있는 언어이기 때문이다. 따라서 레오폴드 셍고르는 두 명의 이야기꾼을 향해 어떤 감상성이나 감정을 전혀 표시하지 않는다. 그가 이 두 이야기꾼이 그들의 모국어에 더 깊숙이 뿌리내리고 있다고 말한 것은 정확하다.

---

[10] Y. FALL, "Les Wolof au miroir de leur langue: quelques observations", p. 119.
[11] Y. FALL, 위의 글, p. 117.
[12] P. DUMONT, "Le français et les langues africaines au Sénégal." 독자들은 다음과 같은 우리 논문에서 프랑스어를 대하는 티암과 니앙의 태도에 관한 상세한 논의를 발견할 수 있을 것이다. "The Wolof Epic: From Spoken Word to Written Text", *Research in African Literatures*, 37, 3, 2006, pp. 120-132.

티암과 관련해 이야기해 보면, 이 사람은 위에서 언급한 **랑구아 프랑카**적 상황의 살아있는 상징이다. 그는 투클레르족이지만 월로프어를 완벽하게 말하고, 월로프어로 연대기를 음송하기 때문이다. 게다가 우리는 오마르의 서사시에서 프랑스어 이외에도 풀라르어 표현들을 발견할 수 있다. 티암은 한 걸음 더 나아가는데, 그는 이러한 표현들을 월로프어로 번역하기 때문이다. 아마도 그는 청중 구성원들이 월로프족이고 풀라르어를 이해하지 못한다는 사실을 의식하고 있다. 이러한 이종어(異種語, héteroglossie)의 상황은 교훈이 풍부한데 티암은 대부분 월로프어로 말하지만, 거기에 몇몇 프랑스어 단어 이외에도 풀라르어 표현들을 삽입하기 때문이다. 그것으로부터 우리는 이야기꾼이 상당한 개방성과 과감하지 못한 (비록 과감하지 못할지라도) 상당한 현대성을 보여준다고까지 추론할 수 있다. 식민지적 상황에서와 마찬가지로 탈 식민지적 상황에서도 우리는 프랑스어와 아프리카 언어들을 대면시키는 2개 언어 병용이라는 조건의 목격자이다. 한편으로는 현대성과 과학의 언어 그리고 다른 한편으로는 문화와 전통의 언어 사이의 유명한 구분이 존재한다. 그렇지만 2개 언어 병용이라는 올가미에 사로잡힌 것은 특히 서구화된 현대 아프리카의 지적인 엘리트들이라는 사실을 명확히 해야 한다. 티암과 '보통의 아프리카인'의 경우에 현실은 오히려 여러 언어 병용(hétéroglossique)과 이형성(異形性, hétéroplastique)의 수용에 더 가깝다. 전형적인 예에서 개인은 우선 모국어에 뿌리내리고, 이어서 차용어라는 수로를 통해 다른 언어들로 개방된다.

언어에 대한 이 부분을 끝맺기 위해서는 프랑스어와 대치하는 아프리카 언어들의 위치에 관한 많은 논의가 존재했다. (그리고 여전히 존재한다.) L.-J. 칼베에게 있어서 "프랑스어와 지역어들 간의 대립에서 아프리카의 엘리트들은 쉽게 지배적인 언어의 편에 선다. 더구나 우리가 아프리카의 엘리트들을 육성하고, 자리 잡도록 한 것은 그것을 위해서이다."[13] 결론적으로 말해 니암과 티암은 분명 이러한 엘리트들에 속하지 않는다. 반대로 그들이 지식과 구술 전통의 자료체를 보존하고 전달하는데 이른 것은 그들이 지역의 언어들 속에 뿌리박고 있었던 덕분이다.

3. 연대기들

왜 연대기 혹은 연대기들인가? 지금부터 우리는 하나의 연대기를 떠올리는 것은 기억, 즉 어떤 방식으로든 과거의 보존 및 부활과 밀접하게 연결되어 있다고 단언할 수 있다. 따라서 다음과 같은 줄루족의 속담을 우리 것으로 삼을 수 있다. "어떤 사람이 살아있는 동안에는 절대로 그를 칭찬하지 말라."[14] 또한 연대기는 위업, 용기, 용맹, 수훈과 유기적인 관계를 맺고 있다. 즉 이 관계는 서사시에 필요하고, 유용하다. 다른 인상적인 사실은 연대기가 문화적일 수 있는 것처럼 생물학적일 수도 있다는 사실이다. '위대한 성'을 내세우는 모든 사람이 필연적으로 이 이름을 가진 후손은 아니기 때문이다. M. 디안은 다음과 같이 덧붙인다. "연대기의 상기는 언제나, 이를테면 대리로, 하나의 '위대한 성'을 개입시킨다."[15]

---

[13] J.L-CALVET, *Linguistique et colonisme*, p. 135. "Langues africaines, développement économique et culture nationale" (p. 4)에서 P. 디안은 계속해서 이러한 의견을 펼친다. 그는 아프리카의 엘리트들이 유럽의 언어들에 적응했고, 바로 그러한 이유로 자신들에게 유리하도록 현대적인 사고와 정치적인 힘의 방향을 바꾸었다고 주장한다. 계속해서 디안에 의하면, 바로 이 엘리트들은 아프리카의 언어들이 상당한 과학적이고 기술적인 수준에 올라설 수 있도록 그것들을 장려하고 현대화하기 위해서 아무런 노력도 하지 않는다. 21세기 초에도 이 분야에서는 많은 변화가 일어나지 않았다.
[14] M. KUNENE, *Emperor Shaka The Great: A Zulu Epic*, p. xxx.
[15] M. DIAGNE, 위의 글, p. 386. 북아메리카 인디언들의 '포틀래치'(선물)에 관해서 R. 도킨스(DAWKINS)가 강조하듯이 이 '위대한 성'은 우월함과 동의어이다. "이

다음에서 계속될 고찰의 핵심은 『발로의 월로프족의 구전 역사와 문학, *The Oral History and Literature of the Wolof People of Waalo*』이라는 내 책의 부록에 수록한 자료들에 토대를 둘 것이다. 무엇에 관한 문제인가? 그것은 니앙이 발로 왕국의 우두머리를 계승해 온 여러 왕과 군주들의 이름의 리스트를 손으로 적어놓은 어린이용 공책, 복사물에 관한 것이다. 더 흥미로운 방식으로 우리는 어떤 이분법을 지적해야 하는가? 그렇지 않으면 그것은 오히려 분명한 분업인가? 왜냐하면 엔디아디안 신화를 음송할 때 니앙은 문자가 쓰인 바탕(support)을 필요로 하지 않기 때문이다. 그는 단지 자신의 놀라운 기억력에만 기댈 뿐이다. 그렇지만 그가 왕들의 이름을 읊을 때 그는 이 리스트가 필요하다. 따라서 공책을 땅에 펼쳐놓고, 잘람을 연주하면서, 그는 음송하면서 리스트에 흘낏 눈길을 던진다. 이 리스트는 **월로팔**(*wolofal*)[16]로 되어 있다. 즉 니앙은 월로프어를 옮겨 적기 위해서 아랍의 알파벳을 사용한다.[17] 따라서 군주들의 이름은 아랍 문자로 쓰여 있다. 그렇지만 각각의 이름 앞에는 재위 기간을 나타내는 로마숫자가 있다. 마지막으로 지적할 것은 다음과 같다. 이 리스트에는 여성들도 존재한다. 가장 널리 알려진 여성은 발로의 여왕인 엔젬브 엠보즈

타적인 증여는 '포틀래치와 연관된 지배 스타일의 표지일 수 있다. 내가 너보다 얼마나 우월한지 보아라. 나는 과감히 네게 증여하지 않는가!" (*The Selfish Gene*, p. viii.)

16 [역주] 월로팔은 월로프어의 표기를 위해 사용되는 문자 체계인데, 아랍 문자에 그 뿌리를 두고 있다.

17 이러한 성직자적 전통은 전 사헬지역과 서아프리카, 카메룬 북쪽 국경과 맞닿은 대서양 연안, 적도지방 숲의 가장자리에 퍼져있다. 할 풀라르어와 함께 모리타니에서 가장 널리 사용되는 언어인 하사니아어(hassaniya)를 표기하기 위해 아랍 알파벳이 사용된다. 말리에서 식자층은 풀라니어와 밤바라어의 표기를 위해 아랍 알파벳을 사용한다. 니제르, 차드, 나이지리아에서 하우사어(haoussa) 역시 마찬가지이다. 이곳에서 하우사어 혹은 풀라르어를 옮겨 적기 위해 아랍 알파벳을 사용하는 전통은 **아자미**(*ajami*)라고 불린다.

(Ndjembeut Mbodj)이다.

우리는 문자와 구술의 뒤섞임과 마주하고 있다. 이 리스트를 자기 손으로 작성한 것이 바로 니앙 자신이기 때문이다. 나는 예전부터 쭉 그래왔는지, 즉 문자로 표기된 리스트를 사용할 필요성을 계속 느껴왔는지를 알기 위해서 그에게 질문했다. 대답은 '아니오'였다. 젊었을 때 그는 발로 군주들의 연대기를 기억해서 음송했다. 그렇지만 나이가 듦에 따라서 날짜와 군주들의 재위 기간을 기억하기가 점점 더 어려워졌다. 따라서 그는 이름들을 종이에 적어두기로 했다. 기억력과 떠올리는 능력이 그에게 심통을 부리기 시작했다. 연대기의 음송이라는 상황에서 입(말)과 눈(시각)은 같은 역할을 하고, 반면, 한 번 더 말하건대, 신화의 음송에서는 오직 말 만이 우월한 지위를 가진다.

신화와 연대기는 분리할 수 없다는 명백한 사실을 인정해야 한다. 신화가 전설로 가득하다면, 연대기는 확인이 더 쉽다. 그렇지만 모든 연대기는 공통적으로 (연대기 리스트의) 첫 부분보다는 마지막 부분의 진실성을 확인하기가 더 용이하다. 그리고 조상들과 선조들이 시간상 더 멀리 떨어져 있을수록 우리가 그들을 기억하는 데 어려움을 겪을 가능성이 더 크다는 사실을 고려한다면 이것은 당연하다. 한 명의 조상의 이름이 동시에 한 개인을 나타내거나 혹은 개인들의 집단 전체를 나타내는 경우를 전형적인 예들에서 흔히 볼 수 있다. 그리고 후손이 그 이름을 기억하는 이 개인은 똑같이 특별한 사실로 특별하게 구분된다. 무훈, 전쟁터에서의 용기, 비범한 탄생과 운명 등이 그것이다. 아부 바크르의 예와 함께 우리가 위에서 이미 살펴본 것처럼, 같은 이름을 가졌지만 동일한 시간대에 속하지도 않고, 동일한 시대를 살지도 않은 사람들의 응집과 재집결(그리고 이따금 혼동)은 흔히 존재한다.

니앙의 리스트로 되돌아가 보면, 이 리스트는 1854년, 즉 페데르브가 식민지에 세네갈을 건국한 날짜에서 멈춘다. 이렇게 해서 페데르브는 왕국을, 적어도 발로 왕국의 조직을 종식시켰다. 그는 지도층의 아이들에게 프랑스어로 학교 교육을 받도록 하고, 그들을 자신들의 가족, 문화, 사회와 연결했던 탯줄을 끊음으로써 그들을 더 온순하게 만들고자 하는 목적으로 식민 지배자들이 만든 인질들의 학교(혹은 지도층의 아들들의 학교)에 가도록 했다. 이러한 경험에서 프랑스의 언어와 문화에의 동화라는 양상이 생겨났다. 프랑스어 학교에 다니지 않았던 이야기꾼 니앙은 역사책을 전혀 읽어본 적이 없고, 모든 것을 구술 전통에서 상속받았지만, 그는 자신의 리스트에 공식적인 역사와 동일한 왕과 군주들의 이름을 기록할 수 있었다. 이 사실은 구술적인 출처의 신뢰성에 관한 논쟁을 새로이 제기한다. D. 브왈라[18], V. 몽테이유[19] 혹은 B. 베리[20]에 의해서 확립된 발로 군주들의 리스트를 힐끗 보면, 우리는 니앙의 리스트에서와 같은 이름들을 보게 될 것이다. 그렇지만 니앙은 이 저자들도, 아담도, 이브도 알지 못한다! 이러한 명백한 사실을 고려하면 구술적인 출처의 신뢰성에 관한 논쟁은 이제는 그만 마쳐야 하는 것이 아닌가?

결국, 과거에 단단하게 뿌리내리고 있는 연대기는 사람들이 그것에 의미를 부여하고 그것을 되살리려 노력하는 현재에도 같은 상태로 유지된다. 살아있는 사람들이 그들보다 먼저 살다 간 사람들의 이름을 떠올리는 것은 무슨 이유에서인가? 아마도 대답은 정체성의 추구와 기억에서 찾을 수 있을 것이다. 우리는 우리가 누구인지를 알고 (느끼기 위해서) '위대한' 이름들을 떠올리지만, 또한 타자가 누구인지를 알기 위해서, 타자와의 관

---

[18] D. BOILAT, *Esquisses sénégalaises*, 1853; 1984.
[19] V. MONTEIL, *Esquisses sénégalaises*, 1967.
[20] B. BARRY, *Le royaume du Waalo*, 1985.

계 속에서 내가 누구인지를 알기 위해서 그 이름들을 떠올린다. 따라서 적어도 우리가 말할 수 있는 것은 연대기를 떠올리는 과정에서 과거와 현재는 밀접하게 관련을 맺고, 과거가 소환되고 나서야 현재는 의미를 가진다는 사실이다.

7. 결론

    이 통합작업은 여러 성찰의 실마리를 끌어내지만, 구술성과 에크리튀르의 영역에 속하는 주제들 이외에도 특히 신화, 서사시, 연대기, 소설 등 문학적이고 예술적인 여러 장르를 우선적으로 연관 짓는다. 이 작업을 시작하면서 우리의 목표는 먼저 각각의 장르를 강조하고 그것들의 고유한 장점을 드러내 보여주는 것이었다. 이어서 이 장르들이 서로 어떤 관계를 맺고 있는지 설명하는 것이었다. 마지막으로 신화, 서사시, 구술 연행, 구술성과 에크리튀르에 관련된 주제들을 더 잘 파악할 수 있도록 해주는 발전된 독서, 비평 그리고 분석을 하는 것이었다.

    우리가 밝힐 수 있는 첫 번째 견해는 오늘날 세네갈 사회에서 그리오와 이야기꾼에 의한 구술 연행은 여전히 통용된다는 사실이다. 이러한 음송들의 문학적, 신화적 그리고 '연행적(performancielle)' 가치는 이야기꾼의 재능, 능력, 교육에 따라 그 질이 달라진다. 우리가 할 수 있는 두 번째의, 중요한 지적은 이야기꾼들은 거의 모두가 남성이고 그들은 전통의 수호자이다. 반면 여성 그리오들은 의식(세례, 축제와 결혼식들)의 도중 찬양의 낭송에서 특히 뛰어나다.

    우리가 여기에서 끌어낼 수 있는 결론은 많은 경우에 전통과 연결된 구술성은 종종 주장되는 것처럼 고정되고 경직된 것이 아니라는 사실이다.

그리고 우리는 논의의 전 과정에서 이러한 현실을 증명하고 받아들이도록 만들기 위해 노력했다. 따라서 영국의 퀘이커교도인 철학자 토마스 페인(Thomas Paine, 18-19세기)[1]은 이렇게 지적한다.

> 이전 시대들과 이전 세대들이 그렇게 했듯이, 각각의 시대와 각각의 세대는 모든 경우에 직접 행동하는데 자유롭다고 스스로 느껴야 한다. 죽은 후에도 지배하기를 원하는 허영과 자기 과신은 모든 절대 권력의 가장 우스꽝스럽고 가장 기이한 점이다.

다른 말로 표현하면, 페인에 의하면 우리의 선조들과 우리의 후손들의 견해를 고려해야만 한다면, 그럼에도 불구하고 그들의 노예가 되지 않도록, 존재하고 행동하는 것을 숨 막히게 만드는 강압복(強壓服, camisole de force)을 입지 않도록 유의해야 한다. 간단히 말하면 조상들을 맹목적으로 따라서는 안 된다. 그러므로 모든 것을 고려하고, 전통들을 면밀히 분석하고, 좋은 밀과 독보리를 나누고, 전통의 긍정적인 면을 받아들이도록 노력해야 한다.

동일한 맥락에서 나이지리아의 위대한 소설가 치누아 아체베는 각자가 자기 자신의 고유한 이야기를 할 수 있어야 한다고 생각한다.[2]

> 그것을 겪어냈고, 그런 까닭에 신뢰할 수 있는 단 한 사람만이 할

---

[1] T. PAINE, *Rights of Man*, pp. 63-64. 콩고(콩고의 수도인 브라자빌)의 철학자 샤를 자카리 보아오(Charles Zacharie BOWAO)는 다음과 같이 주장한다. "전통과의 즉, 인간 가치와의 관계는 독단적이거나 허무주의적이어서는 안 된다. 이 관계는 오히려 아주 비판적이어야 한다. 달리 말하면 깊은 성찰과 충분한 논의의 과정을 거쳐야 한다." (*Critique(s)*, I, p. 23)

[2] Ed PILKINGTON, "Chinua Achebe: A long way from home", *The Gardian and The Daily Observer*, Thursday January 17, 2008, p. 16.

수 있는 하나의 이야기. (아프리카의) 이러한 이야기는, 그들이 아무리 선의와 능력이 있다고 하더라도 다른 사람들에 의해서가 아니라 그 이야기의 주인에 의해 이야기되기를 초조하게 기다린다.

치누아 아체베가 자기 자신과 자신의 유명한 소설『모든 것이 산산이 부서지다, Le monde s'effondre』를 암시한다는 것을 분명히 해야 한다. 그렇지만 나는 나이지리아의 소설가 그리고 아프리카의 전통적인 그리오와 이야기꾼들을 나란히 놓을 것이다. 그들 대신 그들의 언어로 서사시, 전설, 신화, 속담과 콩트를 이야기할 사람은 아무도 없기 때문이다. 자기 자신들의 고유한 신화를 만들어내고, 세대와 시대와 시간을 가로질러 그것들을 이야기하는 것은 아프리카인들을 위해서이다. 이러한 서사시, 신화, 콩트, 전설과 속담들은 아프리카의 문명과 문화들의 기억과 상상계의 일부를 이룬다.

마지막으로 일반적인 구술 전통 및 구술성과 관련해서 마음을 괴롭히는 문제를 분석할 것이다. 그것은 계승이 여전히 같은 방식으로 이루어지는가 혹은 기술적, 공학적, 과학적인 변화, 급변과 함께 그리고 현대성의 질주와 함께 지식의 계승, 재창조와 보존의 다른 형태들이 출현할 것인가 하는 문제이다. (다른 모든 인간 사회와 마찬가지로) 현대 아프리카 사회가 가지는 일종의 역설이기도 한 이러한 질문에 대해 M. 케인은 이렇게 대답한다.[3]

> 진보가 정착될 수 있는지를 아는 것보다는 전통이 존속될 기회들을 따져보고, 결정하는 것이 문제이다. … 현대화라는 상황 속에서 전통의 존속 가능성에 대해 자문하는 것이다.

---

3   M. KANE, "Les paradoxes du roman african", p. 86.

M. 케인의 장점은 문제를 전복시키고, 전통이 아니라 현대성에서 시작한다는 사실이다. 더욱이 그는 두 용어를 동등하게 다룬다. 그와 의견을 같이하면서 우리는, 지금부터는, 그리오가 행하는 구술적 계승이라는 이러한 오래된 형태가 현대 아프리카 사회에서 사라져가는 추세에 있다는 사실을 지적해야 한다. N. 사르투라쥐스[4]에 의하면 "오늘날 계승의 부재는 예전에 스승이나 아버지의 권위가 과격했던 것만큼이나 과격하다." 지식의 구술적 계승이라는 문제에 대해 동시대의 현대 사회(거기에는 세네갈 사회도 포함된다)가 협공을 당하고 있다고 말하는 편이 아마 정확할 것이다. 위에서 강조한 것처럼, 계승의 전통적 경로가 전통적 그리오 - 이야기꾼들의 죽음과 함께 점점 불분명해진다면 어쨌든 문자, 이미지, 음악, 컴퓨터 등 전달의 다른 형태들이 출현하고 있고, 출현할 것이라는 점은 사실이다. 이것을 인간의 풍부한 창의력과 진화하는 타고난 재능 덕으로 돌려야 한다면, 그것이 아무리 지능을 갖춘 것이라 하더라도, 어떤 기계도 이야기꾼과 그리오의 정신, 두뇌, 존재, 인격, 육체적 현존과 인간의 체온을 대체할 수는 없을 것이다.

---

[4] N. SARTHOU-LAJUS, 같은 글.

참고문헌

ACADEMIE FRANCAISE, 1994, *Dictionnaire de l'Académie Française*, Paris, Imprimerie Nationale Julliard.

ACHEBE, Chinua, 2008, "Chinua Achebe: a long way from home", Ed Pilkington, ed., *The Guardian* and *Daily Observer*, January 17, p. 16.

AKIWOWO, Akinsola, 1990, "Contributions to the Sociology of Knowledge from an African Oral Poetry", in *Globalization, Knowledge and Society: Readings from International Sociology*, M. Albrow, E. Kings, eds., London, SAGE, International Sociological Association, pp. 103-117.

AL-TIDJANI, Al-Hafiz, 1983, *Al-Hadj Omar Tall 1794-1864 sultan de l'Etat tidjanite de l'Afrique occidentale*, Abidjan, Nouvelles Editions Africaines.

AMEGBLEAME, Agbeko S., 1981, "La poésie ewe: structures formelles et contenu", in *Revue de littérature et d'esthétique négro africaines*, n° 3, pp. 89-109.

BABALOLA, S.A., 1966, *The Content and Form of Yoruba Ijala*, Oxford, Clarendon Press.

BARRY, Boubacar, 1985, *Le royaume du Waalo*, Paris, Karthala.

BAYLY, C.A., 2004, *The Birth of the Modern World 1780-1914*, Oxford, Blackwell.

BEN-AMOS, Daniel, 1971, "Toward a Definition of Folklore in Context", *Journal of American Folklore*, n° 84, pp. 3-15.

BEN-JELLOUN, Tahar, 2008, "Des métèques" dans le jardin français, *Manière de voir*, n° 97, pp. 38-41.

BESTMAN, Martin, 1981, *Sembène Ousmane et l'esthétique du roman négro-africain*, Sherbrooke, Québec, Canada, Editions Naaman.

BETI, Mongo, 2000, *Branle-bas en noir et blanc*, roman, Paris, Julliard.

BIEBUYCK, Daniel, 1972, "The Epic as a Genre in Congo Oral Literature" in *African Folklore*, Richard Dorson, ed., Garden City, N.Y., Doubleday, pp. 257-273.

BIEBUYCK, Daniel, 1972, "The Epic as a Genre in Congo Oral Literature", *African Folklore*, Richard M. Dorso ed., Bloomington IN, Indiana University Press.

BOILAT, David, 1858, *Grammaire de la langue woloffe*, Paris, Imprimerie Impériale.

BOILAT, David, 1984, *Esquisses sénégalaises*, Paris, Karthala.

BOWAO, Charles Zacharie, 2007, *Critique(s). I. Ethique, Marx et Développement*, Brazzaville, République du Congo, Les Editions Hemar.

BRUNS, Gerald L., 1980, "The Originality of Texts in a Manuscript Culture", *Comparative Literature*, n° 32, pp. 113-129.

BUCAILLE, Maurice, 1978, *The Bible, the Qur'an and Science*, traduit du français par Alastair D. Pannelle et M. Bucaille, Indianapolis: American Trust Publications.

CALVET, Louis-Jean, 1974, *Linguistique et colonialisme. Petit traité de glottophagie*, Paris, Payot.

CAMARA, Laye, 1978, *Le Maître de la Parole*, Paris, Plon.

CEESAY, Hassoum, 2007, "The Origins of the "Gambia"", *Daily Observer*, December 18, p. 20.

CESAIRE, Aimé, 1956, *Lettre à Maurice Thorez*, Paris, Présence Africaine.

CESAIRE, Aimé, 1981, *Toussaint Louverture. La révolution française et le problème colonial*, préface de Charles-André Juilien, Paris, Présence Africaine.

CISSE, Daniel Amara, 1988, *Histoire économique de l'Afrique noire*, Tome

3, *Le Moyen Age*, Abidjan, Paris, Presses Universitaires et Scolaires d'Afrique (PUSAF), L'Harmattan.

CISSE, Youssouf, KAMISSOKO, Wa, 1988, *La grande geste du Mali. Des origines à la fondation de l'empire*, Paris, Editions Karthala, Association Arsan.

COOLEN, Michael, 1983, "The Wolof Xalam Tradition of the Senegambia", *Ethnomusicology*, n° 27, pp. 477-498.

CREED, Robert, 1962, "The Singer Looks at His Sources", *Comparative Literature*, n° 14, pp. 44-52.

DAWKINS, Richard, 2006, *The God Delusion*, London, Black Swan.

DAWKINS, Richard, 2006, *The Selfish Genre*, Oxford, Oxford University Press.

DIAGNE, Mamoussé, 1996, "Léopold Sédar Senghor: Le particulier et l'universel", in *Senghor: Colloque de Dakar, Université Cheikh Anta Diop, 10-11 octobre 1996*, in *Ethiopiques*, n° 76, pp. 307-317.

DIAGNE, Mamoussé, 2005, *Critique de la raison orale. Les pratiques discursives en Afrique noire*, Niamey, Paris, Dakar, CELTHO, Karthala, IFAN.

DIAGNE, Mamoussé, 2006, *De la philosophie et des philosophes en Afrique noire*, Paris, Dakar, Karthala, IFAN.

DIAGNE, Pathé, 1965, "Royaumes sérères. Les institutions traditionnelles du Sine Saloum", *Présence Africaine*, n° 54, pp. 147-172.

DIAGNE, Pathé, 1971, "Langues africaines, développement économique et culture nationale", *Notes Africaines*, n° 129, pp. 2-19.

DIAGNE, Pathé, 1971, *Grammaire de wolof moderne*, Paris, Présence Africaine.

DIENG, Bassirou et FAYE, Diao, 2006, *L'épopée de Cheikh Ahmadou Bamba de Serigne Moussa Kâ*, Dakar, Presses Universitaires de Dakar.

DIOP, Alioune O., 1990, *Le théâtre traditionnel au Sénégal*, Les Nouvelles Editions Africaines, Dakar.

DIOP, Cheikh Anta, 1948, "Etude linguistique ouolove. Origine de la langue et de la race walaf", *Présence Africaine*, n° 4, n° 5, pp. 672-679, pp. 849-853.

DIOP, Ousmane Socé, 1935, *Karim, roman sénégalais*, Paris, Nouvelles Editions Latines.

DIOP, Samba, 1996, "Islamic Inscriptions and Motifs and Arab Genealogies in the Epic Tale of the Kingdom of Waalo", *The Marabout and the Muse: New Approaches to Islam in African Literature*, Kenneth W. Harrow, ed., Portsmouth NH, London, James Currey, pp. 92-102.

DIOP, Samba, 1998, "Léopold Sédar Senghor" in *Postcolonial African Writers: A Bio-Bibliographical Critical Sourcebook*, P.N. Parekh, S. Jagne, eds., pp. 425-37.

DIOP, Samba, 2004, *Epopées africaines. Ndiadiane Ndiaye et El Hadj Omar Tall*, Paris, L'Harmattan.

DIOP, Samba, 2005, "Les motifs bibliques et islamiques dans la littérature orale africaine", *aleph, beth-revue semestrielle de JUAF*, No 4, pp. 42-54.

DIOP, Samba, 2006, "La tradition orale dans l'oeuvre romanesque de Ngal", in *Mélanges offerts au Professeur Georges Ngal*, Paris, L'Harmattan, pp. 119-125.

DIOP, Samba, 2006, ""The Wolof Epic: From Spoken Word to Written Text, *Research in African Literature*, n° 37, pp. 12-32.

DIOUF, Léon, 2001, *Eglise locale et crise africaine*, Paris, Karthala.

DJEBAR, Assia, 2008, "Cicatriser mes blessures mémorielles", *Manière de voir*, n° 97, pp. 26-28.

DUCOUDRAY, Emile, 1984, *El Hadj Omar. Le prophète armé*, Dakar, Nouvelles Editions Africaines.

DUGGAN, Joseph, 1986, "Medieval Epic as Popular Historiography: Appropriation of Historical Knowledge in the Vernacular Epic", in *Grundriss der Romanischen Literaturen des Mittelalters*, vol. 11, Tome 1, Heidelberg, Carl Winter Universitatsverlag, pp. 285-310.

DUMESTRE, Gérard, 1979, *La geste de Ségou*, Paris, Armand Colin.

DUMONT, Pierre, 1983, *Le français et les langues africaines au Sénégal*, Paris, Karthala-ACCT.

ELIADE, Mircea, 1963, *Aspects du mythe*, Paris, Gallimard.

ESPOSITO, John L., ed., 2003, *The Oxford Dictionary of Islam*, Oxford, Oxford University Press.

FAGE, J. D. and OLIVIER, R., 1970, *A Short History of Africa*, London, Penguin Books.

FALL, Yoro, 1989, "Les Wolofs au miroir de leur langue, quelques observations", in *Les ethnies ont une histoire*, J.-P. Chrétien et al, dir., Paris, Karthala-ACCT, pp. 117-24.

FINKIELKRAUT, Alain dir., 2007, *Qu'est-ce que la France?*, Paris, Stock/Panama.

FINNEGAN, Ruth, 1970, *Oral Literature in Africa*, Oxford, Clarendon Press.

FINNEGAN, Ruth, 1973, "Literacy versus non-Literacy: The Great Divide? Some Comments on the Significance of 'Literature' in non-Literate Cultures", in *Modes of Thought: Essays on Thinking in Western and non-Western Societies*, R. Horton, R. Finnegan eds., London, Faber, pp. 112-144.

GENETTE, Gérard, 1982, *Palimpsestes, la littérature au second degré*, Paris, Seuil.

GUEYE, Lamine, 1966, *Itinéraire africain*, Paris, Présence Africaine.

HADDAD, Adnan, 1983, *L'arabe et le swahili dans la République du Zaire. Etudes islamiques (histoire et linguistique)*, Paris, SEDES (Société d'Edition d'Enseignement Supérieur).

HOCHSCHILD, Adam, 2006, *Bury the Chains: The British Struggle to Abolish Slavery*, London, Pan Books.

HORTON, Robin, 1967a, "African Traditional Thought and Western Science", *Africa*, n° 37, pp. 50-71 et 1967b, n° 37, pp. 155-187.

HUNTINGTON, Samuel, 1996, *The Clash of Civilizations and the Remaking of World Order*, New York, Simon & Schuster.

IRELE, Abiola, 1986, "L'Epopée dans la littérature africaine traditionnelle", *Présence Africaine*, pp. 139-191.

JAKOBSON, Roman, 1960, "Closing Statement: Linguistics and Poetics", in *Style in Language*, Thomas A. Sebeok, ed., New York, The Technology Press of MIT and John Wiley & Sons, pp. 350-377.

KA, Djibo Leity, 2005, *Un petit berger au service de la république et de la démocratie*, Dakar, Les Nouvelles Editions Africaines du Sénégal.

KABA, Lansine, 1973, "Islam, Society and Politics in Precolonial Baté, Guinea", *Bulletin de l'Institut Fondamental d'Afrique noire*, n° 35, pp. 323-344.

KADIMA-NJUJI, Mukala, 1984, *La littérature zaïroise de langue française: 1945-1965*, Karthala-ACCT, Paris.

KANE, Cheikh Hamidou, 1974, *Les gardiens du temple*, Paris, Stock.

KANE, Mohamadou, 1971, *Birago Diop, l'Homme et l'Œuvre*, Paris, Présence Africaine.

KANE, Mohamadou, 1982, *Roman africain et traditions*, Dakar, Nouvelles Editions Africaines.

KANE, Mohamadou, 1986, "Les paradoxes du roman africain", *Présence Africaine*, No 139, pp. 74-87.

KAZI-TANI, Nora A., 2001, *Pour une relecture critique de* L'errance *de*

Georges Ngal, Paris, L'Harmattan.

KENYATTA, Jomo, 1965, *Facing Mount Kenya*, New York, Random House.

KESTELOOT, Lilyan et al., 1975, *La prise de Dionkoloni*, (Performance de Kabiné Sissoko), Paris, Armand Colin.

KESTELOOT, Lilyan et DIENG, Bassirou, 1989, *Du Tieddo au Talibé. Contes et mythes wolof*, Paris, Dakar, Présence Africaine, Agence de Coopération Culturelle et Technique de l'IFAN.

KESTELOOT, Lilyan, 1980, "Le mythe et l'histoire dans la formation de l'empire de Ségou", *Bulletin de l'Institut Fondamental de l'Afrique Noire*, n° 40, pp. 578-681.

KESTELOOT, Lilyan, TRAORE, Amadou, TRAORE, Jean-Baptiste, 1978, *Da Monzon de Ségou, épopée bambara*, Tome I, Paris, Fernand Nathan.

KNAPPERT, Jan, 1967, "The Epic in Africa", *Journal of the Folklore Institute*, n° 4, Vol.2/3, pp. 171-90.

KOVACS, Maureen Gallery (Translation and Introduction), 1989, *The Epic of Gilgamesh*, Stanford, CA, Stanford University Press.

KUNDERA, Milan, 1995, *L'art du roman*, Paris, Gallimard.

KUNENE, Daniel, 1992, "African-Language Literature: Tragedy and Hope", *Research in African Literature*, n° 23, pp. 7-17.

KUNENE, Mazisi, 1979, *Emperor Shaka the Great*, London, Heinemann.

LANG, George, 1996, "Jihad, Ijtihad, and other Dialogical Wars in *La mère du Printemps, Le Harem politique*, and *Loin de Médine*", *The Marabout and the Muse: New Approaches to Islam in African Literature*, Kenneth W. Harrow, ed., Portsmouth New Hampshire, London, James Currey, pp. 1-22.

LANTERNARI, Vittorio, 1979, *Les mouvements religieux de liberté et de salut des peuples opprimés*, Paris, Maspéro.

LASNET, Alexandre, 1900, "Ouolofs", in *Une mission au Sénégal*, Paris, Augustin Challamel, pp. 111-35.

LINDFORS, Bernth, 1972, "Oral tradition and the Individual Literary Talent", *Studies in the Novel*, n° 4, pp. 200-217.

LORD, Albert, 1960, *The Singer of Tales*, Cambridge : Harvard Uiversity Press.

LUGARD, Frederick J. D., 1976, *The Dual Mandate in British Tropical Africa*, Edinburgh, London, William Blackwood & Sons.

LY, Boubacar, 1966, "L'honneur et les valeurs morales dans les sociétés wolof et toucouleur", Paris, thèse de doctorat de 3eme cycle de sociologie, 547 pages.

MADELENAT, Daniel, 1986, *L'épopée*, Paris, Presses Universitaires de France.

MATEENE, Kahombo, 1984, "Essai d'analyse stylistique de l'épopée de Mwindo (baNyanga du Zaire)", *Cahiers de Lttérature Orale*, n° 16, pp. 59-79.

MICHELET, Jules, 1952, *Histoire de la Révolution française*, Paris, La Pléiade.

MONTEIL, Vincent, 1966, "Esquisses sénégalaises", *Initiations et Etudes Africaines*, n° 21, pp. 26-69.

MONTEIL, Vincent, 1966, "Le Dyolof et Al-Bouri Ndiaye", *Bulletin de l'Institut Fondamental d'Afrique Noire*, n° 28, pp. 595-636.

MONTEIL, Vincent, 1980, *L'islam noir. Une religion à la conquête de l'Afrique*, Paris, Payot.

MOURALIS, Bernard, 1975, *Les contre-littératures*, Paris, Presses Universitaires de France.

NGAL, Georges, 1984, *Giambatista Viko ou le viol du discours africain*, Paris, Hatier.

NGAL, Georges, 1994, *Création et rupture en littérature africaine*, Paris, L'Harmattan.

NGAL, Georges, 1999, *L'errance*, Paris, Présence Africaine.

NIANE, Djibril Tamsir, 1960, *Soundjata ou l'épopée mandingue*, Paris, Présence Africaine.

NKASHAMA, Pius, 1984, *Littératures africaines de 1930 à nos jours*, Paris, Silex.

OWOMOYELA, Oyekan, 1991, *Visions and Revisions: Essays on African Literatures and Criticism*, New York, San Francisco, Peter Lang.

PAINE, Thomas, 1969, *Rights of Man*, Henry Collins, ed., London, Penguin Books.

PUTNAM, Robert D., 2007, "*E Pluribus Unum*: Diversity and Community in the Twenty-First Century. The 2006 Johan Skytte Prize Lecture", *Scandinavian Political Studies*, vol. 30, No 2, pp. 137-173.

REVEL, Jean-François, 1999, *Mémoires. Le voleur dans la maison vide*, Paris, Plon.

REY, Alain, dir., 2001, *Le grand Robert de la langue française*, Paris, Dictionnaire Le Robert.

REY, Alain, 2007, "Le français est un créole comme les autres, *Jeune Afrique*", No 2441-2442, 21 octobre-3 novembre, pp. 142-45.

RIPPIN, Andrew, KAPPERT, Jan (eds), 1986, *Textual Sources for the Study of Islam*, Manchester UK, Manchester University Press.

ROBINSON, David, 1985, *The Holy War of Umar Tal: The Western Sudan in the Mid-Nineteenth Century*, Oxford, Clarendon Press.

SALIBI, Kamal, 1985, *The Bible came from Arabia*, London, Jonathan Cape.

SANKALE, Sylvain, 2007, *A la mode du Pays. Chroniques saint-louisiennes*, Paris, Editions Riveneuve.

SARTHOU-LAJUS, Nathalie, 2008, "Le goût de transmettre", *Etudes-Revue de culture contemporaine*, p. 149.

SAUVAGEOT, Serge, MANESSY, Guy, 1963, *Wolof et Serèr, études de phonétique et de grammaire descriptive*, Dakar, Université de Dakar, Section de Langues et Littératures.

SEKONI, Ropo, 1990, "The Narrator, Narrative-Pattern and Audience Experience of Oral Narrative-Performance", in *The Oral Performance in Africa*, I, Okpewho, ed., Ibadan, Spectrum Books Ltd, pp. 139-59.

SEMBENE, Ousmane, 1975, *Ô pays, mon beau peuple!*, Paris, Pocket.

SEMBENE, Ousmane, 2000, *L'Harmattan*, Paris, Présence africaine.

SEYE, Chérif Elvalid, 2007, *Mgr. Hyacinthe Thiandoum, à force de foi*, Paris, L'Harmattan.

SHELTON, Austin, 1968, "The Problem of Griot Interpretation and the Actual Causes of War in Sondjata", *Présence Africaine*, n° 66, pp. 145-152.

SIMPSON, Ekundayo, 1979, "Bilinguisme et création littéraire en Afrique", *Présence Africaine*, n° 111, pp. 44-59.

SITOE, Bento, 1990, "Translation: Languages and Cultures", *AH*, n° 9, pp. 1-13.

SOW FALL, Aminata, 1998, *Le jujubier du patriarche*, Paris, Rocher/Serpent à plumes.

TARIQ, Ali, 2002, *The Clash of Fundamentalism: Crusades, Jihads*, and Modernity, London, Verso.

TCHEHO, Isac C., 1991, "The Image of Islam in Selected Tales of Birago Diop", *Faces of Islam in African Literature*, Kenneth W. Harrow, ed., Portsmouth NH, London, James Currey, pp. 215-226.

THIAM, Iba Der, 1980, "La tradition orale, source privilégiée de l'histoire africaine", in *Symposium Leo Frobenius II*, Bonn, Deutsche UNESCO-Komission, pp. 56-80.

TODOROV, Tzvetan, 1978, *Les genres du discours*, Paris, Seuil.

U'TAMSI, Tchicaya, 1968, *Légendes africaines*, Paris, Seghers.

UHLIG, Claus, 1985, "Forms of Time and Varieties of Change in Literary Texts", *Comparative Literature*, n° 37, pp. 289-300.

VANSINA, Jan, 1962, "A Comparison of African Kingdoms", *Africa*, n° 32, pp. 324-335.

VANSINA, Jan, 1965, *Oral Tradition: A Study in Historical Methodology*, London, Routledge & Kegan Paul.

VANSINA, Jan, 1976, *Les anciens royaumes de la savane*, deuxième édition, Kinshasa, Presses Universitaires du Zaire.

WHITE, Landeg, 1989, "Poetic License: Oral Poetry and History", in *Discourse and Its Disguises: The Interpretation of African Oral Texts*, K. Barber and P. F. de Moraes Farias, eds., Birmingham, England, Birmingham University, Center of West African Studies, pp. 34-38.

YAI, Olabiyi, 1989, "Issues in Oral Poetry: Criticism, Teaching, and Translation", in *Discourse and Its Disguises: The Interpretation of African Oral Texts*, K. Barber and P. F. de Moraes Farias, eds., Birmingham, England, Birmingham University, Center of West African Studies, pp. 59-69.